高质量发展建设共同富裕示范区研究丛书

中国社会科学院组织编写

浙江绿色共富

理念、路径与案例

张永生　庄贵阳　郑艳　等著

中国社会科学出版社

图书在版编目（CIP）数据

浙江绿色共富：理念、路径与案例/张永生等著．--北京：中国社会科学出版社，2024.10

（高质量发展建设共同富裕示范区研究丛书）

ISBN 978-7-5227-2672-4

Ⅰ.①浙⋯ Ⅱ.①张⋯ Ⅲ.①绿色经济—区域经济发展—研究—浙江 Ⅳ.①F127.55

中国国家版本馆 CIP 数据核字（2023）第 195192 号

出 版 人	赵剑英
责任编辑	谢欣露
责任校对	季　静
责任印制	王　超

出　　版	中国社会科学出版社
社　　址	北京鼓楼西大街甲 158 号
邮　　编	100720
网　　址	http://www.csspw.cn
发 行 部	010-84083685
门 市 部	010-84029450
经　　销	新华书店及其他书店
印　　刷	北京君升印刷有限公司
装　　订	廊坊市广阳区广增装订厂
版　　次	2024 年 10 月第 1 版
印　　次	2024 年 10 月第 1 次印刷
开　　本	710×1000　1/16
印　　张	17
字　　数	228 千字
定　　价	89.00 元

凡购买中国社会科学出版社图书，如有质量问题请与本社营销中心联系调换
电话：010-84083683
版权所有　侵权必究

总　　序

2021年，在迎来建党百年华诞的历史性时刻，党中央对推进共同富裕作出了分阶段推进的重要部署。其中意义非同小可的一条：浙江被明确为全国首个高质量发展建设共同富裕示范区，要在推进以人为核心的现代化、实现全体人民全面发展和社会全面进步的伟大变革中发挥先行和示范作用。于浙江而言，这既是党中央赋予的重大政治责任和光荣历史使命，也是前所未有的重大发展机遇。浙江发展注入了新的强劲动力！

理论是实践的先导，高质量发展建设共同富裕示范区离不开理论创新。基于理论先行的工作思路，2021年5月，中共浙江省委与中国社会科学院联合启动了"浙江省高质量发展建设共同富裕示范区研究"重大课题研究工作。

两年多来，课题组在深入调查、潜心研究的基础上，形成了由13部著作组成、约260万字篇幅的课题成果——"高质量发展建设共同富裕示范区研究丛书"。这套丛书不仅全景式展现了浙江深入学习习近平总书记关于共同富裕的重要论述精神，扎实落实《中共中央　国务院关于支持浙江高质量发展建设共同富裕示范区的意见》的工作实践，而且展现了浙江在全域共富、绿色共富、对外开放、金融发展、产业体系、数字经济、公共服务、养老保障等共同富裕不同方面的特点和基础，也展现了浙江围绕示范区建设边学边谋边干、经济社会高质量发展取得的一系列新突破。

由 13 部著作组成的这套丛书，各有各的侧重点。其中，李雪松等著的《浙江共同富裕研究：基础、监测与路径》，从共同富裕的科学内涵出发，分析了浙江高质量发展建设共同富裕示范区的基础条件，提出了共同富裕的指标体系和目标标准。魏后凯、年猛、王瑜等著的《迈向全域共富的浙江探索》，从城乡协调、区域协调和乡村振兴角度，阐述了浙江打造城乡区域协调发展引领区的经验做法。张永生、庄贵阳、郑艳等著的《浙江绿色共富：理念、路径与案例》，由"绿水青山就是金山银山"发展理念在浙江诞生的历程入手，系统阐述了浙江践行绿色发展道路、打造美丽浙江，实现生态经济和生态富民的生动实践。姚枝仲等著的《高水平对外开放推动共同富裕的浙江实践》，重点阐述了浙江在高水平开放推动自主创新、建设具有国际竞争力的现代产业体系、提升经济循环效率、实施开放的人才政策、促进城乡和区域协调发展、发展文化产业和丰富人民精神文化生活、实现生态文明和绿色发展等方面的成效。王震等著的《基本公共服务均等化与高质量发展的浙江实践》，从公共财政、公共教育、医疗卫生、养老服务、住房保障等若干角度阐述了浙江公共服务高质量发展和均等化，进而构建激励相容的公共服务治理模式的前行轨迹。张翼等著的《共同富裕与养老保障体系建设的浙江探索》，在系统分析浙江人口老龄化的现状与前景的同时，阐述了浙江养老保障体系建设的总体情况。张晓晶、李广子、张珩著的《金融发展和共同富裕：理论与实证》，剖析了金融发展和共同富裕的关系，阐述了浙江金融发展支持共同富裕的主要经验做法，梳理了金融发展支持共同富裕的政策发力点。张树华、陈承新等著的《党建引领建设共同富裕示范区的浙江探索》，重点阐述了浙江坚持和加强党的全面领导，凝聚全社会共同奋斗推进共同富裕示范区建设的突出特色。冯颜利等著的《精神生活共同富裕的浙江探索》，阐述了浙江在探索精神生活共同富裕、公共文化服务优质均衡发展等方面的突出成绩。黄群慧、邓曲恒等著的《以现代化产业体系建设推进共同富裕的浙江探索》，在分析现代化产业体系对共同富裕的促进作用基础上，阐述了浙江产业体系相对完备、实体经济发展强劲对于推进共同富裕的重要保障作用。都阳等著的《人口老龄化背景下高质量就业与共同富裕的浙江探索》，从分析人口老龄化背景下浙江就业发展的态势入手，梳理了浙江促进高质量就业面临的挑战和路径举措。夏杰长、刘奕等著的《数字经济和服务业高质量发展的浙江探索》，聚焦浙江数字经济和服务业高质量发展，系统探究了浙江数字经济和服务业高质量发展促进共同富裕的机理逻辑、现实探索和困难挑战等问题。汪德华、鲁建坤等著的《共同富裕与财税政策体系构建的浙江探索》，围绕财税体制和财税政策，阐述了浙江在资金直达基层、"钱随人走"制度改革、市县财政收入激励奖补机制、"一事一议"财政奖补体制等方面取得的重要进展。

应当说，"高质量发展建设共同富裕示范区研究丛书"的撰写，也是中国社会科学院建设中国特色新型智库、发挥智库作用的一次重要探索。中国社会科学院始终坚持学术研究与对策研究相结合，理论研究服务于党中央和国家的需要。作为为党中央和国家决策服务的思想库，只有回应时代的呼唤，认真研究解决重大理论和现实问题，才能真正把握住历史脉络，找到发展规律，真正履行使命，推动理论创新。

中国社会科学院和浙江省有着长期良好的合作传统和合作基础，这套丛书是中国社会科学院和浙江省合作研究的又一结晶。在此前的两次合作研究中，2007年"浙江经验与中国发展——科学发展观与和谐社会建设在浙江"（6卷本）和2014年"中国梦与浙江实践"系列丛书，产生了广泛而深远的社会影响。

中共浙江省委始终高度重视此项工作，省委主要领导多次作出批示，对课题研究提供了大力支持。中国社会科学院抽调了12个研究所（院）的研究骨干组成13个子课题组，多次深入浙江省实地调研。调研期间，合作双方克服新冠疫情带来的种种困难，其间的线上线下交流讨论、会议沟通不计其数。在此，我们要向付出辛勤劳动的各位课题组专家表示衷心感谢！

站在新的更高历史起点上，让我们继续奋力前行，不断谱写高质量发展建设共同富裕示范区浙江实践、共同富裕全国实践的新篇章。

"高质量发展建设共同富裕示范区研究丛书"课题组

2024 年 1 月 3 日

前　言

党的二十大提出，中国式现代化是全体人民共同富裕的现代化、人与自然和谐共生的现代化。2021年，中国全面建成小康社会。到2035年，中国将基本实现社会主义现代化，共同富裕将取得实质性进展。浙江在2021年被确立为推进高质量发展建设共同富裕的先行先试的示范区后，以绿色发展助力生态文明建设，取得了令人瞩目的成绩。浙江首倡的"共同富裕"，实现了在绿色发展理念引领下的公平共享和民生目标，为浙江走向生态文明新时代奠定了坚实基础。本书通过全面回顾浙江20余年的绿色发展历程，发掘和整理"绿色共富"的浙江经验，旨在为全国推进生态文明建设提供典型示范。

当今世界，绿色发展已经成为一个重要趋势。人类对富裕美好生活的追求是无止境的，只有坚持人与自然和谐的绿色发展之路才能实现可持续发展的共同福祉。中国式现代化，没有教科书，更没有现成答案。"凡治国之道，必先富民"，为人民谋幸福，是建党一百年中国共产党人的不改初心。进入21世纪的新时代，在习近平总书记的领导下，以浙江作为政策实验室，立足文化自信、制度自信，敏锐地把握工业文明发展的内在弊病，首倡生态文明、人类命运共同体理念，为世界走向绿色发展的和谐未来指明了新的方向。回顾浙江改革开放以来的发展历程，从传统发展到绿色发展，从生态浙江到美丽浙江，始终贯彻了实现中国式现代化道路的六个坚持：坚持人民至上、坚持自信自立、坚持守正创新、坚持问题导向、坚持系统观念、坚持胸怀天下。

浙江是中国革命红船启航地、改革开放先行地、习近平新时代中国特色社会主义思想重要萌发地。早在2003年7月，习近平同志在《求是》杂志发表署名文章《生态兴则文明兴——推进生态建设打造"绿色浙江"》，提出了"生态兴则文明兴、生态衰则文明衰"这一著名论断。2005年8月15日，习近平同志在浙江安吉余村考察时创造性提出"绿水青山就是金山银山"。"我们过去讲既要绿水青山，又要金山银山，实际上绿水青山就是金山银山。"这一理念，将传统工业化模式下环境与发展相互冲突的关系转变为相互促进的关系。浙江不断践行"绿水青山就是金山银山"理念，以浙江省"八八战略"为统领，坚持"一张蓝图绘到底，一任接着一任干"，把生态文明建设始终放在突出的引领地位，率先在全国探索出一条经济转型升级、资源高效利用、城乡均衡和谐的绿色高质量发展之路，丰富了科学发展观，塑造了生态文明的浙江模式。2019年6月，浙江生态省建设通过了生态环境部验收，建成中国首个生态省。2014年5月审议通过的《中共浙江省委关于建设美丽浙江创造美好生活的决定》，把生态文明建设融入经济建设、政治建设、文化建设、社会建设各个方面和全过程。从生态省、"美丽浙江"建设，到绿色共富，浙江正在打造为人民的幸福美丽家园，成为一个中华民族新文明的现代化样本，彰显出现代中国之美。

本书分为四个部分。包括总报告、理念篇、专题篇和案例篇。

总报告即第一章"绿色发展助力共同富裕：理念、特色与示范"是对全书的概括提炼。阐释了共同富裕与绿色发展的理论内涵与内在关联；回顾了从"绿水青山就是金山银山"理念溯源到美丽浙江建设"一张蓝图绘到底"的政策愿景；总结了走上绿色低碳共享高质量发展之路的浙江实践，提炼了构建生态经济体系的创新路径、区域绿色协作助力全国共同富裕的浙江行动、以"双碳"目标引领绿色低碳转型的具体举措。总报告指出，浙江绿色共富之路对于践行中国式现代化道路、走向全球生态文明新时代都具有鲜明的先行示范价值。

理念篇"浙江绿色共富的创新思想和理念"包括第二章到第四章的内容。

第二章"共同富裕：走上绿色、共享、高质量发展的共富之路"分析了绿色发展与共同富裕的关系，指出绿色发展是推进共同富裕的必经之路，共同富裕是绿色发展的目标和导向。绿色共富的理论依据在于：营造良好生态环境就是提升福利和效用，推进产业绿色低碳转型为共同富裕提供了可持续的经济基础，推动生态要素参与报酬分配有助于增加居民的财产性收入。以绿色发展推动共同富裕的成效在于：不断增强广大人民群众获得感、幸福感、安全感，不断缩小地区差距、城乡差距、收入差距。

第三章"美丽浙江：一张蓝图绘到底"剖析了"美丽浙江"目标及其核心理念，指出美丽浙江是落实"美丽中国"愿景的浙江实践，是自然之美、人文之美、政治之美的统合。"绿水青山就是金山银山"、小康和谐社会建设、科技创新赋能绿色发展表明：绿色共富始终内含于浙江发展的核心价值之中。服务型政府让企业有信心、人民有希望，促进形成政府、企业、民众的命运共同体，实现共同愿景—政策设计—实践检验的良性正反馈，建成从美丽浙江到生态文明建设的自我实现机制。

第四章"生态经济：从理念到实践"回顾了"绿水青山就是金山银山"思想在浙江的发端，总结了浙江打通绿水青山就是金山银山实践通道的具体路径，包括：加快经济增长方式转变、优化提升产业结构；探索生态产品价值核算及实现机制国家试点；发展节能环保产业、特色农林业、绿色服务业等生态产业，构建绿色低碳循环发展的生态产业体系，全面向生态经济转型等。

专题篇"浙江走向绿色共富的实践路径"，包括第五章到第八章的内容。

第五章"培育生态文明新人类,引领绿色低碳消费模式"指出,随着人民美好生活的需求日益提升,浙江积极引领品质消费、绿色消费、智能消费新风尚。2012年以来公众绿色消费认可度不断提升,绿色低碳消费成效显著。例如,推进绿色亚运、打造首届碳中和亚运会,建设全省碳普惠平台,推广"碳标签"机制,设立"个人碳账户"等。介绍了生态文明新人类培育的典范案例,如杭州径山镇"党建红引领生态绿"打造"生态赋能型"共同富裕镇域样板;宁波绿色幼儿园开发系列特色课程,绿色低碳教育从娃娃抓起;湖州积极构建生态公益圈,整合企业、公益机构、志愿者等资源参与生态文明建设等。

第六章"'双碳'目标下浙江构建绿色经济新动能的经验与启示"以政策演进为基础,指出浙江绿色经济新动能的主要经验包括:以绿色低碳循环为导向,促进产业结构转型升级;以清洁低碳安全高效为目标,推进能源结构优化调整;以绿色化、智能化为统领,构筑新型基础设施体系;以集聚化、市场化为原则,打造全国科技创新高地;以法制化、数字化为牵引,健全绿色低碳循环发展体制机制。"双碳"目标既是机遇,也是挑战。在"十四五"乃至更长时期,应努力完善绿色产业体系,构建现代能源体系,打造低碳基建体系,激发绿色科技创新活力。

第七章"浙江民营经济促进生态富民"指出,浙江发达的民营经济在发展绿色经济和实现绿色转型上具有独特优势,改革创新、诚信务实等浙商精神蕴含了生态共富理念。以海亮集团打造现代绿色制造企业和环境友好型企业、阿里巴巴蚂蚁集团推动特色生态小镇建设等模范企业为例,体现了浙江传统和新兴民营经济企业对于生态富民战略的贡献。浙江为推动民营经济绿色转型提供了政策和制度保障,例如民营经济环境污染监测管理制度、民营经济绿色发展财政奖补机制、民营经济绿色发展绿色投融资机制等方面;以"双碳"目标为指引,为绿色转型发展搭建制度平台等创新举措等,能够为其他省份乃至国家推动相关绿色民营经济发展机制提供借鉴。

第八章"区域绿色协作助推共同富裕：浙江经验与启示"，从区域绿色协作视角出发，系统总结浙江省山海区域绿色协作、长三角生态绿色一体化协作、浙江省各市与西部地区绿色协作的经验做法。主要启示包括：坚持共建共享共赢，是区域绿色协作助力共同富裕的根本原则；发挥比较优势作用，是区域绿色协作助力共同富裕的潜力所在；激活市场作用机制，是区域绿色协作助力共同富裕的长效之策；凝聚共同发展合力，是区域绿色协作助力共同富裕的内在要求。本章有助于为其他地区高质量推进区域协作、统筹共同富裕和生态文明建设提供借鉴。

案例篇"浙江城市绿色共富的试点创新"包括第九章到第十四章的内容。其中深入介绍了丽水生态产品价值实现、湖州"生态美"促进"共同富"、宁波以韧性理念治水兴城、绍兴全域未来社区塑造美丽人居、杭州数字经济赋能绿色发展五个典型城市的绿色共富典型案例，以及绿色金融作为创新政策工具推动浙江城市制造业转型升级的案例研究。分析了城市概况、政策历程回顾、实践和经验总结、未来展望。

本书旨在通过全景式回顾与典型城市案例解析，撷英荟萃，展示浙江的绿色共富之路。典型城市的选取广泛参考了浙江地方专家建议和浙江共同富裕领域的专著文献，并在浙江省委政策研究室的鼎力协助下，开展了典型城市的调研工作。二十年来，浙江在绿色共富领域的创新经验和典范案例还有很多，尤其是党的二十大以来，从省市到基层，从政府、企业到民众，走向中国式现代化的探索实践方兴未艾、层出不穷。本书因研究时间所限，难免挂一漏万，期待后来者再续新篇。

目 录

总报告

第一章　绿色发展助力共同富裕：理念、特色与示范 …………… 3
 第一节　共同富裕与绿色发展：走上绿色、共享、高质量
    发展的共富之路 ……………………………………… 3
 第二节　一张蓝图绘到底：浙江生态文明理念引领绿色
    共富之路 ……………………………………………… 6
 第三节　浙江建设生态文明和绿色共富示范区的
    创新路径 ……………………………………………… 10
 第四节　浙江绿色共富之路引领生态文明新时代的
    示范价值 ……………………………………………… 23

理念篇　浙江绿色共富的创新思想和理念

第二章　共同富裕：走上绿色、共享、高质量发展的共富之路 ……… 27
 第一节　浙江探索以绿色发展推动实现"共同富裕"的
    重大意义 ……………………………………………… 28
 第二节　绿色发展与共同富裕的关系 ……………………………… 30
 第三节　浙江以绿色发展推动共同富裕的实践与成就 ………… 33
 第四节　浙江以绿色发展促进共同富裕的启示 ………………… 38

第三章　美丽浙江：一张蓝图绘到底 … 44
 第一节　美丽浙江之目标愿景与核心价值 … 45
 第二节　生态文明理念引领美丽浙江建设：政策蓝图与实践路径 … 49
 第三节　美丽浙江回头看：生态文明建设成效与"四感"检验 … 56
 第四节　美丽浙江建设之经验与展望 … 61

第四章　生态经济：从理念到实践 … 64
 第一节　创新理念："绿水青山就是金山银山"思想溯源 … 64
 第二节　实践路径：浙江如何打通"绿水青山就是金山银山"实践通道 … 67
 第三节　成效与贡献：构建生态经济体系 … 73

专题篇　浙江走向绿色共富的实践路径

第五章　培育生态文明新人类，引领绿色低碳消费模式 … 81
 第一节　顶层设计推动绿色低碳消费成为社会新风尚 … 81
 第二节　浙江实践推进绿色低碳消费成效显著 … 83
 第三节　培育生态文明新人类，引领绿色低碳消费典型案例 … 87
 第四节　未来展望 … 94

第六章　"双碳"目标下浙江构建绿色经济新动能的经验与启示 … 96
 第一节　引言 … 96
 第二节　"双碳"目标下浙江构建绿色经济新动能的经验做法 … 97

第三节　浙江落实"双碳"目标构建绿色经济新动能的
发展方向 …………………………………………… 107
第四节　结论与启示 …………………………………………… 109

第七章　浙江民营经济促进生态富民 …………………………… 112
第一节　引言 …………………………………………………… 112
第二节　民营经济构筑浙江特色优势 ………………………… 113
第三节　推动民营经济绿色转型的制度探索 ………………… 117
第四节　民营经济走向绿色发展的实践探索 ………………… 120
第五节　启示 …………………………………………………… 125

第八章　区域绿色协作助推共同富裕：浙江经验与启示 ………… 128
第一节　浙江区域绿色协作促进共同富裕的经验做法 ……… 129
第二节　绿色协作发展助力共同富裕的经验启示 …………… 135
第三节　结论与展望 …………………………………………… 139

案例篇　浙江城市绿色共富的试点创新

第九章　丽水：生态产品价值实现 ………………………………… 145
第一节　丽水概况 ……………………………………………… 145
第二节　经验做法 ……………………………………………… 148
第三节　未来展望 ……………………………………………… 161

第十章　湖州："生态美"促进"共同富"的实践与启示 ……… 163
第一节　引言 …………………………………………………… 163
第二节　湖州绿色低碳共富的政策历程回顾 ………………… 164
第三节　绿色低碳共富的湖州实践和经验 …………………… 168
第四节　湖州深化"生态美"促进"共同富"的机制
路径展望 …………………………………………… 176

第十一章　宁波：以韧性理念治水兴城 ……………………… 179
第一节　背景 ……………………………………………… 179
第二节　宁波城市治水历程回顾：政策与实践进展 …… 180
第三节　应对时代新挑战，夯实韧性城市机制保障 …… 188
第四节　面向未来韧性城市的经验、挑战与展望 ……… 191

第十二章　绍兴：全域未来社区塑造美丽人居 …………… 196
第一节　引言 ……………………………………………… 196
第二节　绍兴创建未来社区的政策历程回顾 …………… 196
第三节　从古城复兴到未来社区：主要做法及成效 …… 199
第四节　经验总结 ………………………………………… 206
第五节　未来展望 ………………………………………… 208

第十三章　杭州：数字经济赋能绿色发展 ………………… 210
第一节　杭州概况 ………………………………………… 210
第二节　杭州数字经济政策与实践历程 ………………… 212
第三节　杭州数字经济赋能绿色发展的主要做法和成效 … 216
第四节　杭州数字经济推动绿色共富的路径与建议 …… 227

第十四章　绿色金融：驱动制造业转型升级的浙江实践 … 231
第一节　引言 ……………………………………………… 231
第二节　绿色金融驱动制造企业转型升级的机制探析 … 233
第三节　绿色金融驱动制造企业转型升级的优化路径 … 241
第四节　研究结论 ………………………………………… 248

参考文献 ………………………………………………………… 249

后　　记 ………………………………………………………… 252

总报告

第一章　绿色发展助力共同富裕：理念、特色与示范

第一节　共同富裕与绿色发展：走上绿色、共享、高质量发展的共富之路

党的二十大提出，中国式现代化是共同富裕的现代化、人与自然和谐共生的现代化。中国式现代化，没有教科书，更没有现成答案。"共同富裕"是习近平经济思想的重要内容，为在新阶段促进共同富裕指明了前进方向、提供了根本遵循。[①] 共同富裕是中国特色社会主义的本质要求，集中体现了我们党全心全意为人民服务的根本宗旨。2021年8月17日，习近平总书记主持召开中央财经委员会第十次会议，指出"要坚持以人民为中心的发展思想，在高质量发展中促进共同富裕，正确处理效率和公平的关系。"[②] 可见，新发展理念下的高质量发展是促进共同富裕的重要途径。在新发展阶段，要实现共同富裕，就必须坚持以绿色发展推进高质量发展。"绿色发展"是五大发展理念之一，是以效率、和谐、持续为目标的经济增长和社会发展方式，是全球发展的重要趋势。绿色发展和共同富裕紧密关联，

[①] 高培勇：《深刻把握促进共同富裕的基本精神和实践要求》，《人民日报》2022年8月23日。

[②] 习近平：《扎实推进共同富裕》，《求是》2021年第20期。

推进绿色发展，对于实现共同富裕具有重要意义。

一 包括绿色发展在内的高质量发展是推进共同富裕的必经之路

没有高质量发展，就没有共同富裕。我国第一个百年的奋斗目标只是全面建成小康社会，离富裕社会还有很大的差距，这一差距的缩小必须依赖于发展。发展经济、把"蛋糕"做大做好仍然是新阶段我国的重要任务。

绿色发展作为新发展理念的重要内容，在实现共同富裕的道路上不可或缺。绿色发展是工业革命以来最全面而深刻的发展范式的转变。新发展阶段的绿色发展，不只是强调向以效率提高、技术进步、产业升级为特征的发展方式转变，还强调向包括发展理念、发展内容、发展方式在内的发展范式的深刻转变，从而将传统工业化模式下"环境与发展"之间相互冲突的关系，转变为相互促进的关系。

首先，生态环境本身就是生产力，保护和改善生态环境就是保护和发展生产力。保护生态环境，生产力就可以持续；破坏生态环境，生产力就失去基本的物质资料、生活资料，失去生产的生态安全屏障，发展生产力的前提也就不复存在。绿色发展理念高度重视对生态环境的保护，致力于实现人与自然和谐的现代化建设，构建科学合理的城镇化格局、农业发展格局、生态安全格局、自然岸线格局，推动建立绿色低碳循环发展产业体系。因此，推进绿色发展就是保护生态环境、保护和发展生产力。

其次，寻求生态产品价值实现、促进生态资源的产业化是推进绿色发展的重要内容，也是促进新兴产业发展、推动经济增长的重要方式和途径。生态资源具有较强的地域性，在不同空间上具有较大差异。众多独具特色的气候、水土、生物、景观等生态资源，已经成为发展生产的重要资源禀赋，以此为依托生产的产品和服务，具有较强的不可替代性和环境友好性。因此，生态要素日益成为影响生产函数的重要变量，参与商品和服务生产，从而推动实现高质量发展，而参与生产的生态要素理应获得相应的要素报酬。生态环境要素具有公共物品属性，环境面前人人平等，以生态环境为要素参与生产所实现的相应报酬属于生态要素的所有者。因此，生态资源的产业化是优化收入分配、促进共同富裕的重要动力。

二　共同富裕是绿色发展的目标和导向

共同富裕是社会主义的本质要求，是坚持以人民为中心的发展思想的体现，是人民群众的共同期盼。贯彻新发展理念，推动高质量发展，归根结底是要实现全体人民共同富裕。但是，实现共同富裕并不仅仅是实现物质财富上的共同富裕，更是实现"五位一体"的全面富裕。庇古在《福利经济学》中明确提出了"经济福利"和"非经济福利"的概念。狭义层面的福利是指经济福利，而广义层面的福利包括经济福利和非经济福利。共同富裕必须是广义层面的，是建立在经济福利、政治福利、文化福利、社会福利、生态福利所构成的福利体系基础上的共同富裕。[①] 共同富裕必须实现物质丰富、精神富足、生态美丽。其中，绿色是共同富裕的底色。

绿色发展理念下的共同富裕将带来价值理念、经济核算体系、政绩观、消费理念等一系列变革。价值理念将从以 GDP 为中心转型到以民生福祉为中心，绿色发展的"指挥棒"得以明确，适合于绿色发展导向的国民经济增长核算体系得以构建。新的核算体系将回归高质量发展的本源，充分体现以人民为中心思想，努力实现从以生产总值为导向的目标转向以"人民福祉"为导向的目标上来。与此同时，以 GDP 为导向的政绩观将得以改变，各级政府部门工作考核办法需要进行相应改革，确保地方考核目标与中央制定的绿色发展战略目标相一致。大力倡导绿色政绩观，改变唯 GDP 的考核导向，

[①] 沈满洪：《生态文明视角下的共同富裕观》，《治理研究》2021 年第 5 期。

将绿色发展作为考核评价发展绩效的新标尺，加快形成有利于绿色发展的体制机制。从民众角度看，个体福祉水平的评价不仅要体现物质生活的富足，还应体现"绿水青山"带来的身体健康和精神愉悦。社会综合福祉最大化，是绿色发展理念下实现共同富裕的要义所在。

第二节　一张蓝图绘到底：浙江生态文明理念引领绿色共富之路

一　"绿水青山就是金山银山"：生态文明理念引领实践

浙江20余年的绿色发展历程中，始终贯彻了实现中国式现代化道路的"六个必须坚持"：坚持人民至上、坚持自信自立、坚持守正创新、坚持问题导向、坚持系统观念、坚持胸怀天下。浙江从传统发展到绿色发展、从生态建设走向生态文明建设的成功探索，为中国式现代化道路提供了典型样板：一是立意高远、锐意实践，通过生态文明理念引领和制度建设，敢为天下先，先行先试，不断总结经验；二是秉承可持续发展理念，率先行动，通过"腾笼换鸟"、产业升级，走绿色发展和转型之路，持续推进环境、经济与社会的和谐发展；三是注重科学发展和系统发展观，生态文明理念从政府到企业再到全社会参与不断深化，服务型政府让政策能够真正落地，形成政府、市场和社会共同治理的合力。

浙江是中国革命红船启航地、改革开放先行地、习近平新时代中国特色社会主义思想重要萌发地。回顾浙江改革开放以来的发展，从绿色浙江、生态浙江到美丽浙江，在持续打造生态文明发展范式转型示范区的过程中，浙江进行了诸多探索和努力。最重要的经验是始终有一条绿色发展的理念作为主线，引领着政策与实践不断创新和提升。在理念上，将"绿水青山就是金山银山""良好生态环境是最普惠的民生福祉""山水林田湖是一个生命共同体"作为最根本的发展遵循。在政策上，以浙江省"八八战略"为统领，坚持"一张蓝图绘到底，一任接着一任干"，把生态文明建设始终放在突出的引领地位，探索出了一条经济转型升级、资源高效利用、城乡均衡和谐的绿色高质量发展之路。

二 "绿水青山就是金山银山"引领浙江生态省建设

浙江生态省和绿色浙江的建设开始于2002年底，至今已有20余年时间，取得了举世瞩目的建设成就。其理论和思想渊源来自习近平同志提出的创新理念"绿水青山就是金山银山"。2005年8月15日，习近平同志在浙江安吉余村考察时创造性提出"绿水青山就是金山银山"，"我们过去讲既要绿水青山又要金山银山，实际上绿水青山就是金山银山"[1]。在实践中对"绿水青山"和"金山银山"之间关系的认识经过了三个阶段："第一个阶段是用绿水青山去换金山银山，不考虑或者很少考虑环境的承载能力，一味索取资源。第二个阶段是既要金山银山，但是也要保住绿水青山，这时候经济发展和资源匮乏、环境恶化之间的矛盾开始凸显出来，人们意识到环境是我们生存发展的根本，要留得青山在，才能有柴烧。第三个阶段是认识到绿水青山可以源源不断地带来金山银山，绿水青山本身就是金山银山，我们种的常青树就是摇钱树，生态优势变成经济优势，形成了一种浑然一体、和谐统一的关系，这一阶段是一种更高的境界，体现了科学发展观的要求，体现了发展循环经济、建设资源节约型和环境友好型社会的理念。"[2]

2003年7月，习近平同志在《求是》杂志发表署名文章《生态兴则文明兴——推进生态建设打造"绿色浙江"》，提出了"生态兴

---

[1] 中共中央宣传部、中央广播电视总台：《平"语"近人——习近平喜欢的典故（第二季）》，人民出版社2021年版，第190页。

[2] 习近平：《干在实处 走在前列——推进浙江新发展的思考与实践》，中共中央党校出版社2016年版，第198页。

则文明兴、生态衰则文明衰"① 这一著名论断,指出以建设"绿色浙江"为目标,以生态省建设为载体和突破口,走生产发展、生活富裕、生态良好的文明发展道路。2003年8月,《浙江生态省建设规划纲要》发布,提出浙江生态省建设的总体目标:充分发挥浙江的区域经济特色和生态环境优势,转变经济增长方式,加强生态环境建设,经过20年的努力,基本实现人口规模、素质与生产力发展要求相适应,经济社会发展与资源、环境承载力相适应,把浙江率先建设成为具有比较发达的生态经济、优美的生态环境、繁荣的生态文化,人与自然和谐相处的可持续发展省份。具体工作分三个阶段推进,即2003—2005年为启动阶段,2006—2010年为推进阶段,2011—2020年为提高阶段。

工业化导致的环境污染和破坏,倒逼浙江从依靠高耗能高污染的灰色工业转向以低碳绿色高科技产业为主导的绿色发展战略。浙江持续推进生态省建设的战略蓝图,实施"五水共治",加强绿色基础设施建设,完善生态修复和生态补偿机制,发展节能环保产业、特色农业等生态产业,创新生态产品价值实现试点,推动科技攻关和体制创新试验区,制定"双碳"目标等,在国内领先开创了许多政策和实践。国家统计局发布的《2016年生态文明建设年度评价结果公报》中浙江排名前三之列。《绿色之路——中国经济绿色发展报告2018》中浙江排名在各省份中第一,报告指出"浙江的经济发展与资源环境的协调度高"。2019年6月,浙江生态省建设通过了生态环境部验收,浙江建成中国首个生态省,实现了地区生产总值快速增长的同时,生态环境质量持续改善,资源能源消耗大幅降低,生态文明制度创新领跑全国,绿色发展处于领先水平。

---

① 习近平:《生态兴则文明兴——推进生态建设打造"绿色浙江"》,《求是》2003年第13期。

三 一张蓝图绘到底：从生态浙江到美丽浙江

浙江开展生态省建设，不仅完成了生态环境保护的使命，而且随着时代发展，进一步提升到生态文明建设的新高度。2014年5月，《中共浙江省委关于建设美丽浙江创造美好生活的决定》指出，建设美丽浙江、创造美好生活，是建设美丽中国在浙江的具体实践，也是对历届政府提出的建设绿色浙江、生态省、全国生态文明示范区等战略目标的继承和提升。"两美"浙江要坚持生态省建设方略，把生态文明建设融入经济建设、政治建设、文化建设、社会建设各个方面和全过程。2018年5月，发布《浙江省人民政府关于印发浙江省生态文明示范创建行动计划的通知》，提出更高水平推进美丽浙江建设和生态文明示范创建，继续当好美丽中国示范区的排头兵。[①] 主要目标为：到2020年，高标准打赢污染防治攻坚战；到2022年，各项生态环境建设指标处于全国前列，生态文明建设政策制度体系基本完善，使浙江省成为实践习近平生态文明思想和建设美丽中国的示范区。《中共中央 国务院关于支持浙江高质量发展建设共同富裕示范区的意见》（2021年5月20日）进一步提出推动生态文明建设先行示范，高水平建设美丽浙江，支持浙江开展国家生态文明试验区建设，绘好新时代"富春山居图"。[②]

从"生态浙江"到"美丽浙江"，塑造了浙江版的现代化"美丽中国"。"美丽中国"愿景立足于时代转折点，是对中华民族生长于斯的大地所承载的自然之美、人文之美、政治之美的统合。浙江以建设绿色共富国家生态文明试验区为目标，将浙江的山水自然、历史人文、科技创新转化成新的生产力，蕴含在从生态建设到生态文明建设的战略进程之中。以2003年的"八八战略"为发端，坚持践

[①] 《浙江省人民政府关于印发浙江省生态文明示范创建行动计划的通知》，浙江省人民政府网，https://www.zj.gov.cn/art/2018/5/11/art_1229019364_55318.html。
[②] 《中共中央 国务院关于支持浙江高质量发展建设共同富裕示范区的意见》（2021年5月20日），《人民日报》2021年6月11日。

行"生态惠民利民为民"理念,创新生态产品价值实现转化路径;在生态环境治理机制方面率先探索河长制、五水共治、生态补偿等创新机制,在城乡协同治理方面,以美丽人居和生态建设引领城市更新、以生态资本激发新集体主义经济,激发民间创新动力源泉历久不衰。

"美丽浙江"建设不仅密切衔接党的十九大美丽中国的战略部署,而且对标联合国2030年可持续发展议程的核心目标,在建设过程中不仅实现"天蓝、地绿、水净"的生态美,还前瞻性地瞄准了"人美、民富"等社会共美共富目标,率先走出了一条生态文明的新道路。2018年,浙江省全面实施富民强省十大计划,秉持"干在实处、走在前列、勇立潮头"的浙江精神,努力建设中国生态文明和美丽中国的先行示范区。生态保护意识培育了美丽家园意识,并通过"绿色共富"提升为生命共同体意识。多年的生态环境治理和保护起到了持续改善人居环境的良好效果,通过美丽幸福城乡建设以及"千万工程""数字国土空间"建设等一系列工程,形成全过程、全方位、全社会美丽浙江治理体系。其中,"千村示范、万村整治"工作已持续推进20年,塑造了优美城乡人居环境,让美丽浙江的目标成为现实;杭州、绍兴、安吉等一系列城市乡镇获得联合国人居贡献奖,为浙江省"十四五"规划推动全域旅游、绿色共富等目标奠定了扎实的基础。

第三节 浙江建设生态文明和绿色共富示范区的创新路径

一 党建引领绿色共富

浙江作为习近平生态文明思想的重要萌发地,在推进绿色共富的先行路上,党建工作发挥了积极的作用,培育生态文明新人类、引领绿色低碳生活方式转型,涌现出许多基层案例。其中创新"党建+"工作方式的杭州市余杭区径山镇是省级中心镇,按照基层党建"整村(社)推进、整镇提升"的工作要求,探索开创了"党建+经济""党建+生态""党建+治理""党建+民生""党建+文化"五种基本形式,成功打造了"生态赋能型"共同富裕镇域样板。一方面,依托党建引领,持续放大"党建+"和民主协商议事两张金名片效应,充分发挥"党员带头群众响应"的致富共富示范作用,径山镇开创的"众人的事情由众人商量"议事规则被写入党的十九大报告。另一方面,强调"党建+生态",党员示范带头落实"五水共治"、"美丽乡村"、疫情防控、平安维稳等属地责任,提供志愿服务;把生态保护、庭院整治、植绿护绿等美丽乡村建设内容作为支部及党员考核评价的重要内容。扎实的党建工作,产生了显著的绿色共富效应,近年来,径山镇环境品质不断提升、农文旅产业不断发展,"党建+"向全省推广,并先后获得国家级生态镇、省美丽乡村示范乡镇、全国乡村治理示范乡镇、省园林城镇、省垃圾分类示范片区等多项省级荣誉。

二 构建生态经济体系,推动经济社会全面绿色转型

生态经济学有三个基本政策目标:可持续规模、公平分配、有效配置。生态经济学强调,社会经济子系统的发展不能超过生态子系统的承载容量,实现可持续发展就是保持经济社会子系统与生态子系统之间的协同进化。一个可持续的生态经济体系,首先必须解决公共资源的开放性使用(公地悲剧)、生态公共物品的可持续增长、经济发展的生态系统阈值三大难题。传统经济学以国内生产总值(GDP)作为一国国民财富的象征,自然资源被当作几乎免费的初级产品和原材料投入,而生态系统服务提供的诸多非经济福利则难以体现。浙江以"绿水青山就是金山银山"引领生态文明建设取得的丰硕成绩,充分体现了"良好生态环境是最普惠的民生福祉"的生态红利效应。

浙江作为"高质量发展建设共同富裕示范区",在转变经济发展方式、构建绿色经济新动能方面走在了全国前列。2017年2月,浙江发改委印发了《浙江省绿色经济培育行动实施方案》,提出以"八八战略"为总纲,持续壮大绿色经济产业规模,不断增强生态环境友好型的发展新动能,为高水平全面建成小康社会和"两美"现代化浙江建设提供坚实支撑。

(一)"腾笼换鸟""绿色俊鸟"引领产业生态化

进入21世纪新时期新阶段,人多地少资源有限的浙江,意识到化解经济发展与环境保护两难问题的唯一出路就是"腾笼换鸟"。2004年习近平同志指出,"要痛下决心,以'腾笼换鸟'的思路和'凤凰涅槃''浴火重生'的精神,加快经济增长方式的转变,让'吃得少、产蛋多、飞得远'的'俊鸟'引领浙江经济"。[1] "所谓'凤凰涅槃'就是要拿出壮士断腕的勇气,摆脱对粗放型增长的依赖。""所谓'腾笼换鸟'就是要拿出浙江人勇闯天下的气概,跳出浙江发展浙江,按照统筹区域发展的要求,积极参与全国的区域合作和交流,为浙江的产业高度化腾出发展空间;并把'走出去'和'引进来'结合起来,引进优质的外资和内资,促进产业结构的调整,弥补产业链的短项,对接国际市场,从而培育和引进吃得少、产量多、飞得高的'俊鸟'。"[2]

浙江省通过不断深化经济体制改革、创新机制,不断提高全要素生产率,促进实体经济高质量发展。以全国经济百强县(市)之一的嵊州市为例,该市长期以领带服装、厨具电器、机械电机为代表性传统产业,体量一度超过嵊州工业经济总量的70%。2020年以来,嵊州市对工业园区(平台)和电机、家具等8个重点行业("8+1")开展全面规范整治提升。通过承接来自杭州、宁波等都市区的

---

[1] 本书编写组编著:《干在实处 勇立潮头——习近平浙江足迹》,人民出版社、浙江人民出版社2022年版,第45页。

[2] 习近平:《之江新语》,浙江人民出版社2007年版,第184—185页。

产业溢出，打造了临杭高端装备智能制造产业园、联甬产业园、多肽产业园、绿色建筑产业园等高能级平台，有效实现区域产业链条式拓展。

（二）促进生态产业化进程，在国内首推生态产品价值实现机制

发展生态文明和生态经济首先需要着力破解绿水青山度量难题，实现生态产业化发展。浙江加快探索完善GEP核算应用体系，彰显生态产品价值。浙江在全国率先开展了生态产品价值实现的机制试点，率先开展丽水市、县、乡、村四级GEP核算。同时，通过在遂昌、开化、天台、仙居等浙江省第一批大花园示范县创建单位和淳安特别生态功能区等11个县（市、区）开展核算试点，破解绿水青山抵押难题，丰富绿色金融政策工具，支持银行机构创新金融产品，激活沉睡的生态资产，深化"两山银行"试点建设。

浙江开创性建立"两山银行"，对大量"沉睡"的农村存量资产、生态资源、人文资源等进行确权、登记、收储等，将碎片化的资产、资源进行重整，实现存量资产、生态资源的价值创新与再造。例如，安吉在全国率先成立的"两山银行"借鉴银行分散式输入、集中式输出模式，把碎片化的生态资源进行规模化收储、专业化整合、市场化运作，把生态资源转化为优质的资产包。这种模式被形象地称为："存入"绿水青山，"取出"金山银山。宁波市下辖的象山县，位于东海之滨，三面环海，两港相拥，通过加速推进海上"两山银行"改革试点，积极探索海洋生态资源价值转换路径，让更多生态红利转化为富民资本，取得了丰硕成果。

（三）打造绿色低碳循环发展的生态产业体系

浙江是全国经济第四大省，能源对外依存度高，能源自给率不足10%，能源低碳化水平在沿海省份位居中游。为此，浙江大力推进低碳绿色的产业转型，建立完善生态经济体系，从技术、制度、市场等角度综合施策，更好发挥制度优势、资源条件、技术潜力、市场活力，加快形成绿色新型产业结构、生产方式、生活方式、空间格

局。首先，加强高碳低效行业治理。聚焦钢铁、建材、石化、化工、造纸、化纤、纺织七大高耗能行业，加快推动绿色低碳改造，差别化分解能耗"双控"目标，推动能源资源向优势地区、优势行业、优势项目倾斜，对高碳低效行业严格执行产能置换办法。其次，积极培育低碳高效新兴产业。加快数字经济、智能制造、生命健康、新材料等战略性新兴产业集群建设，选择一批基础好、带动作用强的企业开展绿色供应链建设，加快构建绿色制造体系，推动传统企业优化产品设计、生产、使用、维修、回收、处置及再利用流程。最后，出台政策积极扶持和鼓励绿色产业。根据《绿色产业指导目录（2019年版）》，进一步明确绿色产业示范基地主导产业，不断提高绿色产业集聚度，推进绿色产业链延伸，扩大绿色产业规模。提升绿色产业竞争力，积极培育浙江拥有自主品牌、掌握核心技术、市场占有率高、引领作用强的绿色产业龙头企业，支持符合条件的绿色产业企业上市融资，促进绿色产业基地上下游企业协同发展。

（四）智慧科技助力美丽国土空间规划

习近平同志指出，"规划科学是最大的效益，规划失误是最大的浪费"[①]。生态文明建设需要体现"天—地—人"生命共同体的和谐共生关系，国土空间规划则是体现这一科学系统发展观的重要落脚点。浙江在美丽浙江建设工作中充分发挥数字技术优势，打造美丽国土空间规划，为持续优化国土空间开发与保护奠定了基础。主要包括：一是优化省域主体功能区、重要生态系统和保护区的分布，构建生态安全格局；二是建设省域国土空间治理数字化平台，运用数字虚拟空间更好地管理自然空间、人造空间、未来空间，加强国土空间科学化、规范化、精细化治理，从而优化区域人口、资源和产业布局，提升新型和差异化城镇化发展策略，推动加快工农业、城乡之间协调发展。

---

① 本书编写组编著：《干在实处　勇立潮头——习近平浙江足迹》，人民出版社、浙江人民出版社2022年版，第102页。

《自然资源部关于支持浙江高质量发展建设共同富裕示范区意见的函》（自然资函〔2022〕540号）明确表示：支持建设国土空间治理数字化改革先行省，支持浙江率先打造国土空间整体智治省域样板。浙江省自然资源厅印发的《浙江省"数字国土空间"建设方案》提出自然资源数字化改革方案和目标，到2025年，"一码管空间"改革覆盖自然资源全领域、全要素、全过程，全面形成"空间数字化、数字空间化、协同网络化、治理智能化"的整体智治新格局。按照急用先行原则，开展码上批地、规划协同、藏粮于地、地灾智治、天巡地查、不动产登记六大场景建设。到2025年底，全省基本形成纵向到底、横向到边、内外联通的自然资源数字化治理架构，助推省域国土空间整体智治、高效协同。

具体实践中，浙江省各地市也结合自身特点和需求创造性地开发数字国土、美丽国土的规划技术，强化生态管控红线意识，实现美丽山水生态保护和生态经济发展。例如，临海市自然资源和规划局为解决基层防灾"最后一公里"问题，于2021年在全省率先开展1∶2000全域高精度地质灾害风险调查评价，全面摸清风险底数，科学划定风险分区，并以此为基础，创新应用"空间码"，全面关联地质环境、工程建设、不动产登记等多元数据，通过业务多跨协同，实现动态监测监控。推动地质灾害从"防"到"治"的再升级、再拓展，最终形成地质灾害防治全区域、全链条、全过程数智化闭环管理。丽水市将95%的国土空间划为生态功能保护区，建成国家首批生态文明试点示范城市，开创了一条独具特色的绿色发展之路，民众满意度也连续多年位居全省前列。为了守护绿水青山，丽水依托卫星遥感、物联网监测和基层治理"四平台"，逐渐形成"天眼、地眼、人眼"结合的立体化、数字化、智能化监测网络，"天眼守望"数字平台覆盖了丽水全域及周边6个地市的大气实时监测，能够摸清污染来源，实现溯源分析，为污染联防联控以及本地精细化管控提供科学指导。

三 推动区域绿色协作，助力全国共同富裕目标

区域协作是党中央着眼推动区域协调发展、促进共同富裕作出的重大决策。党的十八大以来，浙江省委、省政府深入学习贯彻习近平总书记关于区域协作工作的重要论述精神，始终坚持"绿水青山就是金山银山"，将绿色发展理念融入区域协作发展全方位全过程，发挥了区域绿色协作发展助力共同富裕的示范引领作用，为绿色发展助力共同富裕提供了"浙江案例"。下面将介绍浙江山海区域绿色协作、长三角生态绿色一体化协作、浙江与西部地区绿色协作的经验做法。

（一）以山海区域绿色协作厚植共同富裕的生态底色

山海协作工程是习近平同志在浙江工作期间，为加快浙江欠发达地区发展、促进区域协调发展而作出的重大战略决策，是"八八战略"的一项重要内容。近年来，浙江省委、省政府沿着习近平总书记指引的道路，高质量实施山海协作工程，将其作为新时代破解区域发展不平衡不充分问题、推动山区 26 县跨越式高质量发展的重要举措。在 2002 年浙江全面启动山海协作工程基础上，2019 年开始逐步打造山海协作工程升级版，更加注重将绿色发展理念融入山海区域协作，形成了区域绿色协作发展模式。升级版的山海协作工程根据绿色发展理念和高质量发展要求，将经济协作重点放在了加强生态农业、生态工业、文旅融合等生态经济、绿色经济上，更加体现和发挥 26 个山区县的生态优势。在实施过程中将山海协作的重点聚集在生态产品价值的转化利用、生态资源的补偿机制的构建、生态产品的宣传和推介等方面，通过引入沿海地区的资本、技术，与山区 26 个县的生态资源禀赋有机结合，在保护生态资源的基础上实现了经济的发展。自 2019 年以来，浙江共实施山海协作产业合作项目近 2000 个，着力推进将 9 个山海协作工业产业园打造成山区生态工业发展主平台，积极推进将 18 个生态旅游文化产业园打造成大花园

建设的标志性平台。

从地市层面看，各地区充分发挥"山""海"优势，依托山区良好生态资源优势，不断补齐生态产业发展的短板，助力生态经济高质量发展。如宁波充分发挥自身开放优势、港口优势、市场优势、渠道优势，利用丽水、衢州、舟山、温州等山海协作地区生态优势、资源优势，聚集特色生态工业、高效生态农业开展产业协作。丽水聚力平台建设、不断拓展绿色产业合作，全市共建生态类产业园6个，按照"一园多点""串珠成链"的模式推进。丽水还借助杭州、宁波、嘉兴、湖州、台州等市场优势，推进丽水生态农产品进入沿海市场，提高"丽水山耕"品牌知名度。"山海协作工程"极大促进浙江的绿色共同富裕进程，也使浙江成为全国居民人均可支配收入最高、城乡差距最小的省份。山海区域绿色协作模式从示范带动、政府引导到政府与市场双向互动，助力浙江省内区域平衡发展，为促进共同富裕提供了示范引领。

（二）积极为长三角践行"绿水青山就是金山银山"理念探索路径、提供示范

习近平同志在浙江工作期间，大力倡导、大力推动长三角一体化发展。长三角地区包括上海、浙江、江苏、安徽域内的几十个城市，是中国经济发展最活跃、开放程度最高、创新能力最强的区域之一，也是浙江开展区域协作的重点区域。2019年，中共中央、国务院印发了《长江三角洲区域一体化发展规划纲要》，指出到2025年，长三角一体化发展将取得实质性进展，在科创产业、基础设施、生态环境、公共服务等领域基本实现一体化发展。同年，国务院批复同意《长三角生态绿色一体化发展示范区总体方案》；2020年，印发实施《长三角生态绿色一体化发展示范区国土空间总体规划（2019—2035年）》。浙江坚持"扬浙所长"，提出建好长三角城市群美丽大花园，捧好绿色发展"金饭碗"，全面拓展"绿水青山就是金山银山"的转化通道，推动生态优势转化为经济社会发展的持久

优势，为长三角践行"绿水青山就是金山银山"理念探索路径、提供示范。

在共建长三角生态绿色一体化发展示范区协作进程中，浙江与相关地区共谋生态环境领域重大事项，统筹推进生态环境共保联治，协同推进大运河文化带、宁杭生态经济带、杭黄生态廊道建设。浙江注重统筹水资源、水环境、水生态治理，先行建立"一河三湖"联合河湖长制，明确对重点跨界水体实施联合监管、联合检测、健全数据共享、联合防控等举措，不断深化跨界治水合作机制。值得一提的是，十年前浙皖两省在全国率先开展新安江流域生态补偿机制试点，2012年以来，新安江流域生态补偿共安排补偿资金60亿元，加快打通"绿水青山"向"金山银山"高质量转化的通道。"新安江"模式在全国其他13个跨省流域、18个省份复制推广。① 浙江各地市也主动融入长三角生态绿色一体化战略，携手共进绿色共富。

（三）推动绿色发展理念融入东西部区域协作

在新一轮东西部协作工作中，浙江始终坚持"绿水青山就是金山银山"，与西部地区携手一同促进绿色发展，重点打造产业协作、数字化转型、消费帮扶、文化交流和援派铁军五张"金名片"，将生态资源持续不断转化为发展红利，力争为东西部协调发展贡献出浙江力量，绿色发展的示范溢出效应持续释放显现。浙江把"五水共治""四换三名"② 等成功经验做法，移植、嫁接到受援地发展的实践，影响和带动当地干部群众树立绿色发展理念，自觉在发展经济的同时保护生态环境。同时，浙江在受援地区有选择地承接东部产业梯度转移项目，坚持区分良莠，高污染、高排放项目禁入，杜绝追求产值和唯GDP论，保护好受援地区的山山水水。例如，浙川两地充分发挥比较优势，积极培育高效生态农业，截至2021年，累计

---

① 《皖浙共保跨省域生态保护走出"新安江"模式》，新华网，http://www.ah.xinhuanet.com/2023-05/18/c_1129624975.htm，2023年5月18日。

② "四换"是指腾笼换鸟、机器换人、空间换地、电商换市；"三名"是指大力培育名企、名品、名家。

建成405个、100多万亩特色优势和生态高效农业生产基地；深化生态康养旅游和特色文化产业开发合作，积极宣传推介西部地区优质生态要素资源。浙江始终坚持生态保护战略不动摇，通过"生态飞地"方式不仅输出产业，也输出生态观念，溢出效应日益明显。如浙江宁波市奉化区萧王庙街道滕头村坚持以党建引领乡村振兴联合体为载体，以滕头乡村振兴学院为平台，首创"连锁滕头"发展模式，把滕头的绿色产业、发展理念、经营思路向外输送，在全国各地建立30多个"滕头飞地"，不仅输出产业，也输出生态观念，"滕头飞地""溢出"到江西、安徽、湖北等全国十几个省份，投资建设园林苗圃基地的总面积相当于30多个滕头。

无论是从山海协作工程所构建的区域绿色协作机制，还是东西部协作视域下的绿色协作机制，浙江始终坚持"绿水青山就是金山银山"，将生态资源持续不断转化为发展红利，在保护生态的同时发展经济，浙江区域绿色协作发展实践为推进绿色共同富裕提供了示范引领。

四 "双碳"目标引领，促进浙江低碳绿色发展转型

习近平总书记指出，坚持绿色发展是发展观的一场深刻革命。2021年12月，浙江省政府出台《关于加快建立健全绿色低碳循环发展经济体系的实施意见》，提出了2025年、2030年和2035年浙江绿色低碳循环发展的阶段性目标，为构建系统推进、数字赋能、创新引领、市场导向的绿色低碳循环发展经济体系，为高质量发展建设共同富裕示范区，争创社会主义现代化先行省奠定坚实基础。在强有力的制度保障之下，浙江绿色发展在产业结构升级、能源结构优化、绿色技术创新、碳市场与碳金融建设方面取得了一系列富有成效的改革经验，对全国的绿色发展范式变革起到了引领作用。

（一）在产业结构升级方面，数字经济已成为浙江绿色发展的主引擎

2021年，全省数字经济增加值达3.57万亿元，居全国第四位，

较"十三五"初期实现翻番；占 GDP 比重达 48.6%，位居全国各省（区）第一。[①] 全国首创的"产业大脑+未来工厂"发展模式，以产业大脑探索数据价值化，以未来工厂引领企业组织形态变革，融合驱动生产方式转变、产业链组织重构、商业模式创新、产业生态重塑，提升制造业高端化、智能化、绿色化发展水平，推动了更多有条件的制造企业和产业集群实现"智造"升级。此外，"零碳园区"的概念在浙江各地多点开花，苍南依靠自身富集的可再生能源禀赋，提出打造零碳产业园；嘉兴响应"碳达峰、碳中和"对能源电力发展提出的新要求，建设嘉兴电力红船基地"零碳"智慧园区；"杭州亚运低碳氢电耦合应用示范项目"正式启动，成为浙江首个融合柔性直流、氢电耦合、多能互补的"零碳"绿色园区等。"零碳园区"建设兼具降碳与经济双重效益，为不同地区基于本地资源禀赋探索差异化的"双碳"实现路径和产业低碳转型方案提供了新的发展模式。

（二）在能源结构优化方面，能源清洁化水平明显提升

"十三五"时期，浙江煤炭消费占比从 52.4%降至 40.1%；清洁能源发电装机 5280 万千瓦，占 52.1%，提高了 11.8 个百分点。在化石能源方面，浙江严格控制煤炭消费总量和新增耗煤项目，持续推进"煤改气"工程，发展清洁煤电，全省大型燃煤机组和地方燃煤热电机组超低排放改造全部完成。在可再生能源方面，浙江在风电、光伏方面具备显著优势，截至 2020 年底，全省累计核准海上风电项目 14 个，核准装机容量 408 万千瓦；全省累计建成光伏发电装机 1517 万千瓦，比 2015 年增长 827%。此外，全省城镇绿色建筑面积占新建建筑面积比例达 96%，清洁能源化公交车、出租车使用比例达 80%。能源利用效率也显著提高，2012—2021 年，浙江单位 GDP 能耗累计下降 25.8%，以年均 3.7%的能源消费总量增速，支撑

---

① 《浙江首次编制发布〈浙江省数字经济发展白皮书〉》，浙江网信网，https://www.zjwx.gov.cn/art/2022/8/5/art_1694818_58871741.html。

了年均7.2%的GDP增速。① 三门核电一期、舟山普陀6#海上风电、舟山新奥LNG接收站一期、浙江LNG接收站二期工程等一批重大能源项目建成投产，有力地推动了浙江能源低碳绿色转型升级。

（三）在绿色技术创新方面，着力构建和完善高科技创新中心

2016年8月，杭州正式启动城西科创大走廊建设。2016—2020年，杭州城西科创大走廊产业增加值年均增长23%，高新技术产业增加值年均增长22.6%；启动实施国家重大科技基础设施浙大超重力离心模拟与实验装置、之江实验室、阿里达摩院、西湖大学、良渚实验室等重大创新平台建设；累计集聚人才突破45万人，其中全职院士59名、海外高层次人才8531人。杭州城西科创大走廊正在成为具有国际水准的创新共同体、国家级科技创新策源地和浙江创新发展的主引擎。2022年2月，浙江启动首批6家省技术创新中心建设，即智能工厂操作系统技术创新中心、绿色智能汽车及零部件技术创新中心、高端化学品技术创新中心、现代纺织技术创新中心、CMOS集成电路成套工艺与设计技术创新中心和智能感知技术创新中心。② 通过聚焦"互联网+"、生命健康、新材料三大科创高地建设，围绕产业链部署创新链、围绕创新链布局产业链，持续强化浙江绿色技术创新能力，建设全球先进制造业基地。此外，国家发改委同意在浙江设立全国首个国家绿色技术交易中心，以绿色技术交易为驱动力，引导技术创新，促进成果转化，加快构建市场导向的绿色技术创新体系。至2022年6月设立满一年之际，已促成189项绿色技术交易，交易额突破3亿元，撬动超百亿绿色产业投资，③ 有效地

---

① 《节能宣传月启动仪式！浙江节能降耗呈现浓厚"数改味"》，中国日报中文网，http://ex.chinadaily.com.cn/exchange/partners/82/rss/channel/cn/columns/6ldgif/stories/WS62a97ddca3101c3ee7adaa5e.html。

② 何冬健、王明月：《浙江启动首批6家省技术创新中心建设 加快布局创新策源地》，https://baijiahao.baidu.com/s?id=1725010649379518808&wfr=spider&for=pc。

③ 洪恒飞、徐梓沐、刘瑞香等：《189项技术成交额超3亿元国家绿色技术交易中心晒出周年成绩单》，中国科技网，http://www.stdaily.com/index/kejixinwen/202206/6592e659fd3442d0a28d38e1effd812e.shtml。

促进了绿色技术成果转化落地。

（四）在碳市场与碳金融建设方面，勇于大胆探索、先行先试

2021年7月，浙江能源集团完成浙江全国碳配额交易第一单①；2022年3月，浙江纳入全国碳排放权交易市场配额管理的重点排放单位扩展至153家，标志着浙江利用市场机制控制和减少温室气体排放的步伐逐步加快。衢州探索建立碳账户，率先从"碳维度"对经济主体进行价值评估，2021年有27家金融机构推出利率更具普惠性的碳金融产品34个，实现碳账户贷款规模逾70亿元。②浙江五部门联合出台《关于金融支持碳达峰碳中和的指导意见》，提出推进全省碳账户体系建设，到2025年末，实现排污许可证重点管理企业全覆盖。2020年初，中国人民银行丽水市中心支行、丽水市发改委联合印发《关于金融助推生态产品价值实现的指导意见》，创新以"生态贷"为代表的生态价值融资体系、以"两山贷"为代表的生态信用融资体系、以"生态主题卡"为代表的生态支付结算体系，搭建生态金融服务平台，探索金融助推生态产品价值实现路径，为加快实现丽水高质量绿色发展提供金融支撑。

在浙江绿色发展取得全面显著进展的同时，2022年2月，浙江省委、省政府发布《关于完整准确全面贯彻新发展理念做好碳达峰碳中和工作的实施意见》，提出加快构建"6+1"领域碳达峰体系，设定了到2030年经济社会发展全面绿色转型取得显著成效，二氧化碳排放达到峰值后稳中有降，到2060年绿色低碳循环经济体系、清洁低碳安全高效能源体系和碳中和长效机制全面建立，碳中和目标顺利实现的"双碳"目标时间表和路线图。

---

① 郑亚丽、张帆、朱承：《浙能成交浙江碳交易首单》，光明网，https://m.gmw.cn/baijia/2021-07/17/1302410913.html。

② 《打造双碳时代的基础设施：浙江衢州探索建设碳账户》，https://baijiahao.baidu.com/s?id=1725556489659917383&wfr=spider&for=pc。

第四节　浙江绿色共富之路引领生态文明新时代的示范价值

一　对全球可持续发展和南南合作的示范意义

浙江绿色发展助力实现共同富裕，不仅为中国式现代化的共同富裕之路增添了先行地区的成功样板，也将为中国、全球可持续发展和南南合作提供典型示范。工业革命后，发达国家建立在传统工业文明基础上的现代化，虽然极大地推动了人类文明进程，中国亦是这种现代化概念的最大受益者之一，但这种基于传统工业化模式的现代化有其内在局限，即不可避免地导致生态环境不可持续，导致发展目的与手段的背离，难以最终实现全面提高人民福祉这一发展的根本目的。此外，也无法以此实现地球上所有人口共同繁荣的现代化，更遑论以此建立人类命运共同体。在实现第一个百年目标后，中国进入全面开启社会主义现代化建设新征程的新发展阶段，浙江将争取成为实现中国式现代化的排头兵。新发展阶段的绿色发展，实质是工业革命以来人类社会经历的最全面而深刻的发展范式转变，具有新的重大历史意义，也具有更新的内涵、目标和任务。浙江推进绿色发展、实现共同富裕，不是简单地重复发达国家在传统工业文明下一味追求物质财富、将环境与发展相对立的不可持续的发展模式，而是绿色发展理念下对财富、价值进行重新定义，实现以绿色为底色的共同富裕，在中国和全球建立绿色发展助力共同富裕的范本。

二　对中国式现代化道路的示范引领意义

浙江以其良好的经济社会发展基础、集中的政策先行先试优势，为全国其他地区开展"双碳"工作，走生态优先、低碳发展的绿色道路树立了典型示范。例如，2021年8月以来，浙江已启动两批省级低（零）碳试点创建活动，共有 80 个乡镇/街道、632 个城乡社区、18 个单位创建了低（零）碳与减污降碳协同试点；2022 年，浙江海盐县《零碳未来城发展规划》获批，成为全国首个零碳高质量发展示范区规划；2022 年 3 月，浙江发改委牵头开发的"浙江碳普惠"应用，是全国首个省级碳普惠应用，通过规范全省碳普惠核算标准体系和技术体系，为市民和小微企业的节能减碳行为赋予价值并建立激励机制，截至 2022 年 12 月初，注册用户已达 127 万人。2022 年 12 月，浙江省碳达峰碳中和工作领导小组发布的"2022 年度绿色低碳转型典型案例"，分为产业绿色转型、能源低碳发展、碳汇能力提升、综合集成改革、数字创新引领五个大类，"浙江碳普惠"入选全省 40 个优秀经典案例。浙江的绿色低碳转型之路，立足浙江、面向未来，为全国实现"双碳"目标、建设生态文明提供了创新思路。

　　浙江绿色发展助力实现共同富裕，是对区域性共同富裕的一次尝试。共同富裕模式将从区域走向国家，再推广至全球。浙江模式在空间上具有示范性，从而为在全球更大范围内以绿色发展推动共同富裕提供鲜活案例。在工业文明下，虽然出现人类命运共同体的意识，但由于传统工业化模式具有不可持续的内在局限，也就不可能以此模式为基础构建人类命运共同体。以中国式现代化实现中华民族的伟大复兴，则中华民族的伟大复兴就成为全世界摆脱不可持续的发展危机和实现共同繁荣的历史机遇。以浙江为先行绿色共富示范区，中国不只是在经济上要赶超发达国家，更要以新的发展理念建立新的可持续发展模式，让全球共享繁荣成为可能。

理念篇
浙江绿色共富的创新思想和理念

第二章 共同富裕：走上绿色、共享、高质量发展的共富之路

习近平总书记关于"共同富裕"的重要论述是习近平经济思想的重要内容，为在新阶段促进共同富裕指明了前进方向，提供了根本遵循。① 共同富裕是中国特色社会主义的本质要求，集中体现了我们党全心全意为人民服务的根本宗旨。2021年8月17日，习近平总书记主持召开中央财经委员会第十次会议，指出"要坚持以人民为中心的发展思想，在高质量发展中促进共同富裕，正确处理效率和公平的关系"②。

可见，新发展理念下的高质量发展是促进共同富裕的重要途径。"绿色"是五大发展理念之一，是以效率、和谐、持续为目标的经济增长和社会发展方式，是当今世界发展模式转型的重要标志，也是实现共同富裕的必由路径。党的十八大以来，浙江牢记习近平总书记的殷殷嘱托，深入践行"八八战略"，全面贯彻新发展理念，构建新发展格局，扎实推进共同富裕。特别是，大力推进绿色低碳变革，走稳走实生态优先、绿色发展之路，努力探索绿色发展促进共同富裕的路径与机制，绿色发展促进共同富裕取得积极成效。浙江的实践对于明晰绿色发展推动实现共同富裕的机制、路径与政策，具有重要意义。

---

① 高培勇：《深刻把握促进共同富裕的基本精神和实践要求》，《人民日报》2022年8月23日。
② 习近平：《扎实推进共同富裕》，《求是》2021年第20期。

第一节　浙江探索以绿色发展推动实现"共同富裕"的重大意义

浙江以绿色发展推动实现"共同富裕",功在浙江、利在全局。党的二十大报告指出,中国式现代化必须是全体人民共同富裕的现代化,是人与自然和谐共生的现代化。实现全体人民共同富裕,必须深入贯彻以人民为中心的发展思想,使人民群众的获得感、幸福感、安全感更加充实、更有保障、更可持续;推进人与自然和谐共生,就必须尊重自然、顺应自然、保护自然,必须牢固树立和践行"绿水青山就是金山银山"的理念,站在人与自然和谐共生的高度谋划发展。作为中国推进高质量发展与共同富裕的模板,浙江以绿色发展推动实现"共同富裕",有利于为中国率先探索出一条"人与自然和谐共生""全体人民共同富裕"的中国式现代化建设之路,也有利于为全球可持续发展、建设"人类命运共同体"提供有益借鉴,因此浙江绿色共富发展之路具有重大的理论与现实意义。

一是浙江以绿色发展推动实现共同富裕,将为全国绿色发展促进共同富裕提供典范。在实现第一个百年目标后,中国进入全面开启社会主义现代化建设新征程的新发展阶段,浙江将是探索者。新发展阶段的绿色发展,实质是工业革命以来人类社会经历的最全面而深刻的发展范式转变,具有新的重大历史意义,也具有更新的内涵、目标和任务。浙江推进绿色发展、实现共同富裕的实践,不是简单地重复在传统工业文明下一味追求物质财富、环境与发展相对立的不可持续的发展模式,而是在绿色发展理念下对财富、价值进行重新定义,以绿色为底色,建立绿色发展助力共同富裕的范本。浙江的实践经验表明,推进绿色发展和实现共同富裕能够相互促进,绿色发展是推动共同富裕的有效途径。浙江通过推进绿色发展,将生态环境福利深刻嵌入人民福祉的意蕴之中,彻底扭转对"美好生活"

限于物质享受的刻板认识；充分发挥自然生态资源优势，积极探索产业绿色化转型和生态产品价值实现机制，拓展"绿水青山"转化为"金山银山"的途径，寻求推动经济发展的"绿色动能"，有利于破解环境与发展相对立的传统认识；积极参与国内东西部协作、长三角一体化发展等区域协调发展战略，扎实推进山海协作和流域治理，建立多元化生态补偿机制，对于先富带动后富、发达区域带动落后区域具有重要示范作用。

二是浙江绿色发展助力实现共同富裕，将为区域、全球可持续发展和南南合作提供典型示范。工业革命后，发达国家建立在传统工业文明基础上的现代化，虽然极大地推动了人类文明进程，中国亦是这种现代化概念的最大受益者之一，但这种基于传统工业化模式的现代化有其内在局限，即不可避免地导致生态环境不可持续，导致发展目的与手段的背离，难以最终实现全面提高人民福祉这一发展的根本目的。此外，无法以此实现地球上所有人口共同繁荣的现代化，更遑论以此建立人类命运共同体。[1] 浙江绿色发展助力实现共同富裕，是对区域性共同富裕的积极探索。共同富裕模式将从区域走向国家，再推广至全球，浙江的模式在空间上具有较强的示范性，从而为在全球更大范围内以绿色发展推动共同富裕提供鲜活案例。在工业文明发展范式下，虽然出现人类命运共同体的意识，但由于传统工业化模式具有不可持续的内在局限，也就不可能以此模式为基础构建人类命运共同体。中华民族的复兴之路，应当为全世界摆脱不可持续的发展危机和实现共同繁荣提供出路，而以浙江为先行地区的中国不只是要在经济上赶超发达国家，更要以新的发展理念建立新的可持续发展模式，让全球共享繁荣成为可能。

---

[1] 张永生：《生态文明是构建人类命运共同体的根本途径》，《当代中国与世界》2021年第3期。

第二节　绿色发展与共同富裕的关系

绿色发展与共同富裕具有紧密的内在联系，这表现在，包含绿色发展在内的高质量发展是推进共同富裕的必经之路，而共同富裕是高质量发展的重要目标和应有之义。

一　没有高质量发展，就没有共同富裕

"共同富裕"包含两个关键词，一是"富裕"，二是"共同"，前者着眼于解决发展不充分问题，后者着眼于解决发展不平衡问题，二者缺一不可、不能偏废。其一，我国第一个百年奋斗目标只是全面建成小康社会，离富裕社会还有很大的差距，这一差距的缩小必须依赖于发展。就现实国情而言，我国仍处于并将长期处于社会主义初级阶段，我国仍然是世界上最大的发展中国家，只有推动经济持续健康发展，才能筑牢扎实推动共同富裕的物质基础。因此，在新发展阶段，发展仍是党执政兴国的第一要务，要实现共同富裕，就必须发展好经济。只有紧紧抓住经济建设这个中心，通过全国人民的共同奋斗把"蛋糕"做大做好，切实解决发展不充分问题，才能厚植共同富裕基础。应当一如既往地推动高质量发展，进一步做大共同富裕的基本盘，如果发展停滞不前，就不可能实现富裕，更遑论共同富裕。其二，"共享"是高质量发展必须坚持的理念之一，破解发展不平衡问题、共享发展果实、实现共同富裕是高质量发展的应有之义。在做大"蛋糕"的基础上，通过合理的制度安排把"蛋糕"切好分好，才能最终实现共同富裕。

当前，推进实现共同富裕仍有很多可探索之处。2021年6月，正式印发了《中共中央　国务院关于支持浙江高质量发展建设共同富裕示范区的意见》，肯定了浙江在解决发展不平衡不充分问题方面取得的明显成效，提出以浙江为示范区率先推进共同富裕，为全国

推动共同富裕提供省域范例。这充分体现了党和国家对解决我国发展不平衡不充分问题的坚定决心，也高度凝练了高质量发展与共同富裕的辩证关系。

绿色发展是高质量发展的基本内涵，绿色发展对共同富裕的促进作用，既表现为通过改善生态环境、推进产业绿色发展、推动生态要素参与报酬分配、缩小区域和城乡差距而促进共同富裕，也表现为通过推动以绿色为核心理念之一的整体高质量发展来促进共同富裕。

二 绿色发展是推进共同富裕的必经之路

新阶段的发展是新发展理念驱动下的经济社会全面发展。绿色发展作为五大发展理念之一，在实现共同富裕的道路上不可或缺。绿色发展是工业革命以来最全面而深刻的发展范式的转变，新发展阶段的绿色发展，不只是强调以效率提高、技术进步、产业升级为特征的发展方式转变，而是更强调包括发展理念、发展内容、发展方式在内的发展范式的深刻转变，从而将传统工业化模式下环境与发展相互冲突的关系，转变为相互促进的关系。

首先，生态环境本身就是生产力，保护和改善生产环境就是保护和发展生产力。保护生态环境，生产力就可以持续；破坏生态环境，生产力就失去基本的物质资料、生活资料，失去了生产的生态安全屏障，发展生产力的前提就不可能存在。其次，寻求生态产品价值实现、促进生态资源的产业化是推进绿色发展的重要内容，也是促进新兴产业发展、推动经济增长的重要方式和途径。生态资源具有较强的地域性，在不同空间上具有较大差异，众多独具特色的气候、水土、生物、景观等生态资源已经成为发展生产的重要资源禀赋，以此为依托生产的产品和服务具有较强的不可替代性和环境友好性。因此，生态要素日益成为影响生产函数的重要变量，参与商品和服务生产，从而推动实现高质量发展，而参与生产的生态要素理应获得相应的要素报酬。生态环境要素具有公共物品属性，环境面前人人平等，以生态环境为要素参与生产所实现的相应报酬属于生态要素的所有者，因此，生态资源的产业化是优化收入分配、促进共同富裕的重要动力。

三 共同富裕是绿色发展的目标和导向

共同富裕是社会主义的本质要求，是坚持以人民为中心的发展思想的体现，是人民群众的共同期盼。贯彻新发展理念，推动高质量发展，归根结底是要实现全体人民共同富裕。但是，实现共同富裕并不仅仅是实现物质财富上的共同富裕，而是实现"五位一体"的全面富裕。庇古在其《福利经济学》中明确提出了"经济福利"和"非经济福利"的概念。狭义层面的福利是指经济福利，而广义层面的福利包括经济福利和非经济福利。高质量发展包含绿色发展，因此共同富裕必须是广义层面的，是建立在经济福利、政治福利、文化福利、社会福利、生态福利所构成的福利体系基础上的共同富裕[1]，共同富裕必须实现物质丰富、精神富足、生态美丽，绿色是共同富裕的底色。

绿色发展理念下的共同富裕将带来价值理念、经济核算体系、政绩观、消费理念等一系列变革。价值理念将从以 GDP 为中心转型到以民生福祉为中心，绿色发展的"指挥棒"得以明确，适合于绿色发展导向的国民经济增长核算体系得以构建。新的核算体系将回归高质量发展的本源，充分体现以人民为中心思想，努力实现从以生产总值为导向的目标转向以人民福祉为导向的目标上来。与此同时，以 GDP 为导向的政绩观将得以改变，各级政府部门工作考核办法将实行改革，确保地方考核目标与中央制定的绿色发展战略目标保持一致，大力倡导绿色政绩观，改变唯 GDP 的考核导向，将绿色发展

---

[1] 沈满洪：《生态文明视角下的共同富裕观》，《治理研究》2021 年第 5 期。

作为考核评价发展绩效的新标尺,加快形成有利于绿色发展的领导体制和领导机制。从民众角度看,个体福利水平的评价不仅要体现物质生活的富足,还应体现"绿水青山"带来的身体健康和精神愉悦,追求大多数人的社会综合效用最大化,而这也是绿色发展理念下实现共同富裕的要义所在。

第三节 浙江以绿色发展推动共同富裕的实践与成就

一 不断增强广大人民群众获得感、幸福感、安全感

浙江把促进全省人民共同富裕摆在重要的位置,坚持以人民为中心的发展思想,坚持以满足人民日益增长的美好生活需要为根本目的,脚踏实地、久久为功,让广大人民群众获得感、幸福感、安全感更加充实、更有保障、更可持续。浙江坚持以人民为中心的发展思想具有悠久传统。习近平同志在浙江工作期间,就敏锐地抓住了社会主要矛盾变化的新情况及人民群众对过上更加美好生活的新期盼,大力实施一系列富民惠民战略举措,例如,加大财力用于改善民生,大力推进基本公共服务均等化,完善社会保障体系,推进城乡协调发展,实施"精准扶贫",努力缩小城乡区域发展差距,等等。历届浙江省委牢记习近平同志的嘱托,坚持民生优先,坚决贯彻中央打赢脱贫攻坚战的重大决策,坚持精准脱贫基本方略,使人民群众有了更多的获得感。2011—2021年,浙江城乡居民收入均实现翻番,分别连续21年、37年居全国省区第一,家庭年可支配收入20万—60万元群体比例达到30.6%。

更值得一提的是,浙江顺应人民群众对良好生态环境的需求,深入践行"绿水青山就是金山银山"的生态文明理念,全面深化污染防治攻坚,坚持山水林田湖草系统治理,建设"美丽浙江",将生态福利作为实现共同富裕的重要基础。进入新发展阶段,浙江致力于

促进人的全面发展和社会全面进步，积极探索用生态文明和绿色发展的道路来超越和替代资本逻辑规制下人与自然全面对立、自然环境全面崩溃的道路，不懈探索人与自然和谐共生的现代化建设之路，让绿色发展成为推动实现共同富裕的持久动力。

二 坚定不移践行"绿水青山就是金山银山"发展理念

浙江深入贯彻习近平生态文明思想，始终将生态文明建设摆在全局工作的突出位置，坚定不移践行"绿水青山就是金山银山"发展理念，通过持续推进"蓝天"、"碧水"、"净土"三大保卫战，把"山水林田湖草沙是生命共同体"的理念镌刻在浙江大地，将打造"绿水青山"作为高质量发展的新起点。

一是加大环境污染治理力度。浙江坚定不移践行绿色发展理念，大力推进污染防治攻坚战，推进污染减排和重点区域环境整治，开展"蓝天保卫战"等一系列环境专项整治行动，加大工业废气治理、城市与农村污水及废弃物处理、废弃矿山修复、河道综合整治等工作。浙江在环境污染治理方面的投入不断加大。2021年，浙江环境污染治理投资占GDP的比重为1.1%，比2012年上升0.2个百分点。通过不断努力，浙江山更青、水更绿、天更蓝、地更净，生态环境质量不断改善。2021年，浙江生态环境公众满意度总得分为85.81，连续10年提升。

二是推进山水林田湖草一体化保护和修复。浙江充分发挥自身生态优势，创建生态省，以"山水林田湖草沙生命共同体"理念为指引，坚持从生态系统整体性出发，推动生态文明建设从污染治理向生态修复、生物多样性保护升级，为"绿水青山"向"金山银山"转化提供基础和保障。浙江发布了《浙江省重要生态系统保护和修复重大工程实施方案（2021—2025年）》，深入推进重要生态系统、生物物种和生物遗传资源的有效保护，完善生态环境分区管控格局，首批在全国划定生态保护红线，"三线一单"在省市县三级全面落地，构建起以钱江源—百山祖国家公园为核心的自然保护地体系。生态系统的保护与修复有效增进了人民的生态福祉。

三是全面推进生产生活方式绿色转型。浙江大力推进传统产业向绿色低碳方向升级，绿色低碳变革扎实推进，资源节约与循环利用能力不断增强，能源资源利用效率持续提高，重点企业污染治理取得显著成果；浙江大力推行简约适度、绿色低碳、文明健康的生活方式，广泛开展绿色生活创建行动，促进人与自然和谐共生。当前，简约适度、绿色低碳的生活消费理念渐入人心，全社会绿色发展方式和生活方式逐步形成，绿色出行渐成主流。

四是深刻反思和积极探索国民经济核算体系。针对既有国民经济增长核算体系无法完全适用于绿色发展的现状，结合新阶段绿色发展的需求和特点，浙江不断探索构建适合于绿色发展导向的国民经济增长核算体系，较早引入了生态系统生产总值（GEP）核算体系，大胆探索构建具有浙江特色的GEP核算体系。新核算体系体现以人民为中心的思想，充分考虑资源耗减、环境退化、生态破坏以及相应治理措施所引起的经济损失和成本，努力实现从以生产总值为导向的目标转向以人民福祉为导向的目标上来。

三　以绿色发展夯实共同富裕的物质基础

浙江不断拓宽"绿水青山"向"金山银山"转化通道，贯通绿色产品的生产、分配、流通、消费各环节，扩大绿色优质产品和服务消费供给，激发从事绿色经济的各类市场主体活力，以提高绿色发展效益夯实共同富裕的物质基础。一是持续推动传统产业向数字化、高端化、绿色化方向转型，积极培育若干世界级先进制造业集群，打响"浙江制造"品牌，以高质量发展打牢共同富裕的物质基础。二是积极探索生态产品价值实现机制，高水平发展特色生态产业，发挥生态产业对就业的吸纳能力，不断提高人民的收入水平。深化丽水国家级生态产品价值实现机制试点，支持丽水建设国家级生态资产和生态产品交易中心、全省生态产品交易市场。做精农业特色优势产业和都市农业，推进浙西南山区粮食生产功能区、现代农业园区建设，发展智慧农业。推动农村一二三产业融合发展，结合全域旅游示范区建设，合理有序开发利用浙西南山区的农、林、渔业资源和田园景观、农耕文化。依托丰富的红色文化和绿色生态资源，发展红色旅游、乡村旅游、生态旅游、康养旅游、研学旅行等特色产品。这些发展思路增强了生态变现能力，有力地带动了当地居民的就业，有效夯实了共同富裕的物质基础。

四 以绿色发展缩小地区差距、城乡差距、收入差距

浙江结合生态资源空间分布差异化特征，深入贯彻"八八战略"，着力解决地区差距、城乡差距、收入差距问题，有效促进共同富裕。

一是进一步发挥浙江的区位优势，积极融入和引领长三角一体化发展。浙江不断增强与长三角中心城市上海的互动，积极参与长江三角洲地区合作与交流，不断提高对内对外开放水平，扎实推进长三角高质量一体化发展。产业协同发展方面，浙江与长三角其他省市在集成电路、生物医药、新能源汽车、人工智能等重点产业领域开展了深入合作，有力推动了产业一体化发展，特别是，浙江支持省内后发地区与长三角中心城市探索多领域多形式合作，在长三角中心城市、重大平台建设科创飞地、产业飞地，支持后发地区参与长三角产业链共建，改造升级传统制造业，培育现代服务业和新兴产业。在生态文明与绿色发展方面，2019年10月25日，国务院批复《长三角生态绿色一体化发展示范区》，旨在打造生态友好型一体化发展样本。示范区成立以来，已经在绿色经济、高品质生活、可持续发展有机统一方面开展大量工作，在跨行政区域发挥整体生态优势、共建绿色创新发展高地、推动人与自然和谐等方面做出了有益探索。

二是不断发挥浙江的山海资源优势，大力推进山海协作。早在2002年习近平同志上任浙江省委书记后，浙江就极为重视山海协作工程，探索了市场经济条件下结对帮扶"造血型"的省内扶贫开发新模式，开创了以互利合作为主的帮扶新理念，以此推动欠发达地区加快发展。此后，省内出台了大量支持山海协作的政策和指导意见，有力推动了协作水平的提升。2021年3月，浙江省人民政府办公厅印发《浙江省人民政府关于新时代支持浙西南等革命老区振兴发展的实施意见》，提出为加快推进浙西南等革命老区振兴发展，扎实推动共同富裕先行示范。浙江的山海协作，将"山"的特色与"海"的优势有机结合起来，有效推动了陆海统筹、山海互济，通过建设山海协作产业园、发展"飞地经济"等方式，有力促进全省区域经济协调发展，有效缩小了区域发展差距，通过建立形式多样的跨区域生态补偿机制，加大了对山区、流域上游的生态补偿力度，这些举措为实现全省共同富裕奠定了坚实基础。

三是不断发挥浙江的城乡协调发展优势，缩小城乡区域发展差距，加快推进城乡一体化。浙江全面落实以人为核心、高质量为导向、面向现代化的新型城镇化要求，加快革命老区接轨融入都市区经济，提升区域中心城市能级，加快浙西南革命老区跨山统筹一体化发展，高标准推进了新型城镇化建设。浙江乡村振兴获得高质量推进，农村人居环境长效管护机制不断健全，农村生态环境显著改善。通过党建统领方式，不断拓宽农村地区以"先富带后富"实现共同富裕的路径，组织振兴推动乡村振兴的能力不断增强，内生发展动力不断增强，有效带动了群众就业和增收致富。统计表明，从2011年至2021年的十年间，浙江城镇化率从63.2%提高到72.7%，城乡居民收入倍差从2.37缩小到1.94。[①]

[①] 李中文、窦瀚洋：《浙江在高质量发展中奋力推进共同富裕》，《人民日报》2022年8月31日第2版。

第四节　浙江以绿色发展促进共同富裕的启示

要实现共同富裕，必须深入挖掘绿色发展促进共同富裕的作用机制，系统总结浙江发展实践中的宝贵经验，并主动指导共同富裕推进之路。

一　营造良好生态环境就是提升福利和效用

保护生态环境就是改善福利的重要内容。维护良好的生态环境就是增加总体福利，而生态面前人人平等，促进生态平等将直接助推共同富裕的实现。传统工业文明发展范式下，物质成了衡量财富的唯一标准，消费者追求物质消费与享受，企业则生产对应的物质。这种标准不仅体现在实际生产生活当中，也体现在经济学研究当中。消费者效用函数不包含任何生态环境和精神愉悦所产生的满足感，这种刻板的消费者偏好显然并不符合人们的主观判断。因为，在因物质享受得到相同福利的情况下，美好的生态环境会让人产生更高的幸福感和满足感，恶劣的生态环境则削弱了这种幸福感和满足感。由此可见，生态环境优美并非可有可无，而是直接决定幸福感。也正因如此，生态环境本身也应是一种效用或福利：优质的生态环境是一种正福利，劣质的生态环境是一种负福利，生态改善就是福利增加，生态退化就是福利下降，从有害于生产生活的生态环境到无害于生产生活的生态环境，再到有利于生产生活的生态环境，就是生态福利的提高。[①]

生态环境具有显著的外部性。区域生态环境的改善，能够使区域内甚至区域外的所有个体受益，却不需支出显性成本。这也是导致经济学研究长期不能将生态环境纳入效用函数的重要原因。但是，现实情况与理论解释的巨大差距，反映的是理论的匮乏。即使是在

---

① 沈满洪：《绿色发展的中国经验及未来展望》，《治理研究》2020 年第 4 期。

考虑生态环境外部性的情况下，仍可将生态环境质量和生态环境服务作为基本公共服务的重要组成部分。而基本公共服务均等化是实现共同富裕的重要内容。因此，生态福利是一种公共福利，生态福利的增加能够直接促进共同富裕。随着物质财富的不断增长，精神愉悦愈发成为人民福祉的重要组成部分，而优美的生态环境正是这种精神愉悦满足感的重要来源。总之，共同富裕的实现，不仅需要物质财富的创造和合理分配格局的构建，还需要提升生态福利。开展环境污染治理、维护生态系统质量和稳定性、减缓气候变化、维护生物多样性，其根本目的均在于提供更多的环境公共产品，实现生态惠民、生态利民、生态为民，厚植共同富裕的绿色基础。

二 推进产业发展绿色低碳转型以夯实共同富裕的物质基础

推进传统产业向绿色低碳方向转型，催生新的产业形态，创造新的经济增长点，能够扩大可供分配的福利基础。

一是推动产业生态化转型。传统发展范式将生态环境影响作为经济系统的一个附带的非期望产出，生态保护与环境治理侧重于处理后续污染问题。这种产业发展方式建立在资源高消耗、生态破坏和环境污染的基础上，虽然生产了大量物质财富，但也直接削弱了生态财富，损害了人民福祉。一般而言，区域生态环境的破坏对区域内所有人都具有负面影响，但高收入人群在规避环境污染损害、迁移出污染区域方面具有更强的能力，这会导致高收入人群依然生活在"绿色环境"之中而低收入人群却难以逃离生态环境已经被破坏的"黑色环境"。这显然不是"生态面前人人平等"，更不是共同富裕，而是生态破坏和环境污染导致的生态福利的"贫富分化"。大量研究表明，增强环境规制相对更有利于增强低收入群体、低社会地位群体的幸福感[1]，这就意味着环境规制等政策更有利于维护低收入人群福利，更有利于实现共同富裕。推动产业生态化转型，就要从根本上扭转经济增长以破坏环境为代价的思维和做法，

---

[1] 柳建平、郑雪丹：《环境规制对居民幸福感的影响探究》，《社科纵横》2022年第4期。

通过行政手段、财政手段、市场手段等多元措施并举的方法破解负外部性内部化的难题。通过出台有利于产业绿色低碳转型的财税、金融、土地、政府采购等政策，引导企业走清洁生产和循环经济之路，更好发挥行政手段的作用，应加强主要污染物排污权核定及管控，建立严格的生态环境惩戒机制和追责制度。通过上述方式保护好"绿水青山"，为实现平等的生态福利奠定坚实基础。

二是推动生态产业化，即推动生态产品价值实现。在农业文明时代，"人与自然张力"在很长时期内并未达到极限，人类生产生活对资源承载力和环境容量的逼近程度仍在可控范围内，此时，水、生物、植被、空气都是相对富余的自然资源，其稀缺性并未充分体现。进入工业文明时代，随着经济社会的快速发展，"人与自然张力"在较短时间内就被推至极限。① 此时，要素相对稀缺性发生变化，水、生物、森林、空气等生态资源的稀缺性凸显。更为重要的是，随着物质满足感的不断增强，人对所谓"美好生活的需求"的内涵也随之发生变化，精神愉悦愈发成为福祉的重要组成部分。依托于各类生态环境资源开发新的、满足人们精神需要的新型产业，成为重要的产业生长点。这表明绿色发展不是延续传统上将"环境"与"发展"相对立的认识，而是认为在发展中会产生一系列新的产业和业态。通过生态产品价值实现，建立"绿水青山"转化到"金山银山"的路径与机制，进而扩大共同富裕的物质基础。

三　推动生态要素参与报酬分配以增加居民的财产性收入

在传统要素报酬理论中，劳动、资本、土地、企业家才能等要素禀赋是产生价值的源泉，理应获得相应的报酬。由于不同的要素为不同群体所有，而资本和土地极易流入并集中于富有人群，从而扩大资本回报率和地租，压低劳动报酬，削弱了大多数劳动供给者的福利。正如皮

---

① 卢风：《农业文明、工业文明与生态文明——兼论生态哲学的核心思想》，《理论探讨》2021年第6期。

凯蒂在《21世纪资本论》中所指出的，从长期来看，资本的回报率总是高于国民收入的增长率，这也是长期以来资本要素所有者的收益要大于劳动要素报酬的根本原因，资本报酬与劳动报酬的鸿沟越来越大。推动生态要素参与财富分配有利于促进共同富裕。除了土地等传统自然资源，并未实质性地将更具普遍意义的生态资源纳入要素禀赋当中。在生态文明理念下的绿色发展范式中，生态资源理应是生产函数中要素禀赋的重要构成。将生态资源纳入要素禀赋具有必要性：一方面是其稀缺性日益凸显；另一方面是消费理念变动牵引生态产业化，加大了人们对生态资源的需求。一些学者认为，将生态资源纳入要素禀赋，就是把生态资源转化为生态资产、把生态资产转化为生态资本，把生态资本投入到经济活动中并使之不断增值的过程，因此，需要经营生态资本，产生生态红利。[1] 不论是将生态资源与资本并列纳入要素禀赋，还是将生态资源视为资本的一种存在形式，生态资源产生经济价值并应得到相应报酬是必然趋势。将生态要素纳入分配体系有利于提高居民的财产性收入和财富，是缩小区域、城乡和群体收入差距、实现共同富裕的重要途径。

生态资源参与分配，首先，要扭转"生态资源无偿使用""生态产品低价销售"等资源配置扭曲问题，科学开展自然资源资产价值评估，推进自然资源有偿使用，为进一步参与分配奠定基础。其次，还应看到，生态资源参与报酬分配必须以明确生态资源所有者为前提。生态资源所依附的土地所有权形式决定了生态资源所有制形式。我国土地的全民所有制和集体所有制，为保障生态资源报酬分配给全民和集体提供了重要的制度保障，是生态富民的重要前提。

四 以绿色发展缩小区域和城乡发展差距

绿色发展能够促进缩小区域和城乡发展差距，并与生态资源禀赋空间分布异质性具有紧密关系。在生态文明发展范式下，自然资源

---

[1] 沈满洪：《生态文明视角下的共同富裕观》，《治理研究》2021年第5期。

概念将得以重塑，包括气候、生物基因库、生态服务系统等在内的生态资源相较于传统自然资源，将占据更加重要的地位。原有的自然资源空间分布格局也将发生变化，例如，某些矿产资源富集地区的重要性将随着绿色低碳经济的发展而下降，而传统自然资源贫乏、生态资源禀赋良好的地区，其重要性反而可能上升。

绿色发展促进缩小区域和城乡发展差异的作用机制主要包含以下四点。第一，优良生态环境本身就是生态福利。在生态文明发展范式下，区域和城乡发展差距不再囿于经济差距，还必须考虑生态环境造成的福利差距。后发地区和农村地区由于遭受传统工业文明发展模式的负面冲击较小，生态环境相对优良，居民所享受的生态福利也相对较高。第二，生态资源禀赋富集地区的生态产业化具备先天优势，生态产业化将带动休闲、康养、教育等符合生态文明理念下的需求特点的新产业、新业态发展，从而创造物质财富，扩大后发地区和农村地区实现共同富裕的物质基础。第三，生态资源所有者能够得到相应的经济回报。一方面，由于生态产业化和生态资源价值实现，生态资源所有者能够直接参与报酬分配，从而提高收入。另一方面，由于生态环境具有外部性特征，还必须通过建立生态补偿机制等方式克服外部性问题。在"谁受益、谁补偿，谁保护、谁受益"的原则下，生态资源储备地与使用地之间（例如，能源输出地与能源使用地、水源涵养地与用水地、生态涵养区与受益城市）建立市场化、多元化的补偿机制。通过资金补贴、产业转移、人才培训、共建园区等方式进行补偿，最终推动区域协调发展。第四，绿色发展叠加互联网条件，经济发展对空间组织方式的要求也相应地发生实质性变化。在标准的发展经济学理论中，城市被定义为生产工业品的地方，农村则是为工业提供劳动力、农产品、原材料和市场的地方。[①] 为追逐规模经济或缩小交易成本，人口不断向城市集

[①] 张永生：《城镇化模式：从工业文明转向生态文明》，《城市与环境研究》2022年第1期。

聚，城市规模不断膨胀，衍生出环境污染、交通拥挤等一系列有损福利的规模不经济问题，农村则按照传统工业文明发展范式进行改造，化学农业盛行，造成一系列环境和健康问题。绿色发展叠加互联网条件下，拥有较好生态资源禀赋的农村地区不再是传统意义上的资源和劳动力供给地，而是提供更多个性化、绿色化产品和服务的地区，城市人口集聚的动力会因乡村振兴和互联网发展导致的交易成本下降而消解，城市病问题也将随之解决，这显然有利于同时提升农村和城市两者的福利。正是从这一角度，生态文明的希望在乡村，建设方向是从城市到乡村。[①]

[①] ［美］克里福德·柯布、萧淑贞：《从工业文明到生态文明：必要的转型》，《哲学探索》2021年第1期。

第三章　美丽浙江：一张蓝图绘到底

党的二十大提出，中国式现代化是共同富裕的现代化、人与自然和谐共生的现代化。中国式现代化，没有教科书，更没有现成答案。浙江20余年的绿色发展历程中，始终贯彻了实现中国式现代化道路的六个坚持：坚持人民至上、坚持自信自立、坚持守正创新、坚持问题导向、坚持系统观念、坚持胸怀天下。

浙江是中国革命红船启航地、改革开放先行地、习近平新时代中国特色社会主义思想重要萌发地。回顾浙江改革开放以来的发展，从传统发展到绿色发展，从生态浙江到美丽浙江，持续打造生态文明发展范式转型示范区，中间经历了诸多探索和努力。最重要的经验，是将美丽浙江共识蕴含在引领浙江发展的一系列核心价值之中，始终以生态文明和绿色发展理念作为主线，引领政策与实践不断创新和提升。在理念上，将"绿水青山就是金山银山""良好生态环境是最普惠的民生福祉""山水林田湖是一个生命共同体"作为最根本的发展遵循；在政策上，以浙江"八八战略"为统领，坚持"一张蓝图绘到底，一任接着一任干"，把生态文明建设始终放在突出的引领地位，率先在全国探索出一条经济转型升级、资源高效利用、城乡均衡和谐的绿色高质量发展之路。美丽浙江的价值内涵与实践路径充分体现了绿色发展、包容性发展和系统发展理念，丰富并检验了科学发展观，塑造了生态文明的浙江模式。

第一节　美丽浙江之目标愿景与核心价值

"美丽浙江"是浙江落实"美丽中国"愿景的实践。"美丽中国"概念立足于时代转折点，是对中华民族生长于斯的大地所承载的自然之美、人文之美、政治之美的统合。作为新时代中国式现代化道路的一个全民共识，"美丽中国"为历经千年盛世、百年衰败、重温富民强国梦的中国，指明了新的历史时代"向何处去"的问题。"美丽浙江"愿景的提出，为全体浙江人民凝聚共识和力量、坚定生态文明和绿色发展道路，提供了一个灯塔和航标。

一　美丽浙江之内涵

（一）"山水自然之美"：绿水青山就是金山银山

浙江位于我国东南沿海，山清水秀，海域广大，风景优美，是山水田园美丽中国的集大成者。浙江自古多山，地形起伏多变，素有"七山一水两分田"之称，"绿水逶迤去，青山相向开"。山水绵长、锦绣成堆、诗人成群，山水诗画皆由此起源，《富春山居图》成为山水文化中国的完美象征。中华文明历来强调天人合一，尊重自然，将"和"与"中"作为天人关系的准则，"万物各得其和以生，各得其养以成"。习近平同志在浙江主政期间，走遍浙江的山山水水、体察善问民情民意民心，由此提出了一系列生态文明思想。"绿水青山就是金山银山""山水林田湖草生命共同体"……描绘了"山水田园"之美丽中国的文化自信，也为生态文明的人类社会新形态提供了现代化蓝图。正是依托得天独厚的山水资源、良好的生态禀赋，浙江率先走出了一条生态文明的新道路。"十四五"规划期间，提出打造"全域旅游"的目标，打造将历史与现代相结合、山水与诗情相交融、自然与人文相得益彰的"诗画浙江""旅游新形象"。

（二）"人文社会之美"：政通人和的小康和谐社会

中国自古就有"天下为公"的大同世界理想。风调雨顺、丰衣足食、国泰民安，是中国人心目中的盛世标志。政者，管理众人之事，关涉每一个人的福祉。中国文化的核心是"仁"，"仁"的核心在于"人"，"人心是最大的政治"。良政善治，不仅是政治清明、社会公平和经济繁荣，还包括更优美的环境。"学而优则仕"的科举选拔人才制度，打破了社会阶层的边界，体现了机会均等、公平竞争的原则，欧洲由此效法建立了文官制度。而浙江是古代中国科举制度人才辈出之地，孕育了丰厚的民本主义政治文化传统。宋儒明理求真的政治理想"为天地立心，为生民立命，为往圣继绝学，为万世开太平"，大儒王阳明的"知行合一"，新民主主义知识分子"民有、民治、民享"的革命目标……都成为中国共产党"以人民为中心""实事求是"等理论与实践相结合的根本遵循。"凡治国之道，必先富民"，为人民谋幸福，是建党一百年中国共产党人的不改初心。问题是时代的声音，进入21世纪的新时代，以习近平同志为核心的党中央，以浙江作为政策实验室，立足文化自信、制度自信，敏锐地指出了工业文明发展的内在弊病，提出生态文明、人类命运共同体理念，为世界走向绿色发展的和谐未来指明了新的方向。浙江首倡的"共同富裕"，更是强调发展的公平共享、守住民生底线的核心目标。[①]

（三）"现代中国之美"：科技创新赋能绿色发展

浙江是全国较早开展可持续发展试验区建设的省份之一。浙江立足两个先行，在发展中强化风险意识、底线思维。勇扛使命、勇闯新路，脚踏实地、久久为功，以高质量发展建设社会主义共同富裕示范区、省域现代化示范区。十年来，浙江大力实施科技创新和人才强省首位战略，提升创新能级，持之以恒抓科技创新。2021年，浙江区域创新能力位居全国第5，企业创新能力位居全国第3。2012—2021年，浙江全社会研发经费投入从722.59亿元增至

[①] 何建华：《共同富裕视野下的公平正义问题》，载中共浙江省委党校编著《共同富裕看浙江》，浙江人民出版社2021年版。

2157.69亿元，跃居全国第4位；研发投入强度从2.1%大幅提高到2.94%；高新技术产业增加值占规上工业增加值比重从17.62%大幅提高到65.2%；大科学装置实现零的突破……①针对高校和科技资源短缺的短板，举全省之力推进杭州城西科创大走廊建设，打造"面向世界、引领未来、服务全国、带动全省"的创新策源地，着力构建新型实验室体系和技术创新中心体系；通过实施数字经济"一号工程"，推动传统产业改造升级创新，培育发展新动能；推动浙江创新策源能力持续提升。

二 美丽浙江目标之核心理念

美丽浙江之山水、人文、科技创新蕴含在引领浙江发展的一系列核心价值之中，这些从"知"到"行"的价值观丰富并检验了科学发展观，塑造了生态文明的浙江模式。

（一）科技人才是第一生产力的科学发展观

以人力资本、科技创新引领科学发展。一是转变发展方式，从灰色到绿色发展，倒逼绿色转型。二是重视科技创新和人才价值。重视科技和教育，最大限度激发人的能动性和创造性，发掘人力资本巨大潜力。三是守正创新精神。对于发展的风险、挑战和机遇充满了敏锐度和前瞻性，风险意识强，敏锐发现新机遇，先行先试，走在人先，率先开创数字经济、低碳经济等新兴产业，将风险和危机化为机遇。

（二）以人民为中心的命运共同体意识

以社会资本、文化资本创新促成包容性发展，坚持生态惠民利民为民，让生态文明理念从政府到企业再到全社会达成共识。浙江注重发掘悠久而深厚的社会资本、文化资本价值，使其焕发出新时代的生命力。例如，浙江的商业传统、文化传统、教育传统培育了浙

---

① 洪恒飞、江耘：《浙江：以科技创新制胜未来》，《科技日报》2022年10月20日。

江人自力更生、变中求生、将挑战视为机遇的务实精神和坚韧品格。从注重实践出真知、以天下为己任的传统士大夫的阳明心学，到合作共赢、抱团谋生计的商业意识，再到知恩图报、扶贫救弱的民间慈善传统，让浙江在绿色共富的道路上率先培育面向未来社会的生态文明新人类。

（三）以生态资本创新构建坚实的生态文明经济基础

生态系统完整性是人类永续发展的物质基础，认可并实现生态系统价值是构建生态经济与生态文明的根基。浙江是"绿水青山就是金山银山"理念的发源地和率先实践地，以2003年的"八八战略"为发端，以余村转型的生动案例作为思想火种，通过"腾笼换鸟"、产业升级，走绿色发展和转型之路，坚持践行"绿水青山就是金山银山""良好生态环境就是最普惠的民生福祉"等生态惠民利民为民理念，创新生态产品价值实现转化路径。在生态环境治理机制方面，率先探索河长制、五水共治、生态补偿等创新机制；在城乡协同治理方面，以美丽人居和生态建设引领城市更新、以生态资本激发新集体主义经济，民间创新动力源泉历久不衰。

三 美丽浙江从愿景到行动之自我实现机制

美好愿景的实现需要共识和理念的引领，也需要一代又一代人持续不懈的努力奋斗。浙江的绿色发展历程，充分体现了一条从知到行、从政策设计到实践检验、建立良性反馈回路的自我实现机制。其中，浙江首推的民众"四感"评价，即"获得感、幸福感、安全感和认同感"，是浙江推进绿色发展统计改革、高质量发展建设共同富裕示范区的重要指标。设置规划目标、开展评价监测和省内评比等工作，为美丽浙江目标共识提供了可供检测的自我监督、自我实现机制。服务型政府，让企业有信心投资，让人民有希望奋斗，形成一个良性的正反馈机制。浙江从习近平同志的"绿水青山就是金山银山"理念起步，在经济、社会、生态各个维度都交出了一份满意的答卷。这一成功典范，最终使生态文明建设成为中国的国家战略。基于政府、企业、民众"三位一体"，知行合一，荣辱与共的命运共同体关系，形成了从"绿水青山就是金山银山"理念，落实到"美丽浙江"的共同愿景和政策设计，再到政策同实践、成效检验的过程，并最终形成从美丽浙江到生态文明建设的自我实现机制（见图3-1）。

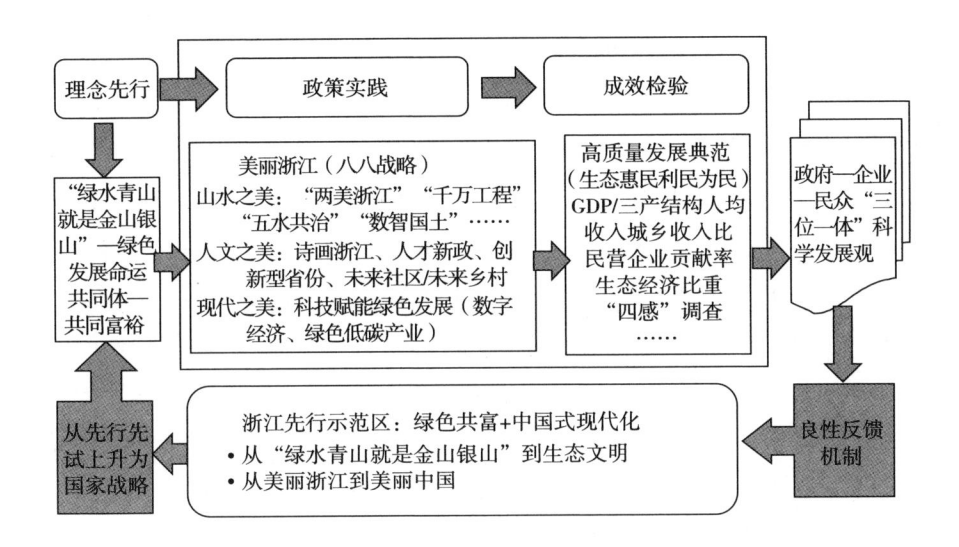

图3-1　浙江模式：从美丽浙江到生态文明建设的示范机制

第二节　生态文明理念引领美丽浙江建设：政策蓝图与实践路径

回顾浙江从生态建设走向生态文明建设的政策与实践道路，是科学发展、服务型政府让政策能够真正落地，形成政府、市场和社会共同治理的合力。

一　一张蓝图绘到底："八八战略"与美丽浙江建设

2014年5月，《中共浙江省委关于建设美丽浙江创造美好生活的决定》指出，建设美丽浙江、创造美好生活，是建设美丽中国在浙江的具体实践，也是对历届政府提出的建设绿色浙江、生态省、全国生态文明示范区等战略目标的继承和提升。"两美"浙江要坚持生态省建设方略，把生态文明建设融入经济建设、政治建设、文化建设、社会建设各个方面和全过程。2018年5月，浙江省人民政府印发《浙江省生态文明示范创建行动计划》，提出更高水平推进美丽浙江建设和生态文明示范创建，继续当好美丽中国示范区的排头兵。[1] 主要目标为：到2020年，高标准打赢污染防治攻坚战；到2022年，各项生态环境建设指标处于全国前列，生态文明建设政策制度体系基本完善，使浙江成为实践习近平生态文明思想和建设美丽中国的示范区。《中共中央 国务院关于支持浙江高质量发展建设共同富裕示范区的意见》（2021年5月20日）进一步提出，推动生态文明建设先行示范，高水平建设美丽浙江，支持浙江开展国家生态文明试验区建设，绘好新时代"富春山居图"[2]。

美丽浙江政策目标的初心，缘起于习近平同志在浙江工作时作出的一系列重大决策部署："八八战略"的实施成为习近平生态文明思想的浙江实验室。习近平同志当年一到浙江就开始了密集调研，118天里，跑了11个市、25个县。2003年6月，浙江召开"千村示范、万村整治"工作会议，习近平同志提出，用5年时间，从全省近4万个村庄中，选择1万个行政村进行全面整治，把其中1000个中心村建设成全面小康示范村。2003年7月，在中共浙江省委第十一届四次全体会议上，时任省委书记习近平同志总结了浙江发展的八个优势，提出了面向未来发展的八项举措：新型工业化、城乡一体化、绿色浙江、海洋经济、文化大省、机关效能建设……2013年，打响"五水共治"战役。从群众最深恶痛绝的污水治理抓起，也把防洪

---

[1] 《浙江省人民政府关于印发浙江省生态文明示范创建行动计划的通知》，浙江省人民政府网，https://www.zj.gov.cn/art/2018/5/11/art_1229019364_55318.html。

[2] 《中共中央 国务院关于支持浙江高质量发展建设共同富裕示范区的意见》（2021年5月20日），《人民日报》2021年6月11日，第1、9版。

水、排涝水、保供水、抓节水等捏成"拳头",齐头并进。

"八八战略"是形成浙江绿色生态文明建设的思想蓝图与实践纲领,为中国式现代化、中国式社会主义提供了"浙江模式"。坚定不移走中国特色社会主义道路,其本质就是坚定不移走共同富裕道路。① 浙江绿色生态文明思想提出很早,始终把推动经济持续健康发展作为首要任务,把以人为本作为核心立场,把发挥、培育和转化优势作为工作着力点,把统筹兼顾作为根本方法,把善做善成作为工作要求。② 从"八八战略"的浙江经验到"四个全面"及国际舞台上合纵连横的大国治理,习近平同志的治国理政思想堪称将马克思总体方法论运用于中国社会主义建设实践并加以丰富、发展的典范。"八八战略"实践,最重要的是体制机制创新与技术创新,为中国特色社会主义共同富裕先行和省域现代化先行提供了重要思想理论基础和实践经验支持。③ "八八战略"体现的立场、观点、方法等精神实质具有普遍性、规律性和指导性,引领浙江率先走上全面协调可持续的科学发展道路④;充分证明习近平新时代中国特色社会主义思想的形成有着深厚的理论基础、实践基础、群众基础。⑤ 生态文明建设驱动共同富裕是一项系统工程,需要确立可持续性的治理目标、分工协作的治理结构、绿色共富的治理制度。⑥ 浙江要进一步丰富共同富裕的内涵、理念,把这个重大任务扎扎实实推进好,为全国的共同富裕率先探路。⑦

---

① 胡鞍钢、鄢一龙、魏星:《2030 中国:迈向共同富裕》,中国人民大学出版社 2011 年版。
② 《夏宝龙:"八八战略",为浙江现代化建设导航》,2013 年 3 月 1 日,http://cpc.people.com.cn。
③ 何显明:《习近平新时代中国特色社会主义思想在浙江的萌发与实践》,《浙江日报》2018 年 7 月 22 日第 3—4 版。
④ 郭占恒:《"八八战略"思想与实践》,红旗出版社 2018 年版。
⑤ 周华富:《浙江特色的生态文明建设之路》,《浙江经济》2016 年第 21 期。
⑥ 沈满洪:《生态文明视角下的共同富裕观》,《治理研究》2021 年第 5 期。
⑦ 袁家军:《扎实推动高质量发展建设共同富裕示范区》,《求是》2021 年第 20 期。

二 科技助力美丽浙江蓝图：基于智慧技术的美丽国土空间规划

（一）数字浙江

生态文明建设需要体现天—地—人生命共同体的和谐共生关系，国土空间规划则是体现这一科学系统发展观的重要落脚点。浙江在美丽浙江建设工作中充分发挥数字技术优势，打造美丽国土空间规划，为持续优化国土空间开发与保护奠定了基础。一是优化全省域的主体功能区、重要生态系统和保护区分布，构建生态安全格局；二是建设省域国土空间治理数字化平台，运用数字虚拟空间更好地管理自然空间、人造空间、未来空间，加强国土空间科学化、规范化、精细化治理，从而优化区域人口、资源和产业布局，提升新型和差异化城镇化发展策略，推动加快工农业、城乡之间协调发展。

数字化改革是习近平同志在浙江工作期间擘画的"数字浙江"新阶段，是浙江忠实践行"八八战略"的生动体现，也是省委为"两个先行"量身定制的改革系统，坚持"系统+跑道""平台+大脑""改革+应用""理论+制度""顶层设计+基层创新""党建统领+全员参与"，形成了一批具有普遍意义和全国影响力的重大标志性成果。数字化改革牵引全面深化改革取得的开创性成效，可以概括为"六个新"：构建了党建统领整体智治的"新格局"；开辟了高质量发展"新空间"；打造了共同富裕"新引擎"；提供了社会治理"新解法"；形成了改革话语"新体系"；锻造了党员干部适应引领现代化"新能力"。

自然资源部《关于支持浙江高质量发展建设共同富裕示范区意见的函》（自然资函〔2022〕540号）明确表示：支持建设国土空间治理数字化改革先行省，支持浙江率先打造国土空间整体智治省域样板。浙江紧紧围绕"高质量发展建设共同富裕示范区"目标，以数字化改革引领系统性制度性重塑，推动国土空间治理方式从定性管理向定量管理、从局部最优到整体最优转变，为省域治理现代化提供坚实保障。按照"统一底图、统一标准、统一规划、统一平台"要求，浙江率先完成国土空间规划"一张图"实施监督信息系统建设，聚焦需求导向和问题导向，以规划"一张图"为基础，打造"多规合一"综合应用，形成具有浙江辨识度的国土空间治理数字化改革阶段性成果。

浙江省自然资源厅印发《浙江省"数字国土空间"建设方案》，提出自然资源数字化改革方案和目标。到2025年，"一码管空间"改革覆盖自然资源全领域、全要素、全过程，全面形成"空间数字化、数字空间化、协同网络化、治理智能化"的整体智治新格局。按照急用先行原则，开展码上批地、规划协同、藏粮于地、地灾智治、天巡地查、不动产登记六大场景建设，到2025年底，全省基本形成纵向到底、横向到边、内外联通的自然资源数字化治理架构，助推省域国土空间整体智治、高效协同。浙江利用大数据、云计算、人工智能等技术手段，开展以下重点工作：①构建一个空间大脑：迭代"一库一图一箱"，提升空间感知、监测判断、分析评价、预测预警四大能力。②建设大综合应用："多规合一"、空间保护、空间利用和空间安全四大综合应用。③开发X个重点场景：耕地智保、不动产智治、地灾智治、浙农田、重大项目e本账、投资在线。

(二) 实践进展

具体实践中，浙江各地市也结合自身特点和需求创造性地开发数字国土、美丽国土的规划技术。例如，临海自然资源和规划局为解决基层防灾"最后一公里"的问题，于2021年在全省率先开展1∶2000全域高精度地质灾害风险调查评价，全面摸清风险底数，科学划定风险分区，并以此为基础，创新应用"空间码"，全面关联地质环境、工程建设、不动产登记等多元数据，通过业务多跨协同，实现动态监测监控。推动地质灾害从"防"到"治"的再升级、再拓展，最终形成地质灾害防治全区域、全链条、全过程数智化闭环管理。

丽水将95%的国土空间划为生态功能保护区，从"生态立市""绿色兴市"再到"美丽丽水"建设，生态环境状况指数连续18年位居浙江省第一。2015年建成首批国家生态保护建设示范区[1]，2022年获得"国家生态文明建设示范区"称号，在联合国《生物多样性公约》缔约方大会第十五次会议（COP15）上分享"丽水经验"[2]，开创了一条独具特色的绿色发展之路，民众满意度也连续多年位居全省前列。为了守护绿水青山，丽水依托卫星遥感、物联网监测和基层治理"四平台"，逐渐形成"天眼、地眼、人眼"结合的立体化、数字化、智能化监测网络，以智慧国土空间规划助力绿色发展。

专栏 3-1　智慧国土空间规划助力丽水市"绿色共富"

浙江省丽水市充分利用智慧国土空间技术，强化生态管控红线意识，实现美丽山水生态保护和生态经济发展。丽水作为"国家级生态产品价值示范区"，在有限的国土空间内，用自然景观和人文景观等物质形态，表达出了生态文明的精神和情感内涵，展现了人与自然"共同富裕"。

1. 国土空间规划促进"两山转化路径"

以市域统筹为抓手，探索以新国土空间格局承载"绿水青山就是金山银山"理念转化。其中，生态空间内，以生境系统完

---

[1]《丽水成首批国家生态保护建设示范区》，《丽水日报》，http://cs.zjol.com.cn/system/2015/05/19/020657561.shtml，2015年5月19日。

[2]《丽水荣膺"国家生态文明建设示范区"》，《丽水日报》，http://zj.people.com.cn/n2/2022/1122/c186327-40204365.html，2022年11月22日。

善、生态网络完整为原则，结合国家公园地役权改革，统筹国家公园内外生态、农业、村庄空间的科学布局。农业空间内，以耕地质量保护为前提，以土壤质量和粮食生产能力为参考，按照耕地等级能提升、质量能改善和农民利益能保障的原则，整合优化农业生产空间，探索农业提质增效新模式。城镇空间内，构建中心城市、主要县城、重点城镇、主要旅游目的地四个层级的城镇结构体系，推动市域生产力布局重构。

探索山水林田湖草城镇村一体化治理，推进自然资源保值增值。以"打造中国生物多样性保护与可持续发展实践样本"为目标，提出基于自然的一体化保护修复空间布局框架。划定生态保护与修复分区，立足丽水市山地地貌类型复杂、小流域众多的地理特征，跨行政区域划设小流域基本功能单元。制定差异化、特色化的小流域分区指引，明确各流域单元的核心修复策略，有效推进小流域生态一体化修复、空间一体化治理，实现自然资源保值增值。

充分发挥全域生态服务功能，支撑现代生态经济体系新发展。发展生态精品现代农业，创建国家农业高新技术产业示范区和浙江（丽水）农业绿色发展先行示范区，建设百万亩海拔600米以上绿色有机农林产品基地。全力主攻生态工业高质量发展，引进和培育对生态环境要求高的新兴产业。探索与沿海市县对口建立产业用地"飞地互补"与"联动发展"机制。推进农文旅融合，开发旅游新产品，推动高等级景区、高品质度假区、瓯江文创产业带、"丽水山景"乡村旅游，以及"丽水山居"田园民宿建设。

2. 探索生态地区国土空间规划编制方法与实施机制

探索构建以"两山功能片区"为核心的市域国土空间规划体系。构建由省、市、县、乡镇的主体功能分层传递体系，对各主体功能分区内的城镇建设开发、生态工业发展、休闲旅游发展、生态康养开发、生态产品生产、生态补偿模式等方面，提出详细功能指引。

创新生态空间规划编制方法和准入管控规则。实行差异化、精细化的区域管控标准，实现"刚弹结合"的国土空间管控。在乡镇级国土空间规划下建立生态空间"单元—项目区—地块"的三级规划管控体系。在项目区层面，根据生态空间单元主要功能按照村庄建设类、生态景观类、生态休闲类、农业生产类等分类，提出项目区分类发展指引。在地块层面，对乡村基础设施、防灾减灾设施、公共服务设施、历史文化保护要素等用地需求，采取精细化点位控制，充分保障基本公共服务要求；对风景旅游设施用地、农业"标准地"等用地采用"虚位控制"，为设施布局留有弹性，充分满足市场化需求。

探索差异化的国土空间规划评估与预警考核机制。结合丽水现代生态经济发展上的优势与短板，在生态保护、绿色发展、互联互通、宜居宜养、宜业宜游、魅力创新等发展维度，综合确定国土空间总体规划核心指标，更好地引领与激励生态保护与生态价值的转化。

（资料来源：彭敏学、隋玉亭、朱铭：《支撑"两山理念转化"实践的国土空间规划路径——以浙江省丽水市为例》，《中国土地》2021年第5期。）

第三节　美丽浙江回头看：生态文明建设成效与"四感"检验

党的二十大指出：实现人与自然和谐发展、共同富裕是社会主义的本质要求，是中国式现代化的重要特征。浙江在省域层面的探索实践，为中国生态文明建设提供了一份满意的答卷，中国式现代化的"浙江模式"系统深入地回答了"怎样建设社会主义""怎样实现永续发展"的提问。

一　绿色浙江：从传统发展到绿色发展

绿色浙江，体现了从传统发展到绿色发展的战略方向转变。浙江持续推进生态省建设的战略蓝图，生态环境治理从"五水共治"，到加强绿色基础设施建设、生态修复和生态补偿机制，生态经济转型从发展节能环保产业、特色农业等生态产业，再到创新生态产品价值实现试点、推动科技攻关和体制创新试验区、制定"双碳"目标等，在国内领先开创了许多政策和实践。例如，国家统计局2016年生态文明建设年度评价结果公报显示，浙江省排名前三。《绿色之路——中国经济绿色发展报告2018》显示浙江排名各省第一，指出"浙江的经济发展与资源环境的协调度高"。2019年6月，浙江生态省建设通过了生态环境部验收，建成了中国首个生态省，实现了地区生产总值快速增长的同时，生态环境质量持续改善，资源能源消耗大幅降低，生态文明制度创新领跑全国，绿色发展处于领先水平。

绿色发展催生绿色新经济。绿色发展成效显著，浙江全省生产总值从2002年的8041亿元跃升到2022年的7.77万亿元，产业结构（3.0∶42.7∶54.3）不断优化，出口贡献率居全国首位，经济实力稳步提升。浙江的民营经济、数字经济、绿色低碳经济等新产业形态为高水平均衡协调发展提供了坚实支撑。数字经济领跑全国，总量居全国第四位，产业数字化指数居全国第一位。企业实力大幅度提升，"中国民营企业500强"企业有96家，国家制造业单项冠军有114家，专精特新"小巨人"企业有162家，数量均居全国第一位。创新动能全国领先，区域创新能力已经连续13年居全国省区第三位，企业技术创新能力连续5年居全国第三位。中国省级的共同富裕呈现出显著的空间正相关性，"美丽浙江"的数字经济不仅对本地共同富裕有正向作用，还通过空间溢出效应，对相邻地区的共同富裕产生正向影响。

二 生态浙江：从美丽家园到绿色共富

浙江开展生态省建设，完成了生态环境保护的使命，随着时代发展，由生态建设提升到生态文明建设阶段。从生态浙江到美丽浙江，以建设绿色共富国家生态文明试验区为目标，充分体现了在新时代、新阶段从生态建设到生态文明建设、从美丽家园到生命共同体建设的战略转型和全面深化。

生态浙江助力美丽幸福家园。美丽浙江建设不仅密切衔接党的十九大"美丽中国"的战略部署，而且对接联合国2030年可持续发展议程的核心目标，在建设过程中不仅要实现"天蓝、地绿、水净"的生态美，还要前瞻性地描绘"人美、民富"等社会共美共富目标。2018年，浙江全面实施富民强省十大计划，秉持"干在实处、走在前列、勇立潮头"的浙江精神，努力建设中国生态文明和美丽中国的先行示范区。生态保护意识培育了美丽家园意识，并通过"绿色共富"提升为生命共同体意识。多年的生态环境治理和保护起到了持续改善人居环境的良好效果，通过美丽幸福城乡建设、"千万工程""数字国土空间"建设等一系列工程，形成全过程、全方位、全社会美丽浙江治理体系。其中"千村示范、万村整治"工作已持续推进20年，100%的建制村实现生活垃圾集中收集处理，74%的农户实现无害化卫生改厕，生活污水治理覆盖率达到100%。美丽浙江成为现实，杭州、绍兴、安吉等一系列城市乡镇获得联合国人居贡献奖，为浙江"十四五"规划推动全域旅游、绿色共富等目标奠定了扎实的基础。2020年5月，浙江发布全国首个《浙江省美丽城镇建设评价办法》，为美丽浙江提供了可监测、可实施、可评估的政策目标。

以高质量发展支撑绿色共富。全面建成小康社会，实现了物质文明的高质量发展，"共同富裕"为建设生态文明奠定了基石。以低碳、绿色、智慧创新助推经济高质量发展，打造绿色低碳的生态新经济。浙江不断提升产业结构的高端化、智能化、绿色化，已形成以活跃的民营经济为主体，以数字经济、高端装备制造、节能环保、生命健康等为引领的现代支柱产业。在三年疫情冲击下，中国经济面临需求收缩、供给冲击、预期转弱三重压力的挑战，浙江始终将稳增长、培育创新能力、富民惠民安民作为推动高质量发展的首要任务，经济发展水平始终居全国前列。2022年，浙江人均地区生产总值为11.8万元（按年平均汇率折算为1.76万美元），达到高收入经济体水平；城乡居民收入稳居国内省区第一，城乡收入比为1.90，其中山区26个县低收入农户人均可支配收入为17329元，增长15.8%，增速高于全省平均水平。浙江服务型政府意识突出，积极发掘新动能，培育营商环境，增强民营主体对未来的预期与信心。疫情后，浙江商务部门率先"走出去"，牵头组织超1万家企业赴境外参加经贸活动。[1] 2022年，民营企业对GDP贡献率高达83.2%，进出口增长贡献率高达97.7%。立足新时代的窗口，浙江依靠低碳绿色引领高质量发展的特征不断显现，人才新政取得实效，创新型省份基本建成，节能减排、绿色产业发展、资源能源利用效率、清洁能源发展水平位居全国前列，诗画浙江美丽大花园基本建成，国内外美誉度与吸引力不断提升，人均预期寿命超过80岁，绿色成为浙江发展最动人的色彩，在生态文明建设方面走在前列。[2]

以绿色共富走向和谐社会。针对各地自然禀赋不同，浙江积极探索用发展的办法来解决发展中的不平衡问题，例如"山海协作"将"山"的特色与"海"的优势联动，发达地区结对帮扶欠发达地区，陆海联动、协作共赢。"城"与"乡"的边界已越来越模糊，基本实现了城乡"无缝对接""农村是城市的后花园，城市是农村的CBD"。2021年11月，浙江发布《科技赋能26县跨越式高质量发展

---

[1] 《浙江再开全国先例，政府带队包机送万家企业出国抢订单》，腾讯新闻，http://qq.com。

[2] 《2022年全省生产总值实现77715亿元 新的一年经济大省为何不约而同锚定5%增速?》，杭州网，http://hangzhou.com.cn。

实施方案》,提出到2025年,基本形成科技赋能26个县跨越式高质量发展的总体目标。2021年,浙江的城乡居民收入比从1.96缩小到1.94。城乡民众在生态环境、安全、健康等方面的社会满意度、幸福感、获得感持续增强。浙江提出,"十四五"时期将"率先推动全省人民走向共同富裕,实现更高质量、更有效率、更加公平、更可持续、更为安全的发展,更加彰显生态之美、人文之美、和谐之美、清廉之美,全面提升人民群众获得感、幸福感、安全感,努力以省域现代化先行为全国现代化建设探路"①。

专栏3-2　浙江省绿色共富民众"四感"评价

为了客观评价浙江高质量发展建设共同富裕示范区工作成效,浙江构建了具有鲜明标识度的统计监测评价体系,建立群众获得感、幸福感、安全感、认同感"四感"调查评价反馈机制。自2021年,浙江省委社会建设委员会委托第三方机构对全省11个设区市、90个县(市、区)开展民众"四感"监测评价,发布年度《浙江省高质量发展建设共同富裕示范区群众获得感幸福感安全感和认同感监测评价报告》,包括公共安全、交通出行、就业创业、城乡差距等评价内容。

湖州"群众获得感幸福感安全感认同感监测评价指数"连续两年位列全省第一,18个细项得分全部高于全省平均水平,群众"四感"评价总体较高。湖州得分排名前五的依次是公共

---

① 《中共浙江省委关于制定浙江省国民经济和社会发展第十四个五年规划和二〇三五年远景目标的建议》,https://www.zj.gov.cn/art/2020/11/23/art_1554467_59046908.html。

> 安全、生态环境、精神文明、交通出行和社会救助。其中，公共安全方面，平安湖州建设持续高水平推进，91.37%的居民对本地公共安全感到满意；生态环境方面，美丽湖州建设取得新成效，86.62%的居民对本地生态环境感到满意；精神文明方面，新时代文化湖州建设深入推进，90.81%的居民对本地精神文明感到满意；交通出行方面，积极建设高效便捷的综合交通体系，88.98%的居民表示满意；社会救助方面，82.51%的居民对本地社会救助感到满意。湖州表示将用好"四感"调查数据，补短提质，充分发挥绿色发展、城乡均衡两大比较优势，聚焦群众所需所急所盼，扎实推动共同富裕绿色样本建设，努力在推进共同富裕上走前列、作表率。
>
> （资料来源：《这个指数，湖州连续两年位列全省第一》，http://zjol.com.cn。）

第四节 美丽浙江建设之经验与展望

一 回顾经验：行远必自迩

浙江全省从政府到民众，勠力同心坚持不懈地从理念到行动推进生态文明和美丽浙江建设，秉持了四个方面的坚定不动摇，真正实践了绿色发展、包容性发展和可持续发展理念，扩展并丰富了科学发展观的内涵。

科学发展观引领美丽浙江建设。一是坚持以人民为中心的包容性发展。秉承服务型政府的执政为民意识，政府率先垂范引领全社会参与，坚持先富带后富，形成政府、市场和社会共同治理、共同富裕的发展合力。二是科学规划引领科学发展。一张蓝图绘到底，一任接着一任干，将美丽浙江作为全体人民走向小康社会、生态文明的共识愿景并持续不懈地予以落实。三是坚持科技创新赋能绿色发展。将生态价值作为实现可持续发展最坚实的物质基础和经济基础，在全国率先探索和引领数字经济、生态经济新产业，搭建企业和公民绿色社会信用体系，持续推进环境、经济与社会的和谐发展。四是坚持知行合一的系统发展。敢为天下先，先行先试，立意高远、锐意实践。从物质文明到精神文明，从小康社会到未来社区，从上到下目标一致、知行合一，走出了一条生态文明的浙江道路。

二 未来展望：建设大美浙江

浙江是"绿水青山就是金山银山"理念的发源地和率先实践地，为打造整体大美、凸显浙江气质的"新富春山居图"，2021年全面实施城乡风貌整治提升行动，将国土空间治理、城市与乡村有机更新、美丽城镇与乡村建设等工作进行系统集成融合，生态文明建设成效卓著。"十四五"规划是中国全面建成小康社会后，实现第二个百年奋斗目标的起点。浙江是中国革命红船启航地、改革开放先行地、习近平新时代中国特色社会主义思想重要萌发地。"十四五"时期将在高水平全面建成小康社会的基础上，深入实施"八八战略"，干在实处、走在前列、勇立潮头，努力建设新时代全面展示中国特色社会主义制度优越性的重要窗口。美丽浙江意味着不仅要实现"天蓝、地绿、水净"的生态美，还应实现"人美、民富"的社会美，共同富裕将为美丽浙江奠定坚实的物质文明和精神文明基础。

展望未来三个五年规划，美丽浙江目标应更上一层楼，讲好中国故事，以"生态韧性宜居、人文德美兼具、社会和谐包容、经济绿色繁荣、政治风清气正"为目标，构建"五位一体"的现代化大美浙江，进一步打造一系列美丽城乡、美丽政府、美丽山水的地方典型示范。

（一）打造一批"山水浙江"样板工程

依托流域、国家公园、生态文明示范区、自然遗产及国家珍稀物种资源保护地等重点区域，打造山水浙江样板。借鉴中国台湾地区和日本、欧洲等发达地区的经验，建立政府与社会合作的环境学习中心，推进环境教育立法，培育具有生态良知、环境素养的新公民。

（二）引领中国未来社区、未来乡村发展典范

改革开放40余年，中国未来发展的动力和热点正在从经济建设转向社会建设，从物质文明引领转向精神文明优先、生态文明为重。2022年，浙江城镇化率已高达73.4%，未来的城镇化必然是生态优先、以人为本完美融合的发展。浙江在人地资源紧约束条件，以及新型城镇化与乡村振兴大背景下，处理好乡村传统文化与现代城市化思维之间的关系，缩短城乡差距，构建有益的城乡关系，需要建立"内涵综合、目标综合、手段综合、效益综合"的综合性思维。在浙江杭州、湖州、绍兴等地，未来社区、未来乡村的样板正在遍地开花。最美"浙里"乡村，打造了美丽浙江新形象，城乡差距不断缩小、城乡关系和谐共生，乡村成为新的投资热土、宜居休闲康养旅游胜地，带动诸多新兴产业和增长点。"十四五"时期，可以利用"数字+"技术，建设一批新时代的中国式现代化的生态宜居型新社区、新乡村，为其他地区城乡协同发展提供经验。

（三）培育生态文明美丽公民，构建美丽高效绿色政府

以生命共同体理念开展美育和环境教育，利用环保政策助推社区试点示范，倡导绿色生活和绿色消费理念，在国内率先推进生态文明国民教育的省级政策立法工作。将绿色国民账户、自然资本、公众满意率、生态文明知识培训、绿色富民等绿色发展指标纳入党政官员政绩考核与生态环境离任审计。

第四章 生态经济：从理念到实践

第一节 创新理念："绿水青山就是金山银山"思想溯源

一 生态兴则文明兴，生态衰则文明衰

浙江生态省和绿色浙江的建设目标开始于 2002 年底，至今已经创建了 20 余年，取得了举世瞩目的建设成就。2002 年 12 月，习近平同志就任省委书记不久，主持召开中共浙江省委十一届二次会议，明确提出"积极实施可持续发展战略，以建设'绿色浙江'为目标，以建设生态省为主要载体，努力保持人口、资源、环境与经济社会的协调发展"[1]。

2003 年是浙江大力开展生态省建设的关键一年。2003 年 1 月，国家环保总局发布《关于同意浙江省列为全国生态省建设试点的复函》，同意将浙江列为全国生态省建设试点，并纳入全国生态示范区建设试点统一进行指导和管理。2003 年 6 月，浙江省人民代表大会常务委员会正式作出关于建设生态省的决定。2003 年 7 月，习近平同志在《求是》杂志发表署名文章《生态兴则文明兴——推进生态建设打造

---

[1] 《生态省记事》，浙江省生态环境厅官网，http://sthjt.zj.gov.cn/art/2004/6/1/art_1229123475_13472349.html。

"绿色浙江"》，提出了"生态兴则文明兴、生态衰则文明衰"[①] 这一著名论断，指出全面推进绿色浙江建设需要坚定不移地实施可持续发展战略，加快新型工业化步伐，大力发展生态经济、营造生态环境、培育生态文化，以建设"绿色浙江"为目标，以生态省建设为载体和突破口，走生产发展、生活富裕、生态良好的文明发展道路。

2003年8月，浙江省人民政府印发了《浙江生态省建设规划纲要》，对生态省建设作出了具体的战略部署，提出浙江生态省建设的总体目标是：充分发挥浙江的区域经济特色和生态环境优势，转变经济增长方式，加强生态环境建设，经过20年的努力，基本实现人口规模、素质与生产力发展要求相适应，经济社会发展与资源、环境承载力相适应，把浙江率先建设成为具有比较发达的生态经济、优美的生态环境、繁荣的生态文化，人与自然和谐相处的可持续发展省份。具体工作分三个阶段推进，即2003—2005年为启动阶段，2006—2010年为推进阶段，2011—2020年为提高阶段。

为客观评价生态省建设的进程，依据国家环保总局生态省建设指标（试行），参照现有生态省试点的指标设置，结合浙江生态省建设的主要任务，从经济发展、环境保护、社会进步三个方面，选取具有代表性的26个指标，构成浙江生态省建设评价指标体系。评价指标体系根据生态省建设的实际情况和国家新的要求进行适当调整。同时，按照分类指导的原则，在国家环保总局制订的生态市、生态县建设指标的基础上，从各地实际情况出发，研究制订生态市、生态县建设的评价指标体系，用于评价各地的创建进程。

浙江开展生态省建设，也随着时代发展由生态建设提升到生态文明建设阶段。2018年5月，浙江省人民政府印发《浙江省生态文明示范创建行动计划的通知》，提出更高水平推进美丽浙江建设和生态

[①] 习近平：《生态兴则文明兴——推进生态建设打造"绿色浙江"》，《求是》2003年第13期。

文明示范创建，继续当好美丽中国示范区的排头兵。① 主要目标为：到2020年，高标准打赢污染防治攻坚战；到2022年，各项生态环境建设指标处于全国前列，生态文明建设政策制度体系基本完善，使浙江成为实践习近平生态文明思想和建设美丽中国的示范区。《中共中央 国务院关于支持浙江高质量发展建设共同富裕示范区的意见》（2021年5月20日）进一步提出，推动生态文明建设先行示范，高水平建设美丽浙江，支持浙江开展国家生态文明试验区建设，绘好新时代"富春山居图"。②

二 绿水青山就是金山银山

2005年8月15日，习近平同志在浙江安吉余村考察时创造性提出"绿水青山就是金山银山"。③

习近平同志对"绿水青山就是金山银山"理念进行了系统阐述。④绿水青山可以源源不断地带来金山银山，生态优势变成经济优势，这是一种更高的境界。"我们追求人与自然的和谐、经济与社会的和谐，通俗地讲，就是要'两座山'：既要金山银山，又要绿水青山。这'两座山'之间是有矛盾的，但又可以辩证统一。"⑤

"在实践中对'两座山'之间关系的认识经过了三个阶段：第一个阶段是用绿水青山去换金山银山，不考虑或者很少考虑环境的承载能力，一味索取资源。第二个阶段是既要金山银山，但是也要保住绿水青山，这时候经济发展和资源匮乏、环境恶化之间的矛盾

---

① 《浙江省人民政府关于印发浙江省生态文明示范创建行动计划的通知》，浙江省人民政府网，https://www.zj.gov.cn/art/2018/5/11/art_1229019364_55318.html，最后访问日期：2022年6月16日。

② 《中共中央 国务院关于支持浙江高质量发展建设共同富裕示范区的意见》（2021年5月20日），《人民日报》2021年6月11日。

③ 《让绿水青山造福人民泽被子孙——习近平总书记关于生态文明建设重要论述综述》，浙江省人民政府网，https://www.zj.gov.cn/art/2021/6/3/art_1552628_59111635.html。

④ 鲍洪俊：《绿水青山就是金山银山》，《人民日报》2006年4月24日。

⑤ 习近平：《之江新语》，浙江人民出版社2007年版，第186页。

开始凸显出来，人们意识到环境是我们生存发展的根本，要留得青山在，才能有柴烧。第三个阶段是认识到绿水青山可以源源不断地带来金山银山，绿水青山本身就是金山银山，我们种的常青树就是摇钱树，生态优势变成经济优势，形成了一种浑然一体、和谐统一的关系。这一阶段是一种更高的境界，体现了科学发展观的要求，体现了发展循环经济、建设资源节约型和环境友好型社会的理念。"[1]

浙江实践"绿水青山就是金山银山"的重要渠道是开展生态省建设，牢牢把握环境与经济协调发展这一基本原则，努力把生态环境建设与优化生产力布局、产业升级结合起来，与发展循环经济、开展资源节约结合起来，与加快社会主义新农村建设结合起来，与建设"法治浙江"结合起来，坚持以人为本，切实解决危及人民群众健康的环境问题，着力推进机制创新，举全省之力保护好"绿水青山"，来赢得"金山银山"。十几年来，"绿水青山就是金山银山"理念发展成为习近平生态文明思想，推动我国生态文明建设取得举世瞩目的成就。

第二节　实践路径：浙江如何打通"绿水青山就是金山银山"实践通道

一　"俊鸟"引领浙江经济

2001—2010 年，浙江 2009 年因为国际经济形势的原因 GDP 增长率仅为 9%，其余 9 个年份 GDP 增长率均超过 10%。2002—2021 年，经济总量增长超过 5 倍（GDP 按照 2000 年不变价格计算），产业结构进一步优化，工业比重下降了 10.5 个百分点，第三产业比重上升了 15.6 个百分点（见图 4-1、图 4-2）。

---

[1] 习近平：《之江新语》，浙江人民出版社 2007 年版，第 186 页。

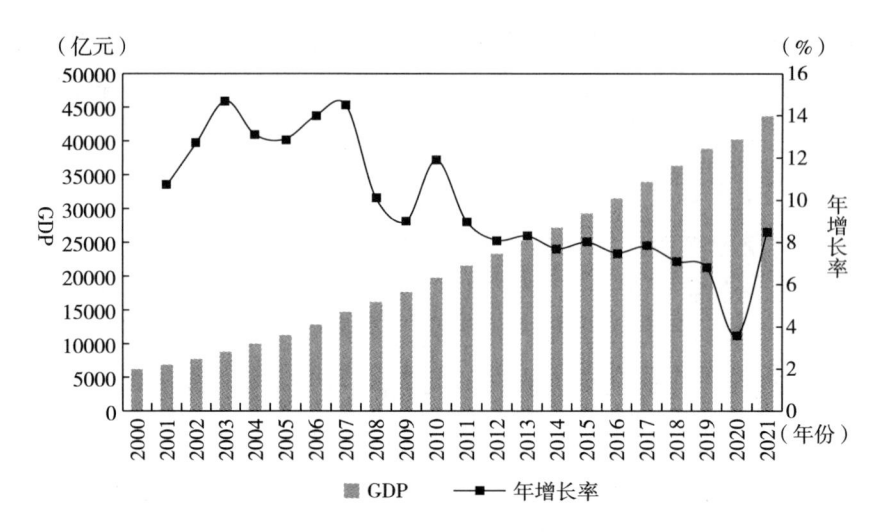

图 4-1　浙江省经济增长情况（2000—2021 年）

注：GDP 按照 2000 年不变价格计算。

资料来源：《浙江统计年鉴（2022）》《2021 年浙江省国民经济和社会发展统计公报》。

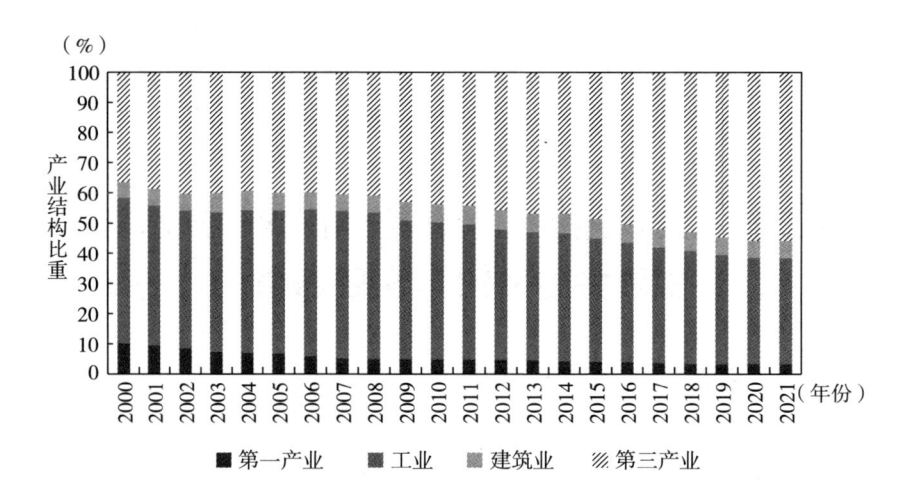

图 4-2　浙江省经济产业结构（2000—2021 年）

资料来源：《浙江统计年鉴（2022）》《2021 年浙江省国民经济和社会发展统计公报》。

2018 年 1 月，浙江省政府发布《关于深化"亩均论英雄"改革的指导意见》，通过进一步深化改革、创新机制，加快推动经济发展质量变革、效率变革、动力变革，不断提高全要素生产率，为奋力推进

"两个高水平"建设、加快实现实体经济高质量发展奠定坚实基础。

以嵊州为例,作为全国经济百强县(市)之一,长期以来嵊州以领带服装、厨具电器、机械电机为代表的传统产业,体量一度超过嵊州工业经济总量的70%。近年来,嵊州在推进传统产业改造提升的同时,大力实施"腾笼换鸟",淘汰落后产能,引进新兴产业,不断优化产业结构。2020年以来,嵊州对工业园区(平台)和电机、家具等8个重点行业("8+1")开展全面规范整治提升,先后关闭退出企业1495家,兼并重组30家,规范提升460家。2022年初,随着杭台高铁的正式开通,嵊州迈入"高铁时代",位于全省四大都市区"金十字"交通枢纽的区位优势进一步显现。当地通过打造高能级平台,有效承接来自杭州、宁波等都市区的产业溢出,打造了临杭高端装备智能制造产业园、联甬产业园、多肽产业园、绿色建筑产业园等高能级平台,有效实现区域产业链条式拓展。

二　生态产品价值机制

(一)着力破解绿水青山度量难题

加快探索完善GEP核算应用体系,彰显生态产品价值。建立覆盖陆域、海岸带和项目层级的GEP核算体系,逐步扩大GEP核算应用试点范围。

2020年9月,浙江发布了全国首部省级《生态系统生产总值(GEP)核算技术规范　陆域生态系统》(以下简称《GEP核算标准》)[1]。浙江《GEP核算标准》涵盖了生态产品功能量核算方法、生态产品功能量定价方法、生态产品价值量核算方法、核算质量控制和核算成果汇总等10个部分内容,并对生态产品类别、GEP核算公式、GEP核算基础数据要求进行了说明。

---

[1] 《浙江省市场监管局批准发布〈生态系统生产总值(GEP)核算技术规范　陆域生态系统〉省级地方标准》,浙江省市场监督管理局(浙江省知识产权局),http://zjamr.zj.gov.cn/art/2020/9/29/art_1229047334_58814039.html,最后访问日期:2022年7月18日。

在扎实的科学理论研究基础上，编制组依托浙江丽水市生态产品价值实现机制国家试点，率先开展丽水市、县、乡、村四级 GEP 核算。同时，通过在遂昌、开化、天台、仙居等浙江省第一批大花园示范县创建单位和淳安特别生态功能区等 11 个县（市、区）开展核算试点，进一步优化完善 GEP 核算指标和方法，力求《GEP 核算标准》具有广泛的代表性和较强的可操作性。

浙江《GEP 核算标准》彰显了自身特色，在核算指标体系方面，根据省情，将负氧离子、景观价值等科目纳入核算可选项，构建了一套充分反映浙江自然生态特点的指标体系。在数据支撑方面，根据浙江基础数据现状，研究制定了精准的本地化数据清单，探索拓展了多部门多源数据融合路径，使核算方法更加符合实际、更接地气。在生产定价方法上，构建基本体现浙江经济发展水平的定价体系（见表 4-1）。作为推荐性的省级地方标准，浙江《GEP 核算标准》将采取开放性的原则，根据最新的研究与实践成果，不断修订，迭代升级。同时，浙江全省各地将加快推进 GEP 核算及应用工作，重点推进 GEP 核算成果进规划、进考核、进政策、进项目，更好地发挥标准的引导作用。

表 4-1　　　　　　　　生态产品定价方法

类别	核算科目	核算指标	方法
供给产品	直接利用供给产品	农林牧渔产品（工业化除外）等的增加值	市场价值法
	转化利用供给产品	水电、潮汐能等可再生能源增加值	
调节服务	水源涵养	水源涵养价值	影子工程法
	土壤保持	土壤保持价值	替代成本法
	洪水调蓄	洪水调蓄价值	影子工程法
	水环境净化	净化 COD、氨氮、总磷等污染物价值	替代成本法
	空气净化	净化二氧化硫、氮氧化物等空气污染物价值	替代成本法
	固碳	固定二氧化碳价值	市场价值法
	释氧	释放氧气价值	替代成本法

续表

类别	核算科目	核算指标	方法
调节服务	气候调节 a	植被蒸腾和水面蒸发消耗能量的价值	替代成本法
	负氧离子 b	负氧离子价值	替代成本法
文化服务	生态旅游	生态旅游价值	旅行费用法

注：a. 日均温度大于等于 26℃ 的区域计算降温。

b. 可选项，有条件的地区可先行探索。

（二）破解绿水青山抵押难题

丰富绿色金融政策工具，支持银行机构创新金融产品，激活沉睡的生态资产，深化"两山银行"试点建设。

"两山银行"的主要运行机制，是对农村的存量资产、生态资源、人文资源等进行确权、登记、收储等，将碎片化的资产、资源进行重整，实现存量资产、生态资源的价值创新与再造，以唤醒大量的农村"沉睡"资产，包括山、水、林、田、湖、老宅子等，在不改变资产权属的前提下，遵循百姓自愿的原则，构建较完整的农村资产、资源的重新定价、计价机制。浙江多个县市，如安吉、象山等开展了"两山银行"改革创新实践，安吉在全国率先成立的"两山银行"借鉴银行分散式输入、集中式输出模式，把碎片化的生态资源进行规模化收储、专业化整合、市场化运作，把生态资源转化为优质的资产包，这种模式"存入"绿水青山，"取出"金山银山。象山县为宁波市下辖县，位于东海之滨，三面环海，两港相拥，其通过加速推进海上"两山银行"改革试点，积极探索海洋生态资源价值转换路径，努力实现让更多生态红利转化为富民资本，取得了丰硕成果。

衢州市常山县是浙江高质量发展建设共同富裕示范区（机制创新类）第二批试点地区之一，常山县"两山银行"改革创新实践于 2021 年 12 月成功入选中国创新发展典型案例、浙江省年度数字化改革获奖案例。其围绕"三农"问题，聚焦新农村建设和乡村振兴，服务农村经济创新发展,把拓展业务范围与高水平价值实现机制有机统一起来。

常山县位于浙赣两省交界处,地形以丘陵为主,有"八山半水分半田"之称,在省内属于欠发达地区。在实现路径上,常山县"两山银行"满足了六大功能目标。即以"农业产业投资银行、生态资源储蓄银行、有效资源招商银行、文化资源开发银行、有偿权项变现银行、生态安全保障银行"为功能定位,推出17类产品。农业产业投资银行对应以"常山三宝"(胡柚、油茶、猴头菇)为主的新品种推广、行业公共服务、知名品牌培育、小微科创企业股权投资等,提高县域特色农产品品质、产能和品牌价值。生态资源储蓄银行对应包括闲置(低效)开发资源、砂石矿产资源在内的各类有效资源存储和开发,形成资源库。有效资源招商银行对应闲置资源招商、已开发资源二次提升二类招商,通过创意设计、包装策划、基础配套和整合提升,实现与资本的有效对接。文化资源开发银行对应古镇(古村、古街)、无形资产开发(常山胡柚地理标注品牌)和文化大IP(胡柚娃、鲜辣文化、宋诗之河等),促进文化资源有效开发和农业资源文化赋能。有偿权项变现银行对应"生态贷""收益贷",通过"两山银行"为相关主体增信,创新"林权贷、胡柚贷、奇石贷、苗木贷、民宿贷、养殖贷、财信贷、门票贷"等,有效解决融资难等问题。生态安全保障银行对应森林等生态资源保护、碳配额竞争性交易(碳汇定向交易)、遗留问题矿山保护性收储,促进经济发展与生态保护良性循环。

围绕规模化收储,实现了存量资源的放大、倍增和迭代。全县按照相对连片的农房5栋以上、宅基地5000平方米以上、经济林100亩以上的标准,以租赁、流转、入股等形式集中流转收储。自2020年常山成立"两山银行"以来,已收储土地17272亩,废弃厂房9.8万平方米,香柚树苗木30万株,胡柚2500吨,砂石资源19.44万吨,工程性矿产资源156.5万吨,水库水面经营权5个,胡柚基地

50亩，民房22幢，3A景区1个，闲置校舍1个，民宿1个；为全县299户主体授信20549万元，发放生态贷款20393万元；收储资源总额达3.5亿元，撬动社会资金19.6亿元。"两山银行"通过参股分红、导入业态、参与资源处置、运作扶贫资金等共享机制，反哺村级集体经济组织，带动176个村增收消薄，推动农民和村集体增收1492.34万元，经济与社会效益实现了双赢。

（三）破解绿水青山交易难题

积极搭建政府引导、企业和社会各界参与市场化运作的生态资源运营服务体系，推动生态产品供需精准对接，打通生态资源转化的"最后一公里"。

生态资源运营服务体系创新是生态产品价值实现机制的重要环节。借鉴银行"分散化输入、集中式输出"的经营模式，创新开展生态资源资产经营管理平台（"两山银行"）试点改革，实现"存入"绿水青山、"取出"金山银山，推进生态产业化和产业生态化，实现生态富民惠民。深化绿色金融改革，纵深推进绿色金融改革，创新推出湖州"绿色园区贷"、衢州"个人碳账户"、台州中小企业"绿色节能贷"等绿色金融产品，进一步畅通了"绿水青山"就是"金山银山"的金融通道。深化产权制度改革，推动全国首宗农业"标准地"落地安吉盈元家庭农场，破解生态农业产业链和价值链延伸的用地难题；发放全省首本集体林地地役权证，创新实现百山祖国家公园龙泉片区自然资源资产统一管理有效途径，促进国家公园保护与发展协调。

第三节　成效与贡献：构建生态经济体系

一　绿色低碳循环发展的生态产业体系建设

（一）高碳低效行业治理

浙江是全国经济第四大省，能源对外依存度高，目前能源自给率不足10%，能源低碳化水平在沿海省份位居中游，因此对于浙江而言，大力实施"双碳"战略，加强高碳低效行业治理尤为必要。

高碳低效行业治理聚焦钢铁、建材、石化、化工、造纸、化纤、纺织七大高耗能行业，加快推动绿色低碳改造，差别化分解能耗"双控"目标，推动能源资源向优势地区、优势行业、优势项目倾斜，对高碳低效行业严格执行产能置换办法。依法依规淘汰落后产能和过剩产能，推广应用清洁生产技术，依法实施强制性清洁生产审核，严把项目准入关，切实发挥节能审查制度的源头把控作用，逐步推开重点行业建设项目碳排放评价试点，对新建项目加强能耗"双控"目标影响评估和用能指标来源审查，对未落实用能指标的项目一律不予核准，坚决遏制"两高"项目盲目发展。

以能耗"双控"和碳达峰的强约束倒逼和引导产业绿色低碳转型。加强"两高"项目管理，出台严控地方新上"两高"项目的意见。强化固定资产投资项目节能审查制度，重点加强对年综合能耗5000吨标准煤以上高耗能项目的节能管理。

引导重点用能地区结构调整。包括在杭州严格控制化纤、水泥等高耗能行业产能，适度布局大数据中心、5G网络等新基建项目，宁波、舟山严格控制石化、钢铁、化工等产能规模，湖州、嘉兴、绍兴严格控制纺织印染、化纤、塑料制品等行业产能，提升高附加值产品比例，金华、衢州着力控制水泥、钢铁、造纸等行业产能。

完善重大平台能效治理机制。加快推进构建能效创新体系，修订实施区域能评2.0版，全面实施"区域能评+产业能效技术标准"准入机制，研究重大产业平台单位能耗投入产出效益考核制度，制定重点区域负面清单，对负面清单外的项目实行承诺备案管理，加强事前事中事后监管和用能全过程管理，分类推进重大平台综合评价，探索建立以综合评价结果为基础的激励机制。

推动重点行业节能降耗。实施能效领跑者计划，加快推进电力、石化、化纤、钢铁、建材等重点行业节能改造，对供电煤耗达不到国家要求的煤电机组实施改造。全面推进舟山绿色石化基地能效诊断，禁止煤制氢，推动石化行业天然气供热替代，全面执行绿色建筑标准，推进既有公共建筑节能改造和可再生能源建筑一体化应用，加快未来社区建设，打造多能集成、节约高效的低碳场景，提高数据中心能效水平，提高运输系统效率，提升运输装备能效，促进公路货运节能降耗。

（二）低碳新兴产业发展

加快数字经济、智能制造、生命健康、新材料等战略性新兴产业发展，培育形成一批低碳高效新兴产业集群，选择一批基础好、带动作用强的企业开展绿色供应链建设，加快构建绿色制造体系，推动传统企业优化产品设计、生产、使用、维修、回收、处置及再利用流程。

组织实施工业领域和钢铁、建材、石化、化工、造纸、化纤、纺织七大重点行业碳达峰行动方案，各地将工作任务落实落细到重点企业、重点项目，并清单化推进，聚焦七大高耗能行业重点用能企业，组织开展节能降碳诊断服务。

加快建设绿色制造体系，推进绿色低碳园区建设。推动省级以上经济技术开发区、高新区等园区全面实施绿色低碳循环改造，推进园区空间布局、产业循环链接、资源高效利用、节能降碳和污染集中治理，推广建设屋顶光伏、光热、地源热泵和智能微电网，强化能源梯级利用，健全环境管理体系和能源管理体系。

建设绿色低碳工厂，迭代完善优化绿色低碳工厂建设评价导则，支持企业对标先进，加快基础设施、运营管理、能源与资源投入、产品开发、环境排放等方面绿色低碳转型，省、市、县联动分级推进绿色低碳工厂建设。

打造绿色供应链，制定出台省级绿色供应链标准体系，以汽车、电子电器、通信、大型成套装备、纺织等行业龙头企业为重点，鼓励企业开展产品全生命周期、供应链上下游绿色低碳化转型，积极创建一批国家级绿色供应链管理示范企业。

推行绿色设计与绿色产品，大力推行工业产品绿色设计，在生态环境影响大、产品涉及面广、产业关联度高的行业，培育创建一批工业产品绿色设计示范企业。支持企业对照国家标准，开发设计绿色产品，择优推荐申报国家绿色产品。

（三）绿色环保产业体系建设

大力开展国家绿色产业示范基地建设，落实绿色企业上市融资，培育绿色发展领域专精特新"小巨人"企业，大力发展固体废物处置、生态修复、环境治理等环保产业，推行合同能源管理、合同节水管理，推广环境污染第三方治理。

推动绿色产业集聚，根据《绿色产业指导目录（2019年版）》，进一步明确绿色产业示范基地主导产业，不断提高绿色产业集聚度，扩大绿色产业规模。加快推进原有存量绿色产业转型升级，大力培育绿色产业增量，促进各项生产要素投向绿色产业。

提升绿色产业竞争力，积极培育浙江省拥有自主品牌、掌握核心技术、市场占有率高、引领作用强的绿色产业龙头企业，支持符合条件的绿色产业企业上市融资。推进绿色产业链延伸，促进绿色产业基地上下游企业协同发展。挖掘产业关联性，推动企业间物质交换利用、能源梯级利用，提高产业协同效应。

构建技术创新体系。积极构建市场导向的绿色技术创新体系，加强绿色技术和绿色产业协同创新，强化企业创新主体地位，加大对企业绿色技术创新的支持力度，推进"产学研"深度融合，支持龙头企业整合创新资源建立绿色技术创新联合体、绿色技术创新联盟，强化绿色核心技术攻关，促进技术成果转化推广。

二 现代化生态经济体系的丽水实践

丽水是全国生态第一市、长三角地区的重要安全生态屏障、全省"生态绿心"，作为浙江最大的林区和全国南方重点林区市，全市森林覆盖率达 81.7%，林地面积为 2076.3 万亩，森林蓄积量为 9885 万立方米，均居全省第一位。[①]

丽水最大的优势在生态，生态最大的支撑是森林。森林不仅是水库、钱库、农产品库，还是最大的碳汇储备库。近几年来，丽水林业部门无论是在生态产品价值转化、林权制度改革方面，还是在生态保护、富民增收、国家公园建设方面，均取得了优异的成绩。通过建设"生态经济化、经济生态化"的现代化生态经济体系，丽水围绕半导体全产业链、精密制造、健康医药、时尚产业、数字经济五大产业集群，加快市域经济向资源节约型、环境友好型、创新主导型发展方式转变。

首先，建立生态产品价值核算评估体系，实现"绿水青山"可量化。率先建立价值核算评估机制，出台生态产品价值核算办法指南，开展市、县、乡、村四级 GEP 核算试点，实现生态保护和修复可量化、可考核、可交易。2019 年 1 月，丽水成为全国首个生态产品价值实现机制试点市，开始全面推进生态产品价值实现的实践与探索。经过近两年的努力，丽水于 2020 年底升格为全国生态产品价值实现机制示范区。丽水市政府通过与中国科学院生态环境研究中心、浙江省发展规划研究院、丽水学院等机构合作，推出了适合地方实际的生态产品价值核算技术和生态产品价值总值（GEP）核算体系。

其次，建立生态产品价值市场交易体系，实现"绿水青山"可交易。建立交易制度体系，探索建立市、县两级森林生态产品市场化交易制度，鼓励生态产品利用型企业参与生态产品市场化交易，解决生态产品市场需求主体缺失问题。搭建绿色交易平台，依托丽水市农村产权交易平台、侨乡投资项目交易中心，着力解决碎片化自然资源入市壁垒。构建生态信贷模式，在全国首创生态信用制度，

[①] 丽水统计局、国家统计局丽水调查队编：《丽水统计年鉴》，中国统计出版社 2022 年版。

建成"绿谷分"评级数据库，创新推出"生态贷"等金融产品。

最后，创新生态产品价值路径实现体系，实现"绿水青山"可增值。创新产业实现路径，率先推行工业企业进退场"验地、验水"制度，引进德国肖特、国镜药业等培育环境适应型产业。创新乡村振兴模式，助推中国传统村落、历史文化村落保护利用工作，有效激活农村闲置资源。将清新空气、优美环境等生态要素纳入民宿定价范围，实现生态产品"明码标价"。培育"山"系品牌，打造农业区域公用品牌"丽水山耕"，加快发展全域旅游品牌"丽水山景"，注册全国首个民宿区域公用品牌集体商标"丽水山居"。

专题篇
浙江走向绿色共富的实践路径

第五章　培育生态文明新人类，引领绿色低碳消费模式

习近平总书记在党的二十大报告中提出，我们要加快发展方式绿色转型，实施全面节约战略，发展绿色低碳产业，倡导绿色消费，推动形成绿色低碳的生产方式和生活方式，为我们"推动绿色发展，促进人与自然和谐共生"指明了前进的方向。

绿色消费是指以保护消费者健康和节约资源为主旨，符合人的健康和环境需求的各种消费行为的总称。促进和鼓励绿色消费，一直为民生乐见。特别是在实现"双碳"目标，顺应推动经济高质量发展内在要求下，培育生态文明新人类，引领绿色低碳消费模式显得尤为重要，其中，不断促进和完善绿色消费制度政策体系正日益迫切。

第一节　顶层设计推动绿色低碳消费成为社会新风尚

中国科学院报告显示，我国居民消费产生的碳排放量约占全社会总量的53%。当前，中国在全球碳减排事业中扮演着越来越重要的角色，除淘汰落后产能、发展清洁能源外，改变公众消费行为、形成全社会绿色低碳的生活方式，也是其中的关键一环。

2012年，党的十八大提出，着力推进绿色发展、循环发展、低

碳发展，形成节约资源和保护环境的空间格局、产业结构、生产方式、生活方式，从源头上扭转生态环境恶化趋势，加强生态文明宣传教育，增强全民节约意识、环保意识、生态意识，形成合理消费的社会风尚，营造爱护生态环境的良好风气。

2017 年，党的十九大提出，推进绿色发展，加快建立绿色生产和消费的法律制度和政策导向，建立健全绿色低碳循环发展的经济体系；构建市场导向的绿色技术创新体系，发展绿色金融，壮大节能环保产业、清洁生产产业、清洁能源产业；推进能源生产和消费革命，构建清洁低碳、安全高效的能源体系；推进资源全面节约和循环利用，实施国家节水行动，降低能耗、物耗，实现生产系统和生活系统循环链接；倡导简约适度、绿色低碳的生活方式，反对奢侈浪费和不合理消费，开展创建节约型机关、绿色家庭、绿色学校、绿色社区和绿色出行等行动。

2021 年 2 月，国务院印发了《关于加快建立健全绿色低碳循环发展经济体系的指导意见》，首次从全局高度对建立健全绿色低碳循环发展的经济体系作出顶层设计和总体部署，对全方位全过程推行绿色规划、绿色设计、绿色投资、绿色建设、绿色生产、绿色流通、绿色生活、绿色消费，提出了一系列可操作、可落地的政策措施，完成了绿色发展制度体系由战术体系向战略体系的转型。该文件的出台，对于我国绿色生产生活方式的形成，碳达峰、碳中和任务的实现，能源资源利用效率的提高，生态环境治理成效的稳固，生态环境质量与人民群众的要求差距的缩小，绿色技术总体水平的提升，推动绿色发展的政策制度的完善以及对于加快推动"十四五"绿色低碳发展，促进经济社会发展全面绿色转型，建设人与自然和谐共生的现代化具有重要意义。

2021 年 9 月，国务院印发了《关于完整准确全面贯彻新发展理念做好碳达峰碳中和工作的意见》，把碳达峰、碳中和纳入经济社会发展全局，以经济社会发展全面绿色转型为引领，以能源绿色低碳发展为关键，加快形成节约资源和保护环境的产业结构、生产方式、生活方式、空间格局，坚定不移走生态优先、绿色低碳的高质量发展道路，确保如期实现碳达峰、碳中和。坚持节约优先，把节约能源资源放在首位，实行全面节约战略，持续降低单位产出能源资源消耗和碳排放，提高投入产出效率，倡导简约适度、绿色低碳生活方式，从源头和入口形成有效的碳排放控制阀门。加快形成绿色生产生活方式。大力推动节能减排，全面推进清洁生产，加快发展循环经济，加强资源综合利用，不断提升绿色低碳发展水平。扩大绿色低碳产品供给和消费，倡导绿色低碳生活方式。把绿色低碳发展纳入国民教育体系。开展绿色低碳社会行动示范创建。凝聚全社会共识，加快形成全民参与的良好格局。

2022年1月，国家发展改革委、工业和信息化部、住房和城乡建设部、商务部、市场监管总局、国管局、中直管理局联合印发了《促进绿色消费实施方案》。该文件指出，促进绿色消费是消费领域的一场深刻变革，必须在消费各领域全周期、全链条、全体系深度融入绿色理念，全面促进消费绿色低碳转型升级，这对贯彻新发展理念、构建新发展格局、推动高质量发展、实现碳达峰碳中和目标具有重要作用，意义十分重大。其中提出，到2025年，绿色消费理念深入人心，奢侈浪费得到有效遏制，绿色低碳产品市场占有率大幅提升，重点领域消费绿色转型取得明显成效，绿色消费方式得到普遍推行，绿色低碳循环发展的消费体系初步形成。到2030年，绿色消费方式成为公众自觉选择，绿色低碳产品成为市场主流，重点领域消费绿色低碳发展模式基本形成，绿色消费制度政策体系和体制机制基本健全。

第二节　浙江实践推进绿色低碳消费成效显著

党的十八大以来，浙江坚持以习近平新时代中国特色社会主义思想为指导,坚定不移贯彻新发展理念,坚持稳中求进工作总基调,市场规模不断扩大、结构持续优化,绿色消费、品质消费等消费新模式新业态快速发展,消费型社会正在加快建成。

消费作为拉动经济增长的三驾马车之一,是促进经济增长的重要动力。按支出法计算,2020年浙江最终消费3.3万亿元,占地区生产总值的比重为51.3%,比2012年提高了2.2个百分点,消费作为经济增长主力军的地位进一步增强。消费市场主体活跃,贸易单位数快速增长。2021年全省批发、零售、住宿和餐饮业合计法人单位数为87.1万家,比2012年增长3.2倍,年均增长17.4%,其中,零售业年均增长26.1%、餐饮业年均增长20.4%。全省上下深化"放心消费在浙江"行动,着力构建消费型社会,消费品市场规模不断扩大,城乡发展更趋融合。2021年,全省社会消费品零售总额2.9万亿元,比2012年增长1.1倍,年均增长8.9%,其中城镇年均增长8.6%、乡村年均增长10.1%;城镇和乡村社会消费品零售总额比例从2012年的6.1∶1降低至2021年的5.2∶1。[①]

2012年以来,浙江大力发展品质消费、绿色消费,市场结构持续优化。浙江经济实现高质量发展,地区生产总值从2012年的3.4万亿元提升至2021年的7.4万亿元,年均增长7.2%,同期,全省居民实际可支配收入年均增长6.5%。随着人均可支配收入的不断增加,百姓对美好生活的需求日益提升,消费品市场从以满足基本生活类为主逐步向享受型、个性化转变,绿色消费、智能消费逐渐成为消费新风尚。绿色消费认可度高,从2019—2021年,新能源汽车、可穿戴智能设备、智能家用电器和音像器材、智能手机零售额年均分别增长75.3%、71.2%、17.6%、36.2%。数字经济赋能网络消费,浙江充分发挥互联网强省优势,深入实施数字经济"一号

[①] 《深度融入国内统一大市场 消费持续优结构提品质——党的十八大以来浙江经济社会发展成就系列分析之八》,浙江省统计局,信息索引号:12330000727183266J/2022-01168,公开日期:2022年10月3日,http://tjj.zj.gov.cn/art/2022/10/3/art_1229129214_5004224.html。

工程"，平台经济规模不断壮大，网络消费呈现高速发展态势。根据省商务厅统计，2021年全省网络零售额2.5万亿元，比2012年增长11.4倍，年均增长31.0%。受此带动，全省快递业务量从2012年的8.2亿件快速增至2021年的227.8亿件，年均增长44.7%，高于全国平均5.9个百分点，占全国的比重从2012年的14.4%提升至2021年的21.0%。集零售、餐饮、娱乐等服务于一体的城市商业综合体满足了城市居民一站式、多样性的家庭消费需求，正在成为消费新趋势。2021年全省城市商业综合体151家，比2015年增加104家；全年总客流量从2015年的4.0亿人次增至2021年的13.3亿人次，年均增长22.2%；商户销售额（营业额）从2015年的236.1亿元增至2021年的1005.3亿元，年均增长27.3%。公众借助数字化平台，广泛参与绿色消费和绿色实践。2020年底，已有5.5亿的用户通过互联网平台"蚂蚁森林"在真实的沙漠中种下2亿多棵树，提高了全民绿色消费的参与度，加速了绿色消费理念的传播。[①]

这些年来，浙江坚持"绿水青山就是金山银山"发展理念，依靠优越的区位优势、优美的自然环境和深厚的历史人文底蕴，旅游产业不断发展壮大。2021年全省旅游接待总人数、总收入分别为4.0亿人次和6184.2亿元，2013—2021年年均分别增长5.3%、7.9%，其中2013—2019年年均分别增长9.3%和13.1%。作为全省八大万亿产业之一，经初步测算，2021年全省全域旅游产业增加值4815.2亿元，占全省GDP的6.5%；全域旅游产业增加值比2016年增长38.6%，年均增长5.7%，其中2017年到2019年年均增长10.5%，高于同期GDP年均增速。旅游产业的发展推动了住宿和餐饮业的发展，从2013年到2021年，全省住宿业、餐饮业营业额年均分别增长6.0%、14.2%。乡村旅游快速发展，成为旅游消费新热

---

① 《深度融入国内统一大市场 消费持续优结构提品质——党的十八大以来浙江经济社会发展成就系列分析之八》，浙江省统计局，信息索引号：12330000727183266J/2022-01168，公开日期：2022年10月3日，http://tjj.zj.gov.cn/art/2022/10/3/art_1229129214_500 4224.html。

点。根据省文旅厅统计，2021年全省乡村旅游经营总收入525.4亿元，比2018年增长43.5%，年均增长12.8%，远高于同期旅游总收入年均增速。①

尤其值得一提的是，自2015年杭州获得亚运会举办权以来，积极发挥绿色亚运效应，进一步倡导绿色低碳消费，加快推动全社会生活方式绿色化低碳化转变。例如，加大绿色低碳标识产品的使用和推广力度，鼓励居民购买绿色低碳产品，逐步减少一次性塑料制品的使用，构建绿色低碳消费模式综合评估体系。倡导低碳装修、低碳生活，推广普及节水、节能器具，反对过度包装，引导居民自觉减少能源和资源浪费。倡导绿色低碳出行方式，鼓励步行、自行车、公共交通、拼车等低碳出行方式。加强生态环境保护宣传教育，充分发挥好新闻媒体传播作用，树立现代生态理念，营造绿色低碳生活氛围。强化政府机关的率先垂范作用，健全政府绿色采购制度，调整完善采购清单，扩大覆盖范围。

为了推进绿色亚运工作，印发《杭州亚运会绿色行动方案》，明确四个方面目标和八个专项行动，即绿色场馆建设、绿色环境提升、绿色能源供应、绿色交通升级、绿色运营管理、绿色开发采购、绿色生活推广、绿色办公倡导。尤其是在绿色生活推广方面，联合省生态环境厅、杭州市生态环境局、蚂蚁森林等举办"人人1千克、助力亚运碳中和"活动，首次把绿色生活、亚运碳中和、线上线下参与等工作有机结合，首创推出大型活动历史上首个碳中和活动主题的数字纪念奖牌，目前已有近1.03亿人次参与。通过"杭州亚运梦想公益林""浙江援疆·杭州亚运梦想公益林"等项目将绿色亚运理念向省外传播。浙江全域"无废城市"建设工作专班办公室和第19届亚运会组织委员会办公室联合开展"无废亚运场馆""无废亚

---

① 《深度融入国内统一大市场 消费持续优结构提品质——党的十八大以来浙江经济社会发展成就系列分析之八》，浙江省统计局，信息索引号：12330000727183266J/2022-01168，公开日期：2022年10月3日，http://tjj.zj.gov.cn/art/2022/10/3/art_1229129214_500 4224.html。

运饭店""无废亚运工厂"等"无废亚运"创建,评选出全省第一批示范点 16 个。

打造首届碳中和亚运会,编制印发《杭州亚运会、亚残运会碳中和工作方案》,努力实现碳中和管理数字化、碳中和参与全民化、助推区域发展均衡化、推动实践成果制度化。推进"生态智卫"亚运会碳中和专题场景开发,开展碳排放核算,推进碳抵消捐赠,开展林业、小红车、垃圾分类、充电桩等碳汇开发,发动企事业单位捐赠碳配额、碳信用、碳普惠等用于亚运会碳抵消。编制《大型赛事活动绿色低碳运营指南》地方标准初稿,努力为亚运会后省内大型活动、会议提供示范和遵循。

第三节 培育生态文明新人类,引领绿色低碳消费典型案例

浙江作为习近平生态文明思想的重要萌发地,在高质量发展中奋力推进中国特色社会主义共同富裕先行和省域现代化先行的征程中,各地涌现出许多培育生态文明新人类、引领绿色低碳消费典型案例,由于篇幅所限,这里只能选取杭州、宁波、湖州的三个典型案例。

一 创新"党建+"工作方式,"党建红"引领"生态绿"

位于杭州市余杭区西部的径山镇是省级中心镇,区域面积 157.08 平方千米,是余杭区面积最大的一个镇,下辖 13 个村,2 个社区,274 个村民小组,常住人口 4.9 万人,党员 2351 人,共有基层党组织 55 个,其中"两新"党组织 36 个。

径山人文底蕴深厚、生态资源独特,是"陆羽著经之地,日本茶道之源",镇内有国家级文物保护单位小古城遗址,有"江南五山十刹之首"的径山寺,特色农产品"径山茶"多次获中国驰名商标和第二届中国国际茶业博览会金奖、浙江省十大名茶等荣誉称号,

径山文化（原名禅茶文化）是余杭三大文化之一，其"感恩、包容、分享、结缘"的禅茶文化精髓，曾吸引众多帝王将相和文人墨客纷至沓来，径山也在2019年被中国国际茶文化研究会授予"中国径山禅茶文化园""中日韩禅茶文化中心""中华抹茶之源"等称号。

近年来，径山镇始终牢记2005年1月4日时任浙江省委书记习近平同志到小古城村考察调研时提出的"村里的事情大家商量着办"的重要嘱托，依托党建引领，持续放大"党建+"和民主协商议事两张金名片效应，全力打造"生态赋能型"共同富裕镇域样板，"党建+"工作方式被写入省委全会报告，民主协商相关经验做法获中央办公厅的回信肯定，"众人的事情由众人商量"被写入党的十九大报告，先后获得国家级生态镇、国家4A级旅游景区、省级文明镇、省文化强镇、省美丽乡村示范乡镇、省非遗主题小镇、省旅游风情小镇等荣誉。2021年，又增添"全国乡村治理示范乡镇""中国民间文化艺术之乡"两项国字号荣誉，获评省5A级景区镇、省园林城镇、省垃圾分类示范片区等多项省级荣誉。

径山镇深化党建品牌，创新"党建+"工作方式。按照基层党建"整村（社）推进、整镇提升"的工作要求，推进基层党建工作全面过硬、全面进步。全面推行经济社会发展与党建工作"双百分"考核制度，严格执行基层党建工作责任制，完善村（社区）绩效考核办法，不断增强基层党组织的政治属性，创新党组织、党员作用发挥机制，切实把党建优势转化为发展优势，推动广大基层党员干部在服务中心大局中多做贡献。

"党建+"工作方式体现了大党建的系统思维。通过党建引领、带动、融入、统筹，进一步发挥党组织战斗堡垒和党员先锋模范两个作用，拓展"党建+"外延，形成了"党建+经济""党建+生态""党建+治理""党建+民生""党建+文化"五种基本形式。

（一）党建+经济

村党组织明确村级发展思路，拓宽壮大集体经济的新路子，发展地方特色产业。各村特色产业网格支部实行"党组织+合作社+农户"模式，形成致富联合体，以党组织带合作社抓产业，以合作社带农户促生产。鼓励党员带头致富引领发展，实施"党员带头群众响应"的致富带富示范项目。

（二）党建+生态

把生态保护、庭院整治、植绿护绿等美丽乡村建设内容作为网格支部及党员考核评价的重要内容。党组织切实落实"五水共治"、"美丽乡村"、疫情防控、平安维稳等属地责任，党员示范带头，提供志愿服务；同时发挥党员在征地拆迁中模范带头作用。

（三）党建+治理

深化基层民主协商，推进重大事项和民生实事的落地，出台《径山镇关于推进农村基层民主协商议事机制建设的实施意见》，建立8个村级议事目录和7个组级议事目录。制定《径山镇全面推行村级民主监督理财日制度的实施办法》，把每月的28日固定作为村级民主监督理财日。由村监会牵头，以"3+X"的形式，拓展民主监督人员，对村财务、事务、工程全方位监督检查。坚持民意导向和问题导向，自下而上，制定村规民约。成立村规民约义务监督队，做到平时参与监督、每月上报曝光、每季交流汇总、每年评比表彰。

（四）党建+民生

深入开展"我为群众办实事"活动，利用"周三夜访"、周三无会日、党员联户"1+5"等方式收集关系群众切身利益的民生难题。同时畅通民情反映渠道，灵活运用书记直通卡、民情恳谈会等方式征集村民意见。切实解决公众关注度高、群众诉求程度大、矛盾突出的民生问题。

（五）党建+文化

把以禅茶文化为代表的地域文化与社会主义核心价值观相结合，以各种形式广泛传播正能量，在潜移默化中正人心、厚风俗。把党建阵地与宣传阵地相结合，加强文化礼堂、道德讲堂、农家书屋等阵地建设，举办内容丰富多样的本地传统活动，丰富村民文化娱乐生活。把党建声音与先进典型相结合，选树宣传优秀人物，以身边人、身边事教育引导广大党员群众。

坚持党建示范从"盆景"走向"风景"，实现整镇提升。引导群众全面参与，并将党建成果最终落脚在景美、业兴、民富。近年来，径山镇环境品质不断提升，农文旅产业不断发展，径山的"金叶子"径山茶品牌价值已达25.17亿元，径山、小古城等重点村庄已实现景区化运营，去年接待游客超407万人次，旅游收入超2.61亿元；人民生活水平不断提高，2021年，全镇生产总值37.36亿元，较2015年增长51.9%；农民人均可支配收入44426元，较2015年增长75.2%。基层治理工作受到省委书记现场考察指导，全域景区建设、乡村旅游发展成果获得党和国家领导人的调研肯定。

二 绿蕴童年，绿色低碳教育从娃娃抓起

良好的生活习惯从小养起，绿色低碳教育从娃娃抓起。宁波鄞州区德培幼儿园是一所安置拆迁小区配套公办幼儿园，覆盖三个自然村。家长和祖辈基本上都是当地的村民，在幼儿园、家里甚至公共场合，孩子和父母乱丢垃圾、随地吐痰现象时有发生。为此，该园从2015年开始提出了"绿蕴童年，让每个生命自然生长"的教育理念，开展人与社会、人与自然、人与动物等课程研究。"绿"不仅仅是一种颜色，代表着生机和活力、健康与生命；同时也代表着环境保护、地球绿色甚至是世界的可持续发展。幼儿园倡导的绿蕴教育就是让环境保护的责任意识、良好的行为习惯浸润、滋养孩子们的童年生活，希望在幼小的心灵种下一颗环保的种子。幼儿园也努力将每一门课程、每一节课、每一次活动，甚至每一件事都打上"绿"的烙印。

（一）环境中浸润绿色

用红酒盒做成的鞋套柜，用旧床改造而成的沙发，用废旧轮胎做

成的小桌子，类似这样的物品，在幼儿园随处可见。那些都是师生共同收集、亲手制作而成的，充分体现着旧物可循环利用的绿色理念。每个班级的门口都有一个可以互动操作的环保主题板块，孩子们可以自由操作体验。利用落水管制作了雨水收集器，用收集的雨水浇灌种植园地的农作物。通过与环境互动，培养了他们对环境保护的责任意识。结合植树节、世界地球日、世界环境日等特定节日创设相关主题环境，在自主参与、创造表现中激发了孩子们对大自然美好的情感。

（二）游戏中渗透绿色

每个班级都有自己的特色课程，每个幼儿都有自主选择的权利。孩子们根据自己的兴趣，选择喜欢的区域、材料、角色进行游戏。在蚁哥剧场孩子和老师自编自导垃圾分类情景剧；在环保工作室里同伴合作探究污水变干净、纸张再生的小实验。在个别化学习中使幼儿获得了最佳发展，在游戏情境中激发了幼儿学习主动性和积极性。

（三）课程中探究绿色

开展了围绕垃圾分类、小虫世界、绿色出行、健康饮食、昆虫日记、科考达人六大特色课程。其中从幼儿的兴趣和围绕生活中垃圾的产生、分类、回收和利用出发，根据幼儿的生活经验、年龄特点等开展六大主题活动，使幼儿在垃圾分类主题活动中获得了分类知识，养成了良好的行为习惯。伴随着课程的进行，孩子们好奇心不断涌现。开展了"垃圾去哪了"一系列项目探究活动。利用水果皮制作营养液，尝试用厨余垃圾来堆肥，利用有机肥料来种植，孩子们活跃在学习探索中。

（四）实践中感知绿色

（1）从幼儿的学习特点出发，开展了大量的实地调查、社会实践活动。走进社区邻里中心调查居民垃圾分类情况、发放垃圾分类宣传单，用自己的言行积极影响身边的人共同行动。参与儿童剧

《小蚁哥学分类》、情景剧《绿色课堂》、宁波话版《阿拉大家分垃圾》编排,在各市区、街道巡回演出50余场,其中师幼共同将课程故事编排而成的《绿色课堂》情景剧获得了鄞州区"爱生活·i分类"垃圾分类文艺会演一等奖,形成了面对社会的积极态度。

(2)确定周五回收日。将积攒一周的回收物(幼儿园可以用的)带到幼儿园进行再次分类、挑拣,可利用的进行清洗、曝晒,收集到材料超市,供班级教玩具制作。

(3)搭把手回收普及。对于不方便幼儿操作的回收物,家长和幼儿一起投放到社区搭把手,班级老师进行打卡记录,并进行奖励。一年来,12个班级家庭回收参与次数近10000次,回收金额约5000元。

(4)成立第一个旧物改造工作室。制订旧物改造计划,每月一次亲子旧物改造,将收集的可回收物物尽其用。

(5)建立激励机制。一年表彰一次,对于做得好的家庭授予绿色家庭的称号,小朋友评选环保小卫士称号。

经过几年的实践,该园公开出版了全国第一本《幼儿园垃圾分类主题活动创新设计》教师参考用书、《垃圾分类我能行》幼儿操作用书,原创设计了一套《垃圾分类大作战》幼儿园益智区玩具,"垃圾分类环保小卫士"课题获市科研成果二等奖。幼儿园被评为宁波市首家垃圾分类教育示范学校、第一批垃圾分类精品学校、唯一一家垃圾分类实践基地,宣传视频《小宝贝大行动》在25个国家评比中获得第四名。垃圾分类特色课程形成了该园的特色品牌,吸引了十多个省份的专家领导、省内外158所幼儿园、1090名幼教同行纷纷走进这家幼儿园。

三 弘扬生态文化,培育壮大绿色公益组织

近年来,随着公众对生态环境问题的关注度越来越高,湖州的社会公益组织在很多领域得到了发展,已经成为民间环境资源保护、

防止环境污染和环境破坏的重要力量。

在服务生态文明先行示范区建设的过程中，呈现出以下三个特点：一是注重教育宣传，宣传生态理念更加深入。从湖州的社会公益志愿组织活动来看，影响力较大的志愿组织大多来自学校。学校作为教育宣传生态理念的主阵地，通过开展一系列的生态志愿服务主题活动、表彰生态环保领域各类先进、利用媒体宣传环保理念等方式，不仅有助于学生强化生态意识，还有助于带动家庭和社会参与到生态环保行动中。2017年以湖州市教育局为主导，牵头编写了《湖州——"两山"重要思想的实践样本》等地方教材，各县区也编制了地方本土教材，展现湖州各地推进生态文明建设的生动实践，为传播"绿水青山就是金山银山"重要思想、引导绿色发展提供了有益范本，全市中小学生态文明教育普及率达到100%。二是丰富活动载体，开展生态实践更具成效。在推进"三改一拆""四边三化""五水共治""剿灭劣五类水"等各类生态文明主题实践活动中，不断完善绿色生态志愿者的社会招募、培训管理、工作联动及评比表彰机制，每年组织定期、定责、定点开展绿色环保志愿服务活动几百余次。例如，在参与"五水共治"工作中，组织全市机关单位、公益组织、企业等单位的青年积极参与投身治水第一线，为治水提供"金点子"，宣传普及生态知识，参与生态经济建设，参与环境保护监督等志愿服务活动，充分发挥了生态文明建设的生力军作用。三是强化组织建设，服务生态机制更具保障。积极构建生态公益圈，整合企业、公益机构、志愿者等资源，动员各类生态社会组织积极开展和参与生态文明建设，成为公众参与生态文明建设的"桥梁"。在生态文明先行示范区建设中，由团市委牵头，广泛联系和培育民间环保社团，对接地拓社、绿色浙江春百合志愿者团队（以下简称春百合）、"环水"—环保创意社等20个民间环保社团，通过组织专业培训，提供资金支持，对接活动场地，提供宣传阵地等具体举措，全力支持引导民间环保社团健康发展。通过不断规范青少年生态环保志愿者队伍建设，全市建成青少年生态环保志愿服务队72支，青少年生态环保社团32个，青少年生态环保志愿者1.2万余人。绿色环保协会、春百合、蚂蚁公益、飞英环保队、爱飞扬、滴水公益、四叶草等生态公益组织力量日益壮大，社会影响力不断提升。

2014年11月4日，湖州在全市发起生态文明行动倡议，发布了《湖州市民生态文明公约》（以下简称《公约》），旨在推动全市264万百姓"积极做生态文明建设的倡导者、维护者和践行者"。《公约》共216个字，简洁明了，从衣、食、住、行等多个角度，对市民发起了生态文明行动倡议。《公约》不仅是湖州市民生态文明建设的行动纲领，也是湖州生态文明建设成果的缩影。2015年，湖州市第七届人大常务会第二十四次会议听取并审议通过了市人民政府《关于提请审议设立"湖州生态文明日"的议案》。这意味着，自2015年起每年的8月15日为"湖州生态文明日"，是湖州贯彻落实中共中央、国务院《关于加快推进生态文明建设的意见》的重大举措，是推动先行示范区建设各项措施落实的有效载体，有利于不断扩大湖州知名度和影响力，有利于积极发挥生态文明先行示范作用，有利于充分形成全民参与生态文明建设的良好氛围。2017年8月，湖州下发《关于开展生活方式绿色化行动的实施意见》，从节水节电节材、垃圾分类投放、绿色低碳出行、餐饮光盘行动等公众参与度高的绿色生活行为入手，引导市民培养绿色生活习惯，促进绿色消费行为，加快形成勤俭节约、绿色低碳、文明健康的生活方式和消费模式，促使绿色生活成为公众的主流选择。

第四节 未来展望

未来，浙江应进一步深化绿色消费，有效开展绿色节能行动。第一，在日常生活中，已有不少民众自觉践行低碳环保的生活方式。比如，生活缴费、交通出行等使用电子支付，或将家中的闲置物品放到二手平台交易，或在外出就餐、点外卖时自觉减少一次性餐具的使用，采购绿色商品如新能源汽车，等等。但要让绿色低碳消费成为全民风尚，不能只靠偶尔行动或一时的心血来潮，更有赖于健全体系和长效机制。第二，从供给端来看，受制于不够成熟的研发技术和较高的生产成本，现阶段国内绿色产品价位较高、市场竞争力仍有提升空间。对此，可以通过增加研发补贴、引进先进技术等方式，鼓励企业提升科技创新水平、降低绿色产品的生产成本，以激励机制提高企业丰富绿色产品的积极性，从而进一步扩大绿色产品的供给规模，丰富供应种类。第三，就消费端而言，除了引导人们购买绿色产品，还可以鼓励"以租代买"等循环型消费模式。对于一些使用频次较低的产品，比如近两年因露营走热的帐篷、卡式炉等户外用具，或者图书、儿童玩具等更新频率较高的商品，都可用租赁代替买卖，不仅能降低消费者的日常花销，还能极大提升物品的使用频率，减少资源浪费。第四，在制度设计层面，应不断健全绿色低碳消费体系，完善公众参与机制。2021年以来，有不少地区都推出设立了"个人碳账户"，即平台通过数字化手段，将消费者衣食住行所产生的碳减排情况记录到个人"碳账本"中。消费者通过单车骑行、购买绿色家电、驾驶新能源汽车等绿色消费行为，可获得一定的绿色积分奖励，所得积分能兑换代金券、生活用品等。类似这样的设计，以多元的激励普惠机制，最大限度激发公众参与低碳减排的热情。只有越来越多的人自觉主动参与其中，方能积少成多、聚沙成塔，进而在全社会形成绿色消费新风尚。

第六章 "双碳"目标下浙江构建绿色经济新动能的经验与启示

第一节 引言

绿色经济是人与自然和谐共生的发展模式,是生态文明建设的重点内容,也是建设现代化经济体系的重要组成部分。党的十八大以来,随着我国经济社会发展进入新时代,新旧动能出现转换,建立健全绿色低碳循环发展经济体系,成为促进我国迈向高质量发展的重要抓手。党和国家先后印发了《关于加快建立健全绿色低碳循环发展经济体系的指导意见》《关于完整准确全面贯彻新发展理念做好碳达峰碳中和工作的意见》等一系列重要文件,从全局高度对发展绿色经济新动能作出了顶层设计和总体部署。党的二十大报告进一步强调,加快发展方式绿色转型,积极稳妥推进碳达峰碳中和。

在"双碳"目标下构建我国绿色经济新动能是时代大势所趋。浙江作为我国"高质量发展建设共同富裕示范区",经济基础好、产业结构优、生态环境美,在促进绿色经济新动能发展方面走在全国前列。党的十八大以来,浙江省委、省政府忠实践行"八八战略",先后出台了《中共浙江省委关于建设美丽浙江创造美好生活的决定》《浙江省绿色经济培育行动实施方案》等一系列重要的改革措施,形成了一批具有典型代表性可推广、可复制的绿色发展案例。因此,本章以浙江绿色经济新动能的政策演进为基础，重点研究浙江绿色经济新动能的主要经验，以期为全国加快形成绿色经济新动能提供政策参考。

第二节 "双碳"目标下浙江构建绿色经济新动能的经验做法

习近平总书记指出，坚持绿色发展是发展观的一场深刻革命。浙江作为"高质量发展建设共同富裕示范区"，在转变经济发展方式、构建绿色经济新动能方面走在了全国前列。浙江绿色发展在产业转型升级、能源结构调整、新型基础设施建设、绿色科技创新、体制机制革新方面取得了一系列富有成效的改革经验，对全国绿色发展范式变革起到了引领作用。

一 以绿色低碳循环为导向，促进产业结构转型升级

2021年浙江地区生产总值为73516亿元，人均地区生产总值为113032元，三次产业增加值结构为3.3∶40.8∶55.9。与全国平均水平相比，不仅人均地区生产总值走在前列，其第二、第三产业在经济中的比重也高于全国平均水平，进入了以服务业为主导的经济发展阶段。在产业转型升级的过程中，绿色、低碳、循环经济特色明显，已经形成了一批以数字经济、高端装备制造、节能环保、生命健康为代表的战略性新兴产业和现代服务业支柱。

数字经济已成为浙江经济绿色发展的主引擎。2021年，全省数字经济增加值达3.57万亿元，居全国第四位，较"十三五"初期实现翻番；占GDP比重达48.6%，居全国各省（市、区）第一位。一方面，浙江在全国首创"产业大脑+未来工厂"发展模式。以产业大脑探索数据价值化，以未来工厂引领企业组织形态变革，融合驱动生产方式转变、产业链组织重构、商业模式创新、产业生态重塑，

提升制造业高端化、智能化、绿色化发展水平，推动了更多有条件的制造企业和产业集群实现"智造"升级。另一方面，浙江软件和信息服务业在全国处于领先地位。阿里巴巴、蚂蚁金服、网易云音乐、蘑菇街、同花顺等一批国内外龙头信息服务企业总部坐落于浙江。2020年，软件行业从业人数达43.3万人；研发人员数量为15.3万人；软件业务收入超亿元企业达422家，超十亿元企业达61家，超百亿元企业达10家，超千亿元企业1家；实现利润总额1888.8亿元，占全行业比重达85.2%。[①] 2022年7月，浙江召开全省数字经济高质量发展大会，推出数字经济"一号工程"升级版，以产业能级跃升、创新模式跃升、数字赋能跃升、数据价值跃升、普惠共享跃升"五大跃升"为目标，以强有力的政策支持持续推进数字产业化、产业数字化和治理数字化。

此外，在产业园区的建设中，"零碳园区"的概念在浙江各地多点开花。苍南依靠自身富集的可再生能源禀赋，引进远景科技集团，基于"新型电力系统""零碳数字操作系统""绿色新工业集群"三大创新支柱打造苍南零碳产业园。嘉兴响应"碳达峰、碳中和"对能源电力发展提出的新要求，依托国网嘉兴供电公司，以国家电网浙江电力红船共产党员服务队示范基地为蓝本，通过利用光伏、风能、氢能等清洁能源，减少能源供应端的碳排放量，采用地源热泵、节能照明、氢储能等技术，降低园区能源消耗总量，搭建"数智"能源管控中枢，建设嘉兴电力红船基地"零碳"智慧园区。"杭州亚运低碳氢电耦合应用示范项目"正式启动，成为浙江首个融合柔性直流、氢电耦合、多能互补的"零碳"绿色园区。"零碳园区"建设兼具降碳与经济双重效益，为不同地区基于本地资源禀赋探索差异化的"双碳"实现路径和产业低碳转型方案提供了新的发展模式。

---

① 《2020年浙江省软件和信息服务业发展统计公报》，浙江省经济和信息化厅网站，http://jxt.zj.gov.cn/art/2021/12/15/art_1582899_23177.html。

> **专栏6-1　丽水以"链长制"为牵引打造生态工业五大主导产业集群**
>
> 　　2022年5月,丽水锚定半导体全链条、精密制造、健康医药、时尚产业、数字经济五大主导产业集群,出台《丽水市生态工业五大主导产业集群(1315特色产业链)"链长制"工作方案》,确定由市、县领导分别担任"链长",县域特色产业链对口市域五大主导产业集群形成"双链长制",组建"'链长制'+'链主型'企业+专家团队"的产业链服务团。以"链长制"为牵引,实施"产业—科技—人才—政策—服务"五位一体工作措施,推动资源集聚、政策集成、服务聚焦,重点培育市域五大主导产业集群和县域15个以上百亿级特色产业链,实现有引领性研发机构、有龙头企业和单项冠军、有大好高项目、有产业创新服务综合体、有核心竞争力的特色产业链县域全覆盖。

二　以清洁低碳安全高效为目标,推进能源结构优化调整

"十三五"时期,浙江能源利用效率显著提高,清洁化利用水平明显提升。2020年,全省单位GDP能耗为0.41吨标准煤/万元,完成国家考核任务,单位GDP电耗为808千瓦时/万元,较2015年下降6.7%。电网综合线损率为3.71%,低于全国平均水平1.91个百分点。全省煤炭消费占比从52.4%降至40.1%,天然气消费占比从4.9%提高至7.4%,非化石能源消费占比从16%提高至18.3%。清洁能源发电装机5280万千瓦,占比为52.1%,提高11.8个百分点。

在化石能源方面,浙江严格控制煤炭消费总量、严控新增耗煤项目,持续推进"煤改气"工程,发展清洁煤电,大力鼓励重点用煤企业提升煤炭使用效率、加快生产流程去煤化技术改造。2015年,

浙江省经信委等多部门联合发布了《浙江省地方燃煤热电联产行业综合改造升级行动计划》，全面推行烟气超低排放，加快老旧低效机组淘汰关停。2022年7月，浙江省经信厅出台了《浙江省工业节能降碳技术改造行动计划（2022—2024年）》，针对钢铁、建材、石化、化工、造纸、化纤、纺织等重点耗能和高排放的行业、园区和企业，以实施节能降碳技术改造为主抓手，大力推广应用绿色低碳先进适用工艺、技术、装备，全面促进全省工业绿色低碳转型。

在可再生能源方面，浙江在风电、光伏方面具备显著优势，且拥有国内完整、具竞争力的产业链体系。风电方面，浙江具有较为丰富的海上风力资源，截至2020年底，全省累计核准海上风电项目14个，核准装机容量408万千瓦，其中并网装机容量45万千瓦。在风电产业链上，整机、齿轮箱、变流器、铸件、电缆等细分领域均有一批龙头骨干企业。光伏方面，截至2020年底，全省累计建成光伏发电装机1517万千瓦，比2015年增长827%，其中分布式光伏装机1070万千瓦，装机规模连续多年位居全国第一。在光伏产业链上，浙江光伏组件年产量在4000万千瓦左右，是全国第二大光伏组件制造省份，拥有光伏辅材企业120余家，位居全国第一。此外，杭州、宁波、温州、丽水、瑞安、海盐等多个市、县对分布式光伏安装、光伏发电给予财政补贴，增加绿电供给，支持光伏产业发展。

专栏6-2　钱塘发展可再生能源区域集中供能

钱塘可再生能源区域集中供能项目位于杭州市钱塘区下沙片区，由区属国企杭州和达能源有限公司负责规划、建设、运营，是钱塘区致力于从能源供应结构调整和能源消费方式转型两方面协同发力，谋划推进的节能降碳示范工程。该工程通过集中供能和园区开发协同推进、工业余热蒸汽梯级利用、低品位能源综合利用、多能互补系统建设，率先在省内探索开展园区集中供能新模式。目前，项目已建成的部分形成区域集中冷暖供应30兆瓦产能，实现区域及周边建筑内工艺环境空调用电替代面积30余万平方米，年节电2000万千瓦时，年减排二氧化碳1.2万吨。

三 以绿色化、智能化为统领，构筑新型基础设施体系

2020年是新型基础设施建设的"元年"，浙江落实国家推进新型基础设施建设的决策部署，建设步伐显著加快。2020年7月，浙江省人民政府办公厅印发《浙江省新型基础设施建设三年行动计划（2020—2022年）》，提出聚焦数字基础设施、智能化基础设施、创新型基础设施三大重点方向，建设新型基础设施投资领先的标杆省份、建成领先的新一代数字基础设施网络、打造领先的基础设施智慧化融合应用、建设领先的新型基础设施产业链生态。

浙江新型基础设施建设以5G作为突破口，积极推动5G和千兆光网建设。截至2022年6月底，浙江5G基站数量突破14万个，每万人拥有5G基站数达21.4个，千兆网络具备覆盖2900万户家庭的能力，率先实现"村村通5G、村村通宽带"，杭州、宁波获评全国首批千兆城市。与此同时，浙江在其他新型基础设施建设领域多点开花，以绿色化、智能化为特色，打造新型基础设施网络体系。

在大数据和云计算方面，2020年9月，阿里巴巴浙江云计算仁和数据中心正式在余杭落成，作为全中国首座绿色等级达5A的液冷数据中心，采用了服务器全浸没液冷、高压直流（HVDC）、供配电分布式冗余（Distribution Redundancy）、智能AI优化算法等多项节能技术进行规划设计与建造，PUE低至1.09也印证了仁和数据中心领

先的能效及绿色节能水平。①

在人工智能方面,杭州、德清是国家新一代人工智能创新发展试验区。2022年5月,杭州市经信局公示了首批36个人工智能应用场景,涉及智慧制造、智慧城市、智慧交通、智慧教育、智慧医疗、智慧农村等多个领域,科大讯飞、城云科技、深睿医疗等一批细分领域龙头企业和"独角兽"榜上有名。德清作为全国首个落地县域的国家新一代人工智能创新发展试验区,正在融入杭州城西科创大走廊之中。2022年,德清试验区内的宇泛智能、东胜物联等一批泛智能企业产值实现倍数级增长;与华为、海康威视、商汤科技等开展深度合作,吸引奥迪、上汽、吉利等开展自动驾驶测试;千寻位置网络公司已建成超过2800个北斗地面信号观测站,其基于国家北斗地基增强系统运营的"北斗精准时空服务平台"服务全球超过6.86亿用户,用户遍及全球220多个国家和地区。

专栏 6-3　绿色、智慧基建助力实现"零碳亚运"

2023年9月,第19届亚运会即将在杭州举办,绿色和智能也成为亚运会场馆和基础设施建设的特色。杭州亚组委研究编制的一系列绿色环保标准,涵盖了绿色建筑、健康建筑、室内环境控制等方面,其中室内空气污染控制技术导则的制定,成为国内大型综合性体育运动会场馆建设首创。杭州亚运村采用TOD空间集约化模式布局、打造高星级绿色健康建筑群、构建绿色低碳交通系统、形成"300米见绿,500米见园"绿色生活区,被授予浙江首个"国家绿色生态城区二星级规划设计标识"。

---

① 曹文君、魏炜:《阿里巴巴浙江云计算仁和数据中心正式在杭州余杭落成》,央广网,http://zj.cnr.cn/gedilianbo/20200916/t20200916_525263502.shtml。

> 所有亚运会场馆都已实现5G全覆盖，物联网设备、可视化场馆运维平台、新能源充电桩、4K超高清转播等一批新型智慧基础设施配备陆续上马，为杭州亚运会贯彻"绿色、智能、节俭、文明"的办会理念提供坚实的基础支持。

四 以集聚化、市场化为原则，打造全国科技创新高地

2021年，浙江省全社会研发投入达2132亿元，居全国第4位，研发投入强度达2.9%，基础研究经费占研发经费投入比重达4%，区域创新能力居全国第5位。通过加速构建"产学研用金、才政介美云"十联动的创新创业生态系统，浙江在生命健康、新材料等科创高地建设取得重大进展，国字号创新平台加速集聚，关键核心技术攻关取得重大突破，高端创新人才加快汇聚，科技体制改革不断深化，科技综合实力稳居全国第一方阵。

2016年8月，杭州正式启动城西科创大走廊建设。杭州城西科创大走廊位于杭州城市西部，东起浙江大学紫金港校区，西至浙江农林大学，东西长约39千米，下辖紫金港科技城、未来科技城、青山湖科技城，规划总面积约416平方千米。杭州城西科创大走廊是浙江省"面向未来、决胜未来"的科技创新重大战略平台，致力于打造全球领先的信息经济科创中心，建设成为国际水准的创新共同体、国家级科技创新策源地和浙江创新发展的主引擎。

> **专栏6-4 杭州城西科创大走廊成绩斐然**
>
> "十三五"时期，杭州城西科创大走廊产业增加值年均增长23%，高新技术产业增加值年均增长22.6%，战略性新兴产业

> 产值比重和规上工业亩均增加值分别为全省平均水平的 2.5 倍和 5.5 倍。依托浙江大学、阿里巴巴等世界一流研究型大学、创新型企业，启动实施国家重大科技基础设施浙大超重力离心模拟与实验装置、之江实验室、阿里达摩院、西湖大学、良渚实验室等重大创新平台建设。集聚 12 家国家重点实验室，占全省的 85.7%。聚焦智能科学与技术、数据科学与应用、系统医学与精准诊治、生命科学和生物医学等前沿科技领域形成研究开发优势。2020 年，大走廊 24 项成果入选 2020 年国家科学技术奖初评项目（其中以牵头单位入围 13 项），占全省总量的 60%。累计集聚人才突破 45 万、全职院士 59 名、海外高层次人才 8531 人、"国、省千"人才突破 500 人，已成为全省密度最高、增长最快、最具活力的人才高地和海内外高层次人才创新创业首选之地。
>
> （资料来源：《杭州城西科创大走廊发展"十四五"规划》，https：//zjjcmspublic.oss-cn-hangzhou-zwynet-d01-a.internet.cloud.zj.gov.cn/jcms_files/jcms1/web3229/site/attach/0/2210251108077258.pdf。）

2021 年 5 月，国家发改委同意在浙江设立全国首个国家绿色技术交易中心，以绿色技术交易为驱动力，引导技术创新，促进成果转化，加快构建市场导向的绿色技术创新体系。作为目前全国唯一一家绿色技术交易中心，交易中心先后制定发布了 10 项交易制度和 5 项风控制度，编制多项绿色评价标准，为保障交易合规、降低交易风险、规范市场交易行为奠定了坚实基础。至 2022 年 6 月设立满一年以来，已促成 189 项绿色技术交易，交易额突破 3 亿元，撬动超百亿绿色产业投资，[①] 有效地促进了绿色技术成果转化落地。

2022 年 8 月，中国绿色低碳创新大会在湖州召开。大会以"科技创新绿色低碳"为主题，邀请包括 60 位海内外院士在内的 2000

---

① 胡静漪：《一年突破 3 亿元 浙江这个机构让绿色技术"动"起来》，浙江新闻网，https：//zj.zjol.com.cn/news.html？id=1876349。

多位专家及业界代表参会，围绕生态文明建设、能源革命、减污降碳、利用与封存（CCUS）技术、数字经济与低碳创新、低碳人居等领域展开研讨。大会成立"科创中国"绿色低碳创新联合体，发布浙江省"双碳"领域十大优秀案例，"科创中国"绿色低碳先导技术推介以及《2022绿色低碳创新大会宣言》等一批重要成果，为推动绿色低碳创新发展汇聚智慧和力量。

五 以法制化、数字化为牵引，健全绿色低碳循环发展体制机制

绿色低碳循环发展体制机制建设对发展绿色经济起到重要的支撑作用。浙江在重点行业、重点领域减排降碳标准制定，碳市场、碳金融建设方面开展了一系列富有成效的探索。

在重点行业、重点领域减排降碳标准制定方面。2022年7月，浙江省市场监督管理局批准发布了《公共机构"零碳"管理与评价规范》，为"零碳"公共机构创建与评定提供明确的技术指导，推动公共机构"零碳"示范试点工程的建设。该标准从基本要求、"零碳"管理水平、绩效指标三个方面入手，着重围绕能源管理、绿色管理、可再生能源利用及绿色电力、碳中和四个方面指导开展"零碳"公共机构建设工作。该标准还同时引入了碳排放总量、单位建筑碳排放量、人均排放量、碳中和率以及可再生能源及绿色电力利用率等量化指标，对公共机构"零碳"管理进行量化评价，是全国公共机构领域首个可量化、可操作、可评价的"零碳"创建标准与评价细则。

在碳市场与碳金融建设方面。2021年7月，浙江能源集团完成浙江全国碳配额交易第一单；2022年3月，浙江纳入全国碳排放权交易市场配额管理的重点排放单位扩展至153家，标志着浙江利用市场机制控制和减少温室气体排放的步伐逐步加快。衢州探索建立碳账户，率先从"碳维度"对经济主体进行价值评估。2021年，有27家金融机构推出34个利率更具普惠性的碳金融产品，实现碳账户贷

款规模逾70亿元。① 中国人民银行丽水市中心支行、丽水市发改委联合印发《关于金融助推生态产品价值实现的指导意见》，创新以"生态贷"为代表的生态价值融资体系、以"两山贷"为代表的生态信用融资体系、以"生态主题卡"为代表的生态支付结算体系，搭建生态金融服务平台，探索金融助推生态产品价值实现路径，为加快实现丽水高质量绿色发展提供金融支撑。浙江五部门联合出台《关于金融支持碳达峰碳中和的指导意见》，提出推进全省碳账户体系建设，计划到2025年末，实现排污许可证重点管理企业全覆盖。

专栏6-5　湖州创新推进竹林碳汇交易改革

湖州市安吉县依托自身资源禀赋，积极探索生态资源高质量转化新路径，创新搭建全国首个县级竹林碳汇收储交易平台——安吉县两山竹林碳汇收储交易中心。创新性地建立前端管控"三个核准"（全面核准竹林资源、科学核准碳汇增量、精确核准固碳能力）、中端经营"三大机制"（"闭环式"建立收储交易机制、"集成式"推进综合运营机制、"精准式"创设收益反哺机制）、后端保障"三个支持"（健全绿金政策支持、优化绿色信贷支持、探索绿色保险支持）的竹林碳汇管理体系，实现竹林碳汇"可度量、可抵押、可交易、可变现"，在推动碳达峰碳中和的同时助力共同富裕。此外，安吉县两山竹林碳汇收储交易中心与国家林草局竹林碳汇工程技术研究中心签订合作协议，在碳汇人才培养、技术支撑、项目谋划方面开展全方位合作。截至2022年9月，已实现收储、"销售"碳汇交易额108.62万元和56.28万元。

---

① 张斌：《打造双碳时代的基础设施：浙江衢州探索建设碳账户》，中国新闻网，http://www.chinanews.com.cn/cj/2022/02-23/9684417.shtml。

第三节 浙江落实"双碳"目标构建绿色经济新动能的发展方向

"双碳"目标的提出对浙江构建绿色经济新动能既是机遇，也是挑战，在"十四五"乃至迈向基本实现社会主义现代化的更长时期，浙江需要在产业转型升级、能源结构调整、新型基础设施建设、绿色科技创新、体制机制革新等方面继续大胆尝试、开拓创新，不断加快发展方式绿色转型，促进经济迈向高质量发展。

一 完善绿色产业体系

一是要持续巩固数字经济优势，带动经济体系高质量发展。要扎实推进数字产业化、产业数字化，发挥数字技术对经济发展的放大、叠加、倍增效应，加速催生新产业、新业态、新模式，加快传统产业数字化改造，构建以数字经济为核心的现代化经济体系。二是要大力发展低碳高效的战略性新兴产业。打造新一代信息技术、汽车及零部件、绿色化工、现代纺织和服装等世界级先进制造业集群；推进生物医药、集成电路等十大标志性产业链的基础再造和提升；加快发展生命健康、新材料、高端装备等战略性新兴产业，培育发展绿色低碳未来产业。三是要改造提升传统高碳产业。一方面要对高耗能、高排放的项目严把审批关，遏制盲目发展；另一方面要加快对传统高碳产业的技术改造，以市场化手段推进落后产能退出，倡导清洁生产，推进低碳、零碳园区建设。

二 构建现代能源体系

一是要推动能耗"双控"向碳排放"双控"转变。强化源头治理、系统治理、综合治理，层层分解落实"十四五"碳强度下降目标任务，先行先试建立统一规范的碳排放统计核算体系。二是要稳步降低以煤炭为主的化石能源消费比例，严控新增耗煤项目，新建、扩建项目实施煤炭减量替代，鼓励企业开展去煤化改造，积极推进电能替代。三是要多措并举促进新能源高质量发展，针对风能、太阳能、生物质能、海洋能、地热能等不同新能源的特征，根据不同地区的新能源禀赋，因地制宜发展新能源。四是要积极探索"源网荷储一体化"发展路径，逐步形成多能互补、综合利用、集约高效、低碳绿色的能源利用体系。

三 打造低碳基建体系

一是要加快数字基础设施建设。大力发展 5G 网络，多点建设云计算中心，加快部署下一代互联网（IPv6），统筹 5G、4G 和窄带物联网（NB-IoT）协同发展，打造人工智能融合平台，支持数字经济高质量发展。二是要推进生态环境设施智能化建设。新建和改造一批大气环境监测功能站、空气质量自动监测站、断面水质自动监测站，通过深化环境质量监控网络设施建设迭代升级全省生态环境保护综合协同管理平台和气候变化研究交流平台。三是要加强交通运输新型基础设施建设。通过建设智慧公路、智慧港航、智慧轨道网络，打造智慧枢纽和园区，构建综合交通数据大脑，促进形成交通新基建总体架构，基础设施、运输服务和智能装备向全要素、全周期数智化升级，有效降低交通碳排放，打造全国交通新基建先行区。

四 形成绿色科创体系

一方面要打造"产学研用金、才政介美云"深入融合的绿色科技创新系统。强化企业的绿色技术创新主体地位，激发高校、科研院所的绿色技术创新活力，理顺科技创新各环节中的利益分配机制；支持有条件的地区建设一批国家实验室、国家重点实验室、重大科技基础设施，在关键领域的"卡脖子"环节实现自主绿色技术创新突破。另一方面要构建市场导向的绿色技术创新体系。运用好目前全国唯一一家绿色技术交易中心，健全绿色技术转移转化市场交易体系，完善绿色技术创新成果转化机制，不断释放绿色技术创新支持绿色低碳循环发展经济体系建设效能。

五　创新政策支持体系

一是要加快出台重点地区、重点行业、重点领域减排降碳标准和方案。对标国家和浙江"双碳"工作实施意见的这个总纲"1"，围绕能源、工业、建筑、交通、农业、居民生活6个重点领域，在各地区、各领域、各层级加快出台行动方案"N"和配套政策"X"，形成"双碳"工作的"1+N+X"政策体系，有序推进"双碳"目标实现。二是要积极探索使用市场化手段减排降碳。一方面，要与全国碳市场进一步对接，争取将省内更多行业和更多企业纳入全国碳市场之中，鼓励省内企业积极参与碳交易。另一方面，要在省内更多有条件的地区积极开展碳汇交易，进一步完善收储、交易和政策资金支持方式，在实现降碳的同时助力乡村共同富裕。三是要创新绿色金融工具。在生态产品价值评估、价值融资、信用融资、支付结算方面推广现有经验与做法，实现生态产品的保值增值。

第四节　结论与启示

浙江以其良好的经济社会发展基础、集中的政策先行先试优势，为全国其他地区开展"双碳"工作，走生态优先、低碳发展的绿色道路形成了典型示范，为全国"双碳"目标实现提供了重要支撑，为坚定不移实施积极应对气候变化国家战略，推动构建人类命运共同体做出了突出贡献。

一 浙江打造绿色经济新动能是习近平生态文明思想的深刻实践

习近平生态文明思想立意高远、内涵丰富、思想深刻，是生态价值观、认识论、实践论和方法论的总集成，是指导生态文明建设的总方针、总依据和总要求。浙江深入践行习近平生态文明思想，贯彻落实"绿水青山就是金山银山"的发展理念，依托雄厚的经济基础和良好的生态资源，全面推动建设绿色低碳循环发展经济体系，在产业转型升级、能源结构调整、新型基础设施建设、绿色科技创新、体制机制革新方面取得了一批标志性的成果，可持续发展能力出现显著增强，高水平绘制了新时代"富春山居图"。

二 浙江积极开展"双碳"工作对实现共同富裕形成重要支撑

积极开展"双碳"工作，加强生态文明建设，是贯彻新发展理念、推动经济社会高质量发展的必然要求，也是人民群众追求高品质生活的共识和呼声。浙江建设"高质量发展建设共同富裕示范区"，既是进一步丰富共同富裕思想内涵的重大实践，又是探索破解新时代社会主要矛盾的有效途径。"双碳"工作与共同富裕二者密不可分、相辅相成，是经济生态化和生态经济化的双向奔赴。共同富裕致力于解决发展不平衡不充分的问题，满足人民日益增长的美好生活需要，其底色必然是绿色；"双碳"工作致力于加快形成绿色经济新动能和可持续增长极，为我国全面建设社会主义现代化强国提供强大动力，最终实现共同富裕。

由此可见，浙江积极开展"双碳"工作，就是要通过构建高质量的低碳工业体系、打造绿色低碳的现代能源体系、推进新型基础设施建设、实施绿色低碳科技创新战略、创新绿色发展推进机制全面促进经济社会发展绿色变革，开创人与自然和谐共生的现代化浙江新境界,为绿色共富奠定坚实基础。

三 浙江经济绿色低碳转型发展经验具有全国典型示范意义

党的十八大以来,浙江经济繁荣、环境优美、社会文明、人民生活水平显著提高。特别是在"十三五"时期,浙江深入实施第三轮循环经济"991"行动计划,绿色低碳循环型产业体系初步构建、资源利用效率显著提高、生态环境质量持续改善、循环经济发展成效明显,在全国率先探索出一条绿色低碳高质量发展之路。

浙江全面推进生态文明建设先行示范,构建绿色低碳循环发展经济体系,不但是对习近平生态文明思想的深刻实践,也为全国绿色低碳循环发展树立了新标杆。其数字经济发展模式、"零碳"园区建设经验、能源改革试点方式、新基建产业链生态、绿色技术创新探索、低碳循环发展体制机制改革为我国广大地区的绿色低碳循环发展提供了一批可推广、可复制的经验,在高质量发展进程中不断满足人民群众对美好生活的新期待,为全国实现绿色低碳可持续发展和全体人民实现共同富裕提供浙江示范。

第七章　浙江民营经济促进生态富民

第一节　引言

实现生态富民，需要把推进生态运营与维护生态安全和生物多样性有机结合起来，以"双碳"目标作为引领，加快实现经济社会全面绿色转型。浙江民营企业最早起源于家庭作坊或个人私有企业，主要分布于劳动密集型的低端制造业，往往存在规模小、技术低、实力弱等粗放型增长问题。进入新时代，浙江各地都在"存入"绿水青山，"取出"金山银山，坚定不移走生态、绿色、高质量发展之路。浙江省委省政府遵循习近平同志提出的"腾笼换鸟""凤凰涅槃"发展思路，打出了经济绿色转型升级的"组合拳"，为浙江民营经济腾出了更多资源和空间。其中，浙江民营经济积极发展现代生态农业，主动向国际绿色标准靠拢，用技术创新打破绿色壁垒，在打造特色生态小镇、参与标准制定、培育有机产品等方面收益颇丰。同时，对接创新驱动发展战略，浙江民营经济主动加入城市绿色低碳行动，集聚要素资源构建绿色产业链，如创新绿色园区、寻求减碳技术和清洁生产等新型发展模式，不断在绿色低碳转型中谋求新的成长空间。

在上述各类"组合拳"之下，浙江民营经济取得长足发展。全国工商联发布的调查报告《2022年中国民营企业500强调研分析报告》显示，在所有的500强民营企业名单中，浙江民营企业共计有

107家，在全国所有省份中名列前茅，占比超过500强企业总数的20%。此外，新增入围500强民营企业的数量也达到11家，在全国各个省份中也处于领先水平。实际上，在民营企业500强的数量上，浙江已连续24年名列第一。可见，浙江民营经济在全国具有举足轻重的地位，其中有诸如阿里巴巴等新兴企业，在数字经济和促进碳中和方面具有明显优势。

第二节　民营经济构筑浙江特色优势

一　浙江民营经济的重要性分析

（一）民营经济取得一定成果

浙江民营经济的重要性体现在浙江在改革开放40多年的历史中，依靠自身独特的资源禀赋和地理位置等优势，交出了一张漂亮的改革和发展成绩单。浙江民营经济具有明显的优势，其经济总量不断扩大，发展活力不断增强，产业结构不断优化，创新投入不断增加，社会贡献不断增加。浙江GDP在2021年超过7万亿元，而浙江的民营企业在其中所占比重超过60%。民营企业、个体工商户分别为290.4万户、549.2万户，比2012年增长2.76倍、1.23倍。2012—2021年，全省民营经济增加值从2.2万亿元提高到4.9万亿元，翻了一番多，平均增幅快于GDP增幅0.6个百分点。[1] 可见，民营企业是浙江经济的核心竞争主体。此外，浙江的民营企业乘着数字经济的"东风"，紧握绿色经济的"方向盘"，主动承担社会责任，全面提升核心竞争力，全方位多层次创新社会责任实践，成为积极践行"绿水青山就是金山银山"的"好榜样"、技术创新的"先行者"、扩大就业的"潜力军"。浙江民营经济在经历了一次又一次的考验

---

[1] 《民营经济助力共同富裕　改革赋能推动高质量发展——党的十八大以来浙江经济社会发展成就系列分析之二》，浙江省统计局网站，http://tjj.zj.gov.cn/art/2022/9/16/art_1229129214_4996532.html，信息索引号：12330000727183266J/2022-01080，2022年9月16日。

后,"化险为夷"继续前行,形成了浙江绿色发展的独特优势。

(二)民营经济寻求绿色转型发展

认识到良好生态环境是最普惠的民生福祉,浙江民营经济不断转型创新,成为绿色经济新力量。从"绿水青山就是金山银山"到"五水共治",浙江已经基本形成碳达峰、碳中和体系构架,清洁能源示范省建设成效明显,浙江空气、水质量显著改善,能耗、碳排放强度稳步下降,生态环境公众满意度持续10年提升。浙江省工商联副主席、浙江吉利控股集团董事长李书福在"2023中国民营经济发展(台州)论坛"上分享了吉利经验,他说从吉利的发展经验可以看出,民营经济必须践行新发展理念,以创新为驱动力,坚持绿色低碳高质量发展,抓住数字化、网络化、智能化机遇,顺应绿色化转型方向,方能实现转型升级,与时代接轨。根据《中国民营经济(浙江)高质量发展指数报告(2022)》,2022年,浙江成为全国首个国家级专精特新"小巨人"企业超千家的省份。方式变革指数年均复合增长率为6.27%。推进绿色低碳转型,构建绿色制造体系,打造绿色供应链,浙江民营企业通过绿色发展做大做强,齐心描绘"共同富裕"蓝图。

(三)民营企业社会责任重生态

民营企业践行绿色新发展理念,将生态振兴与脱贫攻坚、共同富裕等有机结合,扛起新时代新的社会责任。民营企业正同政府、高校或科研所等多方机构一起,加大绿色领域投资探索现代农业、工业转型以及服务业升级的共富共享新模式。如通过积极引进相关产业,延长当地农业产业链,实现产业集约化和规模化发展,为化解农村剩余劳动力问题、实现灵活就业提供了新渠道。为了满足人民群众对美好生活的向往,让产业发展更有质量、生态富民更可持续,浙江民营企业积极拓展新时代生态产业新模式,用"美景"换"钱景"实现保护性开发,生动体现了"绿水青山就是金山银山"的富民力量。对外,浙江民营企业积极对口帮扶新疆、西藏、四川、青海等中西部省份的贫困地区，就地吸纳中西部地区劳动力就业；在科教文卫体、资源生态保护以及社会安全等各个方面都交出了高质量发展的亮丽答卷。浙江民营经济从"被动接纳新技术"向"主动布局新产业"转变，在农业、制造业转型以及新兴服务业企业数量和规模方面都呈现出积极的增长态势。可以说，浙江民营经济已经初步实现了从传统的工业化经济向现代服务业主导型、数字创新引领型、绿色生态支撑型的转变，正在以绿色经济构建生态富民的新特色优势。

二 民营经济绿色转型对促进浙江生态富民战略作用分析

浙江生态富民战略的实施与民营经济绿色转型有着密不可分的关系。党的二十大报告指出，必须牢固树立和践行"绿水青山就是金山银山"理念，站在人与自然和谐共生的高度谋划发展。浙江民营经济开展绿色转型，积极践行该理念。

（一）微观作用机理分析

在绿色发展转型过程中，民营企业相较国有企业具有更加快速灵活的决策机制，受预算约束的规则压力较小，更有利于应用新型清洁技术、环保产品和可持续经营模式，从而推动绿色经济的发展。从市场需求和竞争力的角度看，民营经济以市场为导向，受到市场需求和竞争的激励，通过提供符合市场需求的环保产品和服务，积极参与竞争，迎合绿色发展政策的行为可以更好地争取政府政策支持和市场接纳，从而推动"处处是商机、人人能创富"的民营经济生态富民红利。从高效管理和资源利用的角度看，民营经济通常更加注重资源节约和循环利用，通过提高能源和资源利用效率，降低排放和浪费，积极寻求经济效应和响应绿色发展的技术要求，实现经济效益和环境保护的双重目标。从创业创新和投资能力的角度看，民营经济鼓励追逐风口创业创新，更有可能投资于绿色技术研发、清洁能源开发、环保设施建设等方面，推动绿色技术的创新和应用，并为浙江的生态富民战略提供资金和技术支持。

(二) 宏观作用机理分析

从科斯定理具体分析来看,当产权明确归属以后,政府会对各类企业有更强的制度约束,而实际情况则有所改变。不管是何种类型的企业,排放污染都需要承担相应的责任并为环境治理"埋单",企业的生产经营成本受到一定程度的影响,进而影响企业利润率的提升,参与环境治理和绿色发展则成为提升竞争优势的"必选项"。这种理论分析与我国的实际是吻合的,因为绿色发展理念已经越来越受到重视,并在政府部门的各类制度中有所体现,在实际落地这些政策时,企业成为"坚定"的执行者。民营企业在制度规制之下具有更强的动机去参与环境治理和绿色发展,加大绿色生产技术的投入,降低污染排放量和能源投入强度,促进企业绿色发展的实现。与之相比,国有企业存在财务制度限制,即使参与环境治理导致绿色生产受到影响,甚至企业经营绩效下降也会有政策性支持。考虑到极端情况,即使面临较大经营风险甚至是破产也会有政府补贴政策等的支持,从而在市场中"立于不败之地"。因而,国有企业参与绿色生产的积极性相较于民营企业则相对缺乏,并有可能出现"劣币驱逐良币"的困境,挤占市场资源。除此之外,国有企业还有明显的弊端,即在复杂的市场决策过程中面临较为严峻的委托—代理问题,繁杂且漫长的决策流程会导致决策效率低下,最终的决策有可能导致社会资源的浪费。民营企业和国营企业具有明显的差异性,使得在很多区域中民营经济比重越大,越能激励企业节能减排,参与绿色发展,对绿色转型发展产生积极的正向作用。从宏观角度看,可以发现,民营经济迅速发展并在我国的经济发展中扮演着重要角色,"无形之手"的优势更加凸显,民营经济占总经济的比重也不断提升,也反映了区域经济的市场化发展进程。伴随着这种优势不断扩大,国有经济也开展了混合所有制改革,这也为民营经济拓展发展领域提供了难得的契机。民营经济突破了行业壁垒限制,进入更多以往想涉足但未涉足的领域，市场竞争也更加激烈，体现了明显的"鲇鱼效应"。这种现实将进一步提升治理效率，一定程度上挤出了低效资源配置的国有企业。进而促进整个行业的绿色发展，加快环境治理步伐，提高环境治理绩效。民营经济不断壮大，使得企业之间、行业之间甚至是跨区域之间的资源配置不断优化，绿色生产效率提高，绿色发展理念在实践层面更好实施，加快我国的绿色发展转型。

因而，不管从微观还是宏观角度看，民营经济的不断发展和壮大可以加快绿色生产水平，促进经济社会的绿色发展，加快我国的经济转型步伐。浙江作为我国发达的民营经济的代表，在发展绿色经济和实现绿色转型上更有优势，这种转变与生态富民战略不谋而合。通过上述理论分析可知，民营经济绿色转型确实可以促进浙江实施生态富民战略。

第三节 推动民营经济绿色转型的制度探索

浙江为了推动民营经济绿色转型，颁布了系列相关政策，涉及民营经济环境污染监测管理制度、民营经济绿色发展财政奖补机制、民营经济绿色发展绿色投融资机制等方面。

一 民营经济环境污染监测管理制度

科学的民营经济环境污染监测管理制度是实现浙江生态和经济均衡发展的必要前提条件。一方面，浙江各级地方政府要在中央有关精神的指引下，结合各地实际，建立海、陆、空统筹的生态环境治理体系，下大力气加大对环境污染的治理力度。另一方面，各级地方政府应根据实际情况建立生态环境监管正面清单[①]制度，因地制宜

---

① 正面清单制度：正面清单制度是指对某些对象或事项实行正面清单管理，即只有列入清单的对象或事项才能享受某种权利或承担某种义务，非清单内的对象或事项则不具备相应的权利或义务。这是一种分类监管、差异化管理的方式，旨在优化监管资源配置，激励守法模范，惩处违法行为，提高监管效率和效果。

实施差异化治理方案，推动重点企业"一企一案"的实施，实现生态环境治理的特色样板，促进不同企业间协同发展，加快绿色产业发展步伐。[1] 此外，环境污染监测管理制度会对民营经济产生多重影响，但重点应该是激励民营企业产生正的外部性，特别是采取新的技术促进绿色发展水平。当绿色技术创新迎合社会大众消费需求时，能够快速推动绿色技术创新在行业内部进行扩散，提高技术产业的绿色发展水平。[2] 从实践来看，为了发挥环境规制在促进民营经济正外部性方面的作用，浙江逐步完善环境污染监测管理制度。其中，2021年发布《浙江省生态环境厅关于印发〈浙江省生态环境质量监测点位管理办法〉的通知》，加强全省生态环境质量监测网的建设和管理，进一步规范生态环境监测工作。到2022年5月27日，为保护和改善生态环境，防治污染和其他公害，保障公众健康，维护生态安全，推进生态文明建设，高水平建设美丽浙江，促进经济社会可持续发展，浙江第十三届人民代表大会常务委员会第三十六次会议通过《浙江省生态环境保护条例》。浙江环境污染监测管理制度不断完善，为释放民营经济环境规制的正外部性[3]提供了保障。

二　民营经济绿色发展财政奖补机制

民营经济在浙江绿色发展中扮演着重要角色，但其自身的发展因素，制约了其发挥应有的作用。浙江为了促进民营经济在绿色发展中发挥更大作用，出台了针对性补贴政策。早在2017年，浙江就发布《浙江省人民政府办公厅关于建立健全绿色发展财政奖补机制的若干意见》，其中提及要不断完善生态环保财力转移支付制度，生态

---

[1] 张鹤、杨雪梅、郑跃朋：《环境规制对绿色全要素生产率影响研究》，《价格理论与实践》2022年第10期。

[2] 商波、杜星宇、黄涛珍：《基于市场激励型的环境规制与企业绿色技术创新模式选择》，《软科学》2021年第5期。

[3] 规制的正外部性：指通过政府或社会对某些行为或活动进行规范或约束，从而产生正面的社会效益，例如限制污染物排放、保护知识产权、提高安全标准等都是具有规制的正外部性的举措。

环保财力转移支付资金挂钩"绿色指数",统筹用于生态保护和绿色产业发展。民营经济的绿色发展在财政奖补方面有了依托,激励民营经济转变发展模式,推行绿色技术。随后,该项制度不断完善。到了2020年5月,浙江继续完善上述指导意见,并出台新的政策《浙江省人民政府办公厅关于实施新一轮绿色发展财政奖补机制的若干意见》。该意见完善单位生产总值能耗财政奖惩制度,特别是省财政对市、县(市)实施单位生产总值能耗实施新的财政奖惩制度。对单位生产总值能耗高于全省平均水平的市、县(市),单位生产总值能耗每比上年降低1个百分点,奖励75万元。此外,还建立空气质量财政奖惩制度、调整"两山"建设财政专项激励政策。这些激励政策落实到各县(市、区)以后,为民营经济争取绿色发展财政奖补提供了良好契机。各民营企业不断进行绿色技术升级,使用新能源和清洁能源,降低单位生产总值能耗,走绿色发展之路。绿色发展财政奖补机制逐渐完善,为民营经济绿色发展开出了"定心丸"。稳定的奖补机制也打消了民营企业顾虑,增加其绿色投入决心,引导民营企业绿色生产行为。

三 民营经济绿色发展绿色投融资机制

民营经济绿色发展面临的重要问题是资金不足、资金成本高、融资难等。绿色投融资机制是促进民营经济绿色发展的重要手段和保障,是绿色金融的重要组成部分,为实现国家自主贡献目标和低碳发展目标,发挥着引导和促进更多资金投向绿色发展领域的作用。绿色投融资机制包括政府引导、市场激励、社会参与等多方面内容,涉及政策、法规、标准、监管、评估、信息披露、风险管理等多个环节。浙江在建立健全绿色投融资机制方面取得了积极进展,不断加大政策支持力度,出台了《关于加快建立健全绿色低碳循环发展经济体系的实施意见》等文件。同时,政府也加强了对民营企业的扶持和服务,为其提供贷款补贴、税收优惠等政策支持,鼓励民营企业参与绿色项目的开发和运营。据统计，截至 2023 年 1 月，浙江共有 17 家企业发行了 28 只绿色债券，总规模达到了 181.5 亿元。其中，民营企业有 13 家，占 76.5%。这些债券主要用于支持新能源汽车、光伏发电、节能改造等领域的项目建设。通过以上措施，浙江民营经济在绿色发展方面取得了积极成效。主营业务收入在 1 亿元以上的民营企业，以及湖州、衢州等绿色金融改革创新试验区的民营企业的绿色发展投入和实际成效明显改善，尤其是随着企业规模的扩大，企业在绿色发展上的管理规划和制度安排、生产经营和实际效益、污染治理投入和实际成效方面更为显著。

第四节　民营经济走向绿色发展的实践探索

民营企业坚持绿色发展，把生态建设与脱贫攻坚、共同富裕有机结合起来，肩负起新的社会责任。

一　浙商精神的生态共富内涵

浙商精神是浙江民营经济的核心力量，也是浙江绿色发展的坚实基础。在新时代的浙商精神下，浙商不只追求致富，还要实现共富；不只注重发展，还要注重绿色发展；不只创造财富，还要回馈社会。可以说，浙商精神是我国最具代表性的企业家精神之一，在各个时代都闪耀着光辉。从其内涵上解析，浙商精神亦具有丰富的生态共富的内在实质。

第一，改革创新，促进产业绿色转型升级。在新发展阶段，浙商精神进一步要求浙商坚持创新驱动，敢于开拓、敢于尝试、敢于担当，积极适应市场变化，把握新技术、新业态、新模式的发展机遇，推动产业结构优化，提高资源利用效率，降低碳排放强度，实现绿色低碳高质量发展。浙江吉利控股集团作为中国汽车产业的领军企业，是一家全球化的汽车技术集团，旗下拥有吉利汽车、领克、几何、极氪、沃尔沃、极星、莲花等多个品牌,以及雷神动力、芯擎科技、威睿电池等多个技术平台。吉利控股集团积极响应国家碳达峰碳中和目标,提出"全球最强电气化战略",计划到2025年实现新能源汽车销量占比超过90%,到2030年实现全面电气化。为了实现这一战略,吉利控股集团正式发布了"智能吉利2025"战略和"九大龙湾行动",以及全球动力科技品牌"雷神动力"。"智能吉利2025"战略的核心是构建"一网三体系"全域战略布局,即智能吉利科技生态网、智能能源体系、智能制造体系和智能服务体系。其中,智能制造体系是以工业互联网为核心,打造数字化价值链,提升产品质量和效率,降低碳排放和成本,实现制造业的绿色转型和升级。

第二,诚信务实,构建绿色经济体系。在新发展格局中,浙商精神要求浙商坚持诚信合作,守法经营、公平竞争、互利共赢,加强与政府、社会、消费者、供应商等各方的沟通协作,构建绿色供应链和循环经济体系,推动区域协调发展和生态文明建设。杭州菜妞农业科技有限公司(以下简称菜妞农业)是一家以诚信务实为核心价值观的企业,专注于"农业互联网+服务"。公司的目标是打造"互联网+农业+生态"的新型农业模式,通过利用互联网技术,建立完善的食材供应链平台,该平台直接与各地优质农产品基地合作,确保食材的新鲜度和品质。同时,菜妞农业采用线上线下相结合的方式,为消费者提供便捷的购买渠道和服务,实现了农产品的溯源、品质、安全和高效,消费者可以轻松购买到优质的绿色食品。菜妞农业始终坚信,科技是推动农产品发展的重要力量。因此,菜妞农业不断进行创新,并充分利用科技手段将新的活力注入农业领域,目标是以诚信为基础,务实经营,为广大消费者提供高品质的农产品,真正让农产品插上科技的翅膀,把农业板块提升一个台阶。

第三,有容乃大,实现生态惠民利民为民。在新时代要求中,浙商精神要求浙商坚持回馈社会,感恩奉献、造福人民、共建美好家园，不忘初心使命，积极参与公益慈善事业，支持乡村振兴和脱贫攻坚，关心弱势群体和生态移民，投身生态保护修复和生态产品开发，实现生态惠民利民为民。浙江云天集团是一家以农业为主业，集农业科技、农业生产、农业加工、农产品流通、农业服务等于一体的综合性民营企业。该集团秉承"有容乃大"的惠民精神，致力于打造"互联网+农业"新模式，助力乡村振兴。该集团通过建立"云天农业"平台，实现了线上线下的无缝对接，为农民提供了种植技术指导、优质种苗供应、农资配送、农产品收购、物流配送等一站式服务，有效解决了农民种植难、销售难、增收难等问题。云天集团不仅提高了农产品的品质和附加值，提高了农民的收入和幸福感，也推进了当地的产业升级和乡村振兴。据统计，该集团目前已与全国300多个县域合作，覆盖了1000多万亩的种植面积，惠及了200多万户的农户，带动了当地近百万人就业创业，获得"全国乡村振兴示范企业""全国农村电商示范企业"等荣誉称号。

二 传统民营经济绿色转型实践探索

浙江民营经济借力数字技术、对接创新驱动、以数字化改革为战略引领，主动加入城市绿色低碳行动，集聚新要素资源构建绿色产业链，不断在绿色低碳转型中谋求新的成长空间。[1]

海亮集团有限公司（以下简称海亮集团）成立于1989年，主要经营有色材料智造、教育、健康产业（生态农业、医疗、养老）等产业。虽然是传统民营企业，但海亮集团长期以来都在追求工业数字化，贯彻清洁生产、节能环保、绿色制造的产品观念，注重绿色技术的不断完善。海亮集团在智能车间建设、大数据平台建设、节能诊断、绿色工厂建设等方面，通过主动控制环境污染、降低能源消耗，从整个产品生命周期过程入手推进集团低碳绿色数字化转型，

---

[1] 《"浙江：拓宽'两山'转化通道 擦亮绿色共富'金名片'"》，中新网，http://www.chinanews.com.cn/gn/2022/03-08/9695961.shtml，2022年11月11日。

树立了现代绿色制造企业和环境友好型企业的良好社会形象。[①] 同时，海亮集团为促进数字技术与内部产业深度融合，开展了一系列学习先进企业数字化转型经验的交流活动，前后与网易、瑞泰信息、华为、阿里巴巴等科技型企业建立了更为紧密的合作伙伴关系，高效务实推进数字化建设在节能技改、环境保护等战略布局上的更大作为。如在与华为的战略合作中，华为云通过发挥在云、人工智能、IOT等领域的技术优势，推动了海亮集团的数智化升级及其商业模式的进化。此外，海亮集团旗下的海亮教育科技集团（以下简称海亮教育）肩负着教育板块数字化转型升级这一重任，聚力打造知识研究型和教育科技型产品，致力于"成为数字校园服务新生态的引领者"。海亮教育实施数字化转型的基本目标是实现资源共享、业务协同、科学决策、提高效率，从而在人员规模不大的前提下实现业务大幅增长。海亮教育在实施数字化转型过程中，遵循了"统一规划，统一架构，统一规则，稳步推进"的方针，在坚持以业务为导向的基础上，兼顾用户体验。

位于浙江湖州的天能控股集团有限公司（以下简称天能集团）是一家以动力电池为主业的民营企业，也是全球最大的动力电池制造商之一。为了响应国家和省委的碳达峰碳中和目标，天能集团积极推进绿色低碳循环发展，从传统的化工型企业向新能源科技型企业转型。这个转型过程中，天能集团展现了敏锐洞察、创新精神、系统思维、协同能力、社会担当和共富理念等特点，为浙江民营经济绿色转型实践探索提供了一个典范。一方面，天能集团顺应市场需求和技术变革，主动调整发展战略，以"新能源、新材料、新生活"为愿景，以"碳达峰、碳中和"为使命，以"智慧能源"为核心，加快推进绿色低碳循环发展战略转型。面对新能源汽车行业的快速发展和动力电池技术的不断进步，天能集团敏锐地抓住了机遇，

[①] "绿色制造体系示范展示"（浙江海亮股份有公司）绿色制造公共服务平台，https://www.gmpsp.org.cn/portal/article/index/id/21718/cid/3.html，2022年11月11日。

创新地突破了难题，不断提升了自身竞争力。另一方面，天能集团全产业链、全生命周期、全价值链地推进绿色低碳循环发展，实施了一系列措施和项目。从上游到下游，从原材料到终端产品，从生产制造到回收利用，天能集团都注重节能减排、提高效率、增加价值。比如，在上游方面，大力发展锂电池材料，提高动力电池性能；在中游方面，加强智能制造管理，提高动力电池效率；在下游方面，拓展新能源汽车领域，提供动力电池解决方案等。天能集团以社会责任引领绿色低碳循环发展，积极参与社会公益事业，为推动共同富裕做出贡献，在传统民营经济绿色转型实践探索方面，展现了改革创新精神，也彰显了责任担当和社会贡献。

三 新兴民营经济绿色发展实践探索

浙江民营经济从"被动接纳新技术"向"主动布局新产业"转变，主动向国际绿色标准靠拢，用技术创新打破绿色壁垒，积极推动农业、制造业转型，新兴服务业企业数量和规模方面也呈现出积极的增长态势。不仅如此，浙江民营经济在以特色小镇为新兴发展形态的发展模式上进行了有益的实践探索，走上了民营经济绿色发展的快车道。

浙江火石创造科技有限公司（以下简称火石创造）是一家产业大数据及人工智能科技公司，也是浙江数字经济高新技术企业之一。它从传统的数据服务企业向新能源科技型企业转型，响应国家和省委的碳达峰碳中和目标，推进绿色低碳循环发展。为顺应市场需求和技术变革，火石创造主动调整发展战略，以"智慧能源"为核心，敏锐抓住新能源汽车行业的机遇，创新突破大数据技术难题，提升自身竞争力。从上游、中游、下游等多个环节入手，利用大数据分析和人工智能优化锂电池材料，提升制造效率和回收利用水平等，实施一系列绿色低碳循环发展的措施和项目，实现全产业链、全生命周期的价值链。同时，火石创造以社会责任引领绿色低碳循环发展，充分利用自身优势，积极参与社会公益事业，如在疫情防控、扶贫攻坚、人才培养等方面都做出了积极的行动，为推动共同富裕做出贡献。

西湖蚂蚁小镇是由蚂蚁集团牵头，在2015年开始建设和探索的小镇发展模式。西湖蚂蚁小镇着力于"聚而合"、形态"小而美"、体制"新而活"、产业"特而强"，致力于建设"金融科技之城""世界金融科技之都"，逐步形成了以"蚂蚁集团"为核心、"浙商创投"等知名总部企业为主导以及浙大科技园、浙商回归产业园等平台为支撑的发展格局。2016年，中国杭州G20峰会上绿色发展理念被纳入议题中。蚂蚁集团诞生了"蚂蚁森林"，探索低门槛激励大众参与绿色生活的新形式。目前，蚂蚁森林已带动6亿人参与低碳生活。蚂蚁集团于2021年3月公布碳中和目标及实施路径，并承诺在2030年前达到净零排放。蚂蚁集团除承诺实现目标外，还探索把AI、区块链等互联网技术运用到"双碳"领域中，除推出以蚂蚁链区块链技术为核心的碳中和管理SaaS平台，通过大规模应用"绿色计算"，有效减少了对"双11"服务器的投入。应用该技术后，11天内省电64万度，二氧化碳排放降低394吨，这项技术正逐步向外开源。同时，蚂蚁集团还借助小微企业绿色评级和绿色采购贷等金融手段，更加有效地促进小微企业实践绿色发展。蚂蚁集团借助技术创新，帮助合作伙伴实现普惠、方便的数字化生活和数字化金融服务。不断地对产品和技术进行开放，帮助企业实现数字化升级和协同。在全球范围内开展广泛的业务，为本地商户和客户提供"全球收""全球付""全球汇"等服务。

第五节 启示

浙江民营经济加快实现经济全面绿色转型，实现生态富民的一系列探索对于今后各地的发展具有较强的借鉴意义。

第一，有效的组合制度使民营经济绿色发展得到保障。浙江为了推动民营经济绿色转型，颁布了系列相关政策，涉及民营经济环境污染监测管理制度、民营经济绿色发展财政奖补机制、民营经济绿色发展绿色投融资机制等方面，为其他省份乃至整个国家层面的绿色发展制度构建提供借鉴。但也要特别注意制度的规制对象以及制度之间的逻辑关系性，如此才能更好为民营经济发展提供制度保障，激励民营企业在绿色发展方面投入资金、人力、物力。稳定的政策环境有利于打造良好的营商环境，促企业加大投入下定决心。

第二，多重抓手推进浙江民营经济全面绿色转型。仅仅依靠制度规制还不足够保障实现经济社会绿色发展目标，因为制度可能由于时间滞后性的问题而影响调控效果。还需要以"双碳"目标为指引，全面推动浙江绿色发展，不仅是基于节能减排、工业低碳转型的需要，也是主动应对气候变化和能源结构重构的需要，更关系到经济发展方式的转型。选择这一远景目标，顺应了经济的绿色、低碳转型、高质量发展的需要。此外，充分释放市场潜力，发挥"无形之手"在资源配置中的决定性作用。同时，加快碳排放市场建设，丰富碳排放交易主体，构建碳价格确定机制，完善碳交易制度，为绿色转型发展搭建基础性的制度。最终从多个方面推进浙江民营经济全面绿色转型。

第三，释放各类民营企业绿色发展潜力。民营经济的绿色发展离不开各类企业的投入，不管是传统的老牌民营企业，还是新兴的互联网企业都可以结合自身实际，使用绿色技术，促进绿色发展，涉足绿色金融，投入数字经济产业。各地应当结合实际，发现或者培训具有绿色发展优势和潜力的传统民营企业，变革生产方式和技术，优化经营模式，更新生产理念，使传统民营企业焕发新的活力。对于已经具备较强绿色发展优势的新兴企业，加大辅导力度，形成示范效应，带动各类企业推动绿色发展转型。最终，加快推进浙江民营经济绿色转型。

第四，因地制宜，挖掘本地区精神财富。浙商精神的形成与自身的地理环境和历史文化有密切关系，但每个地区都有自己独特的历史资源，机械地借鉴浙商精神则不合时宜。只有充分结合本地区发展实际，挖掘本地区独特的历史资源，从历史古迹、名人名家、古书典籍、档案遗存等寻求"精神家园"。结合地区面临的实际问题，从精神财富中提炼出"针对性解药"，在快速工业化的过程中，不仅实现经济层面的富有，还可以实现精神世界的满足。同时使精神世界促进经济的良好发展，在民营经济绿色发展中保有最初的文化脉络，"以文化之根促进绿色经济发展的根本"。如此，民营经济在实现经济社会全面绿色转型中方能持续贡献应有之力。

第八章　区域绿色协作助推共同富裕：浙江经验与启示

党的二十大报告指出，中国式现代化是全体人民共同富裕的现代化，是人与自然和谐共生的现代化，实现全体人民共同富裕、促进人与自然和谐共生是中国式现代化的本质要求。① 我国幅员辽阔、人口众多，各地区自然资源禀赋差别之大在世界上是少有的，发展不平衡不充分问题仍然突出，各地区推动共同富裕和生态文明建设的基础和条件不尽相同，这是统筹推进全体人民共同富裕和人与自然和谐共生的中国式现代化进程中的一个重大问题。党的十八大以来，以习近平同志为核心的党中央高度重视区域协调发展、生态文明建设和共同富裕问题，习近平总书记关于区域协调发展、人与自然和谐共生和共同富裕的全面论述，② 深刻回答了新时代新征程统筹推进生态文明建设和共同富裕的一系列重大理论和实践问题，既指明了共同富裕的生态底色，又丰富了共同富裕的价值意蕴。

促进全体人民共同富裕和人与自然和谐共生都是长期艰巨的任务。为了丰富共同富裕的思想内涵，探索破解新时代社会主要矛盾

---

① 习近平：《高举中国特色社会主义伟大旗帜　为全面建设社会主义现代化国家而团结奋斗——在中国共产党第二十次全国代表大会上的报告》，《人民日报》2022年10月26日。

② 《扎实推动共同富裕习近平2021年8月17日在中央财经委员会第十次会议上的讲话节选》，载宋志平编：《中国企业改革发展2021蓝皮书》，中国商务出版社2021年版，第446—448页。

的有效途径，并为全国推动共同富裕提供省域范例，2021年6月，正式印发《中共中央 国务院关于支持浙江高质量发展建设共同富裕示范区的意见》，支持浙江高质量发展建设共同富裕示范区，提出"推动生态文明建设先行示范"，建设"人与自然和谐共生的幸福美好家园"①。由此可见，中央支持浙江推进建设的共同富裕示范区是高质量发展的共同富裕示范区，是包含生态文明建设先行示范的共同富裕示范区，也是彰显人与自然和谐共生、共同富裕的示范区。浙江省委、省政府始终坚持"绿水青山就是金山银山"，忠实践行"八八战略"，对标"重要窗口"新目标新定位，全面落实党中央、国务院印发的《关于支持浙江高质量发展建设共同富裕示范区的意见》，统筹推进生态文明建设和共同富裕示范区建设，特别是创新性将"绿水青山就是金山银山"发展理念融入区域协作发展的全方位全过程，发挥了区域绿色协作发展助力共同富裕的示范引领作用，为"绿水青山就是金山银山"发展理念助力共同富裕提供了宝贵的"浙江经验"。本章将从区域绿色协作这一视角出发，系统总结浙江山海区域绿色协作、长三角生态绿色一体化协作、浙江各市与西部地区绿色协作的经验做法，深入探讨蕴含其中的实践逻辑和理论逻辑，以期为各地高质量推进区域协作工作、统筹推进共同富裕和生态文明建设提供启示借鉴。

第一节 浙江区域绿色协作促进共同富裕的经验做法

一 以山海区域绿色协作厚植共同富裕的生态底色

山海协作工程是习近平同志在浙江工作期间，为加快浙江欠发达地区发展、促进区域协调发展而作出的重大战略决策，是"八八战

---

① 《中共中央国务院关于支持浙江高质量发展建设共同富裕示范区的意见》，人民出版社2021年版，第3页。

略"的一项重要内容。近年来，浙江沿着习近平同志指引的道路，将山海协作工程与高质量发展建设共同富裕示范区、山区26个县跨越式高质量发展结合起来，更加注重将"绿水青山就是金山银山"发展理念融入山海协作工程，全力打造山海协作工程升级版，形成了山海区域绿色协作新模式。

从省级层面看，浙江山海区域绿色协作不仅仅是发达地区对欠发达山区的支援，更是两个地区在经济、文化、社会、生态等各个领域互相合作、互惠共赢的工程，在生态保护、促进省域内绿色协作方面具有重要推动作用。"山海协作工程"根据绿色发展理念和高质量发展要求，将经济协作重点放在了加强生态农业、生态工业、文旅融合等生态经济、绿色经济上，更加体现了26个山区县的生态优势，将山海协作的重点聚集在生态产品价值的转化、利用，生态资源补偿机制的构建，生态产品的宣传、推介等方面，引入沿海地区的资本、技术，与山区26个县的生态资源禀赋有机结合，将生态优势转换为经济优势，在保护生态资源的基础上实现了经济的发展。自2019年以来，浙江共实施山海协作产业合作项目近2000个，并且着力推进将9个山海协作工业产业园打造成山区生态工业发展主平台，积极推进将18个生态旅游文化产业园打造成大花园建设的标志性平台。

从地市层面看，各地区充分发挥"山""海"优势，依托山区良好生态资源优势，不断补齐生态产业发展的短板，助力生态经济高质量发展。如宁波充分发挥自身开放优势、港口优势、市场优势、渠道优势，利用丽水、衢州、舟山、温州等山海协作地区的生态优势、资源优势，聚集特色生态工业、高效生态农业开展产业协作。丽水聚力平台建设、不断拓展绿色产业合作，全市共建生态类产业园6个，按照"一园多点""串珠成链"的模式推进；丽水还借助杭州、宁波、嘉兴、湖州、台州等市场优势，推动丽水生态农产品进入沿海市场，提高"丽水山耕"品牌知名度；安吉、常山通过"两山"银行，打破农民融资难问题，使碎片化的生态资源得以集约化、高效化开发。① 山海区域绿色协作模式从示范带动、政府引导到政府与市场双向互动，再到政府资源导入、企业资源优化配置及全社会共同参与，②一步步促进浙江省域内区域平衡发展，缩小了区域之间、城乡之间的发展差距，为促进共同富裕提供了浙江示范。2021年，浙江山区26个县全体及城乡居民人均可支配收入分别相当于全省平均水平的73.2%、78.4%和78.4%，分别比2016年提高2.0个、0.5个和1.8个百分点，与全省相对差距持续缩小，③浙江成为全国居民人均可支配收入最高、城乡差距最小的省份。④

二 积极为长三角践行"绿水青山就是金山银山"理念探索路径、提供示范

习近平同志在浙江工作期间，就大力倡导和大力推动长江三角洲区域一体化（以下简称长三角一体化）发展。2018年11月5日，习近平总书记在首届进博会上宣布，支持长三角一体化发展并将其上升为国家战略。2019年，中共中央、国务院印发了《长江三角洲区域一体化发展规划纲要》（以下简称《纲要》）。《纲要》指出，到2025年，长三角一体化发展将取得实质性进展，在科创产业、基础设施、生态环境、公共服务等领域基本实现一体化发展。⑤ 同年，国务院批复同意《长三角生态绿色一体化发展示范区总体方案》。

---

① 应少栩：《浙江省"山海协作"推动共同富裕的逻辑脉络与经验启示》，《理论观察》2022年第3期。
② 周建华、朱强、李绍平：《"山海协作"模式的发展历程与演进逻辑——基于闽浙两省实践的考察》，《湖州师范学院学报》2021年第11期。
③ 《（闪亮"浙"五年）浙江：打造山海协作工程升级版 推动山区26县跨越式高质量发展》，浙江融媒体，https://baijiahao.baidu.com/s?id=1735322526769411301&wfr=spider&for=pc。
④ 周建华、朱强、李绍平：《"山海协作"模式的发展历程与演进逻辑——基于闽浙两省实践的考察》，《湖州师范学院学报》2021年第11期。
⑤ 《〈长江三角洲区域一体化发展规划纲要〉公布 2025年长三角一体化发展取得实质性进展》，央广网，https://baijiahao.baidu.com/s?id=16517683123230124274&wfr=spider&for=pc。

2020 年，印发了《长三角生态绿色一体化发展示范区国土空间总体规划（2019—2035 年）》，这一规划方案首次实现了跨不同省级行政区、一张蓝图管全域的目标。在此背景下，浙江在为全国推动共同富裕提供省域范例的同时，还承担了在包括生态绿色一体化在内的一体化制度创新方面作出示范的责任。

自长三角一体化发展上升为国家战略以来，长三角一体化发展按下"快进"键。浙江坚持"扬浙所长"，提出要建好长三角城市群美丽大花园，捧好绿色发展金饭碗，全面拓展"绿水青山就是金山银山"的转化通道，推动生态优势转化为经济社会发展的持久优势，为长三角践行"绿水青山就是金山银山"理念探索路径、提供示范。在共建长三角生态绿色一体化发展示范区协作进程中，浙江与相关地区共谋生态环境领域重大事项，统筹推进生态环境共保联治，协同推进大运河文化带、宁杭生态经济带、杭黄生态廊道建设。此外，浙江还注重统筹水资源、水环境、水生态治理，先行建立"一河三湖"联合河湖长制，明确对重点跨界水体实施联合监管、联合检测、健全数据共享、联合防控等举措，不断深化跨界治水合作机制。值得一提的是，十年前浙皖两省在全国率先开展新安江流域生态补偿机制试点，2012 年以来，新安江流域生态补偿共安排补偿资金 60 亿元，还正在加快打通"绿水青山"向"金山银山"高质量转化的通道。还将"新安江"模式推广至省内八大水系和京杭大运河的主干流或一级支流，实现了全省流域横向生态补偿全覆盖，构筑了全省域水生态一体化治理网络。浙江各地市也主动融入长三角生态绿色一体化战略，如丽水立足生态优势，力推"丽水山耕""丽水山居""丽水山景"，着力打造长三角生态安全农产品供应地和生态旅游目的地，推动长三角生态"绿心"和经济"核心"心心相印、携手共进。

在三省一市的共同协作下，浙江紧紧围绕生态优势转化新标杆、绿色创新发展新高地、一体化制度创新试验田、人与自然和谐宜居新典范的定位，协同推动高质量发展、创造高品质生活、实施高效能治理，长三角生态绿色一体化协作成果显现，长三角地区区域间与城乡间发展协调性不断提高，生态环境质量不断改善向好发展，助推长三角地区共同富裕迈上新的台阶。①

三　推动绿色发展理念融入东西部区域协作

开展区域协作和定点帮扶，是党中央着眼推动区域协调发展、促进共同富裕作出的重大决策。在新一轮东西部协作工作中，浙江深入贯彻习近平总书记关于深化东西部协作和定点帮扶工作的指示精神，始终坚持"绿水青山就是金山银山"的发展理念，与西部地区携手促进绿色发展，注重将生态资源持续不断转化为发展红利，为东西部协作发展贡献出浙江力量，生态文明建设的示范溢出效应持续释放显现。浙江重点打造产业协作、数字化转型、消费帮扶、文化交流和援派铁军五张"金名片"，把"五水共治""四换三名"②等成功经验做法，移植、嫁接到受援地发展的实践，影响和带动当地干部群众树立绿色发展理念，自觉在发展经济的同时保护生态环境。同时，浙江在受援地区有选择地承接东部产业梯度转移项目，坚持区分良莠，高污染、高排放项目禁入，杜绝单纯追求产值和唯GDP论，保护好受援地区的山山水水。例如，浙川两地充分发挥比较优势，积极培育高效生态农业。截至2021年，累计建成405个、100多万亩特色优势和生态高效农业生产基地；深化生态康养旅游和特色文化产业开发合作，积极宣传推介西部地区优质生态要素资源。浙江始终坚持生态保护战略不动摇，通过"生态飞地"方式不仅输出产业，也输出生态观念，溢出效应也日益明显。

浙江各地市落实落细省委、省政府关于深化浙川东西部协作工作部署要求，高标准高质量推进东西部协作工作。如湖州围绕绿色产

---

① 陈雯、孙伟、刘崇刚等：《长三角区域一体化与高质量发展》，《经济地理》2021年第10期。

② "四换"是指腾笼换鸟、机器换人、空间换地、电商换市；"三名"是指大力培育名企、名品、名家。

业协作，深化"一叶"（"白叶一号"茶苗帮扶"金名片"）、"一园"（"一县一园区"，共建协作产业园）、"一羊"（湖羊入川入疆工程）、"一品"［打造"一县一品（农产品）"］、"一岗"五大品牌，为谱写东西部协作新篇章贡献"湖州力量"。宁波奉化区萧王庙街道滕头村坚持以党建引领乡村振兴联合体为载体，以滕头乡村振兴学院为平台，首创"连锁滕头"发展模式，把滕头的绿色产业、发展理念、经营思路向外输送，在全国各地建立30多个"滕头飞地"，[①] 不仅输出产业，也输出生态观念，"滕头飞地"溢出到江西、安徽、湖北等全国十几个省份，投资建设园林苗圃基地的总面积相当于30多个滕头。丽水充分发挥"稻鱼共生"这块重要农业文化遗产的"金字招牌"，将青田稻鱼共生种养模式推广到泸州，通过规划引领、产业协作、人才培养等方式，解决了技术瓶颈，也打消了群众顾虑，目前已带动对口地410多户农户自发参与稻鱼共生种养，且种养农户还在不断增加，古蔺县凤凰村规划发展成万亩稻鱼共生示范园区，促进乡村全面振兴。丽水还充分发挥其作为全国首个生态产品价值实现机制试点市作用，分别在新疆新和县、四川古蔺县和叙永县、吉林梅河口市设立中国（丽水）两山学院分院，帮助对口地培养生态产品价值实现机制研究领域专业人才，开展生态产品价值（GEP）核算。

无论是从山海协作工程所构建的区域绿色协作机制，还是东西部协作视域下的绿色协作机制，浙江始终坚持"绿水青山就是金山银山"的发展理念，将生态资源持续不断转化为发展红利，在保护生态的同时发展经济，浙江区域绿色协作发展实践为推进绿色共同富裕提供了示范引领。

---

① 《奉化区萧王庙街道滕头村党委书记傅平均：让"常青树"永葆活力》，中国宁波网，http://news.cnnb.com.cn/system/2021/06/30/030264147.shtml。

第二节　绿色协作发展助力共同富裕的经验启示

无论是从山海协作工程所构建的区域绿色协作机制，还是东西部协作视域下的绿色协作机制，浙江区域绿色协作发展实践经验为推进绿色共同富裕提供了有益启示。

一　坚持共建共享共赢，是区域绿色协作助力共同富裕的根本原则

在区域绿色协作的过程中，建立共建共享协作机制至关重要。一是协作各方注重组织领导。在新一轮东西部协作工作中，按照"一省对一省"的原则，浙江结对帮扶四川，双方各级党委、政府主要负责同志牢记习近平总书记殷殷嘱托，省级主要领导亲自谋划、亲自推动、靠前指挥，市县主要领导高频互动、真抓实干、狠抓落实，以高度的政治自觉和强烈的使命担当探索新形势、新任务下的协作帮扶新模式。二是协作各方强化政策体系。浙江调整充实省对口工作领导小组成员单位，确定新形势下的五张"金名片"任务，力争打造前后联动、左右衔接、发挥比较优势的协作工作体系；对接省市持续优化政务服务，如四川广元出台了支持浙江扶贫企业来广元的8条优惠政策，全力助推浙企入广；两省还共同推动户籍、居民身份证、社保、医保等高频政务服务事项"跨省通办"。沪苏浙皖合力推进长三角区域生态环境保护协作重点工作，持续推动区域绿色发展，持续深化生态环境保护，持续完善执法联动机制，持续健全生态环境治理体系，不断夯实长三角绿色发展基础。[1] 三是协作各方靠实工作责任。浙江履行好帮扶责任，每年印发实施全省东西部扶贫协作工作任务书，建立完善国家指标、省下达任务、携手奔小康和

---

[1] 夏胜为：《建立健全跨区域环境污染联防联治机制打造绿色美丽长三角》，潇湘晨报，https://baijiahao.baidu.com/s?id=1741274976307685368&wfr=spider&for=pc。

年度资金项目计划"四张清单",组织开展省内东西部扶贫协作工作督查和考核,推动各项工作任务抓紧抓实抓到位;四川强化主体责任,构建"1+37"衔接政策体系,调整完善东西部协作机制,确保工作不留白、责任压得实。四是协作各方注重平台建设。长三角地区在一体化发展过程中巩固国家生态文明建设示范区创建成果,深入实施太浦河"沪湖蓝带"计划,系统推进跨界河湖综合治理、岸线绿色贯通、美丽生态河湖建设。发挥示范区绿色发展国际创新中心等平台优势,加强多污染物协同控制和区域协同防治,探索生态环保多元投入和补偿机制,"联合河(湖)长制"、生态环境"三统一"等联保共治举措取得了巨大成效。[①]

二 发挥比较优势作用,是区域绿色协作助力共同富裕的潜力所在

一是坚持产业绿色化引领。浙江在对口帮扶中始终践行"绿水青山就是金山银山"理念,坚持将绿色发展理念融入区域产业协作发展全过程,注重以"高端绿色"引领产业转型之路,切实按照统筹人与自然和谐共生的要求,追求绿色发展促进共同富裕,充分发挥绿色化在实现绿色共同富裕目标中的重要作用。二是坚持产业资源互补合作。浙江立足受援地禀赋实际,加强资源共享、优势互补,以纺织服装、资源、农牧产品、旅游等为重点,嫁接浙江资本、浙江技术和浙江市场,共建产业园区,有序推动浙江产业向对口帮扶地区梯度转移,扶持具有受援地特色和比较优势的产业发展;[②] 围绕西部地区产业布局,拉长产业链条,深化新兴产业合作,如依托川浙合作产业园推动新材料、清洁能源、化工、机械电子、生物医药等特色优势产业发展。三是探索推进生态产业协作。生态产业是富

---

① 王国荣:《协力建设长三角生态绿色一体化发展示范区》,《群众》2022年第5期。

② 陈海涛:《以五大发展理念为指导不断推动浙江对口支援工作迈上新台阶》,《浙江经济》2016年第4期。

民产业、绿色产业、朝阳产业，浙江在区域绿色协作中注重向生态产业协作要潜力，积极推介浙江大型企业参与文化旅游项目开发和红色文化基地培育，建立旅游宣传联合营销机制，用心对接浙江等东部地区在文旅资源方面的市场需求，大力推动东西部地区生态旅游资源共享、市场互换。

三 激活市场作用机制，是区域绿色协作助力共同富裕的长效之策

在区域协作中，不断创新协作方式，激活市场机制在区域协作中的作用，从区域政府间协作，延伸到市场、社会领域协作，形成政府引导、市场主导、社会参与的多元格局，这也是浙江的又一启示。一是持续拓展消费扶贫。浙江坚持政府采购和市场购销同步推动，印发《深入开展消费扶贫助力对口地区脱贫攻坚实施方案》，实施"十大"消费扶贫行动（单位购销、结对助销、企业带销、活动展销、商超直销、电商营销、基地订销、旅游促销、劳务帮销、宣传推销），同时发挥浙江平台经济和市场优势，帮助建设一批专业市场（淘宝、网易、云集、贝贝等浙江知名电商积极销售对口帮扶地区农特产品），促进四川"互联网+"新业态发展，扩大特色产品影响力。二是深化招商合作机制。浙江民营经济发达，市场活力强，注重用市场化的手段和方式推动山海协作，确立了以政府为主导、市场为主体的原则，定期组织发达地区的企业到欠发达地区考察、调研、投资，积极鼓励在外浙商和浙企到省内欠发达地区投资兴业，不断促进产业之间的绿色协作，推动共同富裕。浙江充分发挥浙商群体的产业优势、市场优势、技术优势、资本优势，积极引导民营企业家投身四川发展；四川积极参加浙洽会、浙江农博会、杭州西博会等节会展会。进一步推动浙江招商分局开展"驻点招商"，针对目标企业开展"敲门招商"，借助广元、温州商会等开展"以商招商"。三是积极打造"生态飞地"。"生态飞地"是统筹区域绿色协作、推

动高质量发展建设共同富裕示范区的有力抓手。浙江始终坚持生态保护战略不动摇，通过"生态飞地"方式不仅输出产业，也输出生态观念，被越来越多的地方了解和效仿，溢出效应日益明显。比如，嘉善县、庆元县、九寨沟县签订共建跨县域"抱团飞地"产业园协议，通过"飞地"形式，以"保底收益、税收分成"的方式保障收益，并建立三地耕地占补平衡指标调剂合作机制。

四 凝聚共同发展合力，是区域绿色协作助力共同富裕的内在要求

社会力量的共同参与，有利于使区域协作帮扶关系成为义利结合、互利互惠、长期存在的协作方式，有助于在"做大蛋糕"与"分好蛋糕"两方面作用于缩小区域差距和推进共同富裕。[①] 一是充分发挥基层党组织的辐射带动作用。吃水不忘挖井人，致富不忘党的恩，在浙江区域绿色协作助力共同富裕的进程中，涌现出一批典型的基层示范案例。例如，2018年，浙江安吉县黄杜村基层党员自愿捐赠1500万株"白叶1号"茶苗，帮助贫困地区百姓脱贫致富，还共同成立了"白叶1号"乡村振兴党建联盟。在这一举动的带动下，2022年，安吉茶农们决定，未来3年将向中西部地区捐赠3000万株"白叶1号"茶苗，建设1万亩标准茶园。二是充分发挥各类经营主体的协作示范作用。浙江以国有企业为先锋，动员组织23家省属国有企业与四川100个贫困村签订村企结对帮扶协议，落实帮扶资金，实施帮扶项目；以民营企业为主体，发挥浙商群体优势，聚力解决对口地区义务教育、基本医疗等方面的突出制约问题；浙江还充分发挥新型农业经营主体作用，如浙江桐乡与四川阿坝州黑水县重点开展家庭农场、合作社的培育协作，带动当地农民增收致富。三是动员全社会力量形成区域协作合力。以劳务协作为抓手，持续

---

① 吴国宝：《区域协作帮扶——中国缩小区域差异推动共同富裕的创新实践》，中国经济网，http://views.ce.cn/view/ent/202112/30/t20211230_37216391.shtml。

加强稳岗就业，浙江在全国率先开发东西部扶贫劳务协作动态管理平台，实时掌握建档立卡人员来源地、就业状况、技能水平和就业需求等情况，同时在全国率先设立了不讲年龄、不讲技能、不讲学历的爱心岗位，通过设立底薪制度安置来浙就业的务工人员。浙江还鼓励引导和广泛动员社会组织、民营企业、社会爱心人士到受帮扶县区开展定向援助、捐资助学、慈善公益、医疗救助、支医支教、以购代捐等多形式、多领域的活动。杭州对口支援和区域合作局联合杭州区域协作发展促进会举办了"社会力量助力对口工作座谈会暨2022年杭州区域协作发展促进会全体会员会议"，杭州区域协作发展促进会担起政企信息传递员、项目合作引荐人、企业资源整合者"三个角色"，做到服务对口工作、服务社会、服务企业"三个服务"，打造更多示范性成果，实现政府、社团及企业之间相互赋能，为全面推进共同富裕提供了重要支撑。[1]

第三节　结论与展望

在新时代新征程中国式现代化要求下，区域协作模式应当与时俱进，从根本上转变发展范式。[2] 要立足促进人与自然和谐共生，在顶层设计的指引下实现升级迭代，要在以往成功模式的基础上因地制宜，在全社会共同参与的基础上实现协调发展，更要在全面贯彻生态文明理念的前提下促进高质量发展，进而实现全体人民共同富裕。

一　完善顶层设计，协作升级促发展

在进行区域协作的过程中，要完善政府统揽全局、各方积极参与的责任制，要由巩固脱贫攻坚成果，向全面促进乡村振兴、推动共

---

[1] 范宇斌、张晶：《杭州社会力量助力对口工作推动区域协作发展》，杭州网，https://ori.hangzhou.com.cn/ornews/content/2022-06/24/content_8289329.htm。

[2] 张永生：《城镇化模式：从工业文明转向生态文明》，《城市与环境研究》2022年第1期。

同富裕取得实质性进展转变。在促进区域协作升级的过程中，要适当地进行新型基础设施建设的投入。各地不断加强合作，建设区域内的基础设施，不仅要支持传统的交通、通信等基础设施建设，还要加大对互联网、人工智能等新的基础设施建设，为各区域人力、产品、信息等要素的流通提供渠道。还要将公共服务的均等化、可及性作为优先事项，在协作过程中持续把社会保障作为政策的出发点，通过远程教育、数字医疗等新技术及人才交换方式等，促进区域公共服务的均等化。要贯彻生态文明理念，不断推进绿色协作，突出生态合作。

二 探索协作机制，因地制宜促协调

在区域协作不断探索的过程中，涌现出了大量值得借鉴的机制，这一系列协作机制都为之后的区域协作提供了宝贵的经验。如"滕头飞地"模式始终践行"绿水青山就是金山银山"理念，把"红色统领，绿色发展，共同富裕"当作这一模式的根本之道。在将这些模式应用到区域协作的过程中，要根据不同地区的资源禀赋、产业发展等特征，选择匹配度高、互补性强的区域，将有利于加快发展当地的产业。通过建立生态补偿飞地产业园，能够将当地的生态产品等引入到发达地区，同时在协作区域吸引自身产业发展所需的项目、人才、资金、技术，就地孵化，增强自身造血功能，从而实现各区域的共赢。

三 动员全部力量，多方协作促共富

在区域协作的过程中要畅通各主体参与协作的渠道，发挥不同社会主体在区域协作中的作用，形成协同促进共同富裕的良好局面。要扩大社会力量的参与范围，充分利用网络公募信息服务平台及手机 App 等更方便地匹配社会需求，与供给有效对接，搭建"人人公益"平台，形成"人人公益"的氛围，调动各地民众广泛参与合作进程。同时，要在全社会树立共同富裕的价值观，引导全社会积极参与，以强社会导向，构建最广泛的社会参与动员体系，加大企业、个人、社会组织的动员力度，树立"企业共同富裕价值投资观"。"企业共同富裕价值投资观"是指企业在追求经济收益价值的同时，兼顾社会和环境保护的目的，以经济、社会、环境为一体的价值投资观。鼓励发达地区企业在欠发达地区进行"共同富裕的价值投资"，有利于重组区域协作的价值观念和投资方式，为区域协作注入新的市场动力和社会动力。[①]

四 筑牢"绿水青山就是金山银山"理念，绿色发展提质

在区域协作的过程中，要始终践行"绿水青山就是金山银山"的发展理念，坚持生态优先、绿色发展，协同做优区域协作发展中的生态"文章"，把生态优势转化为经济社会高质量发展优势。[②] 区域协作要以生态保护合作为基础，推动区域高质量协调发展。加强区域生态保护合作，在维护国家生态安全、应对气候变化、保护生物多样性等方面具有不可替代的作用。生态受益地区与生态保护地区、流域下游与流域上游要通过对口协作等方式建立横向补偿关系，推动区域协作走向深入。

---

① 王小林、谢妮芸：《东西部协作和对口支援：从贫困治理走向共同富裕》，《探索与争鸣》2022年第3期。
② 庄贵阳、周宏春、郭萍等：《"双碳"目标与区域经济发展》，《区域经济评论》2022年第1期。

案例篇
浙江城市绿色共富的试点创新

第九章　丽水：生态产品价值实现

第一节　丽水概况

一　丽水基本情况

丽水位于浙江省西南部，市域总面积1.73万平方千米，是浙江省辖陆地面积最大的地级市（约占全省面积的1/60，全国面积的1/600），设有1个市辖区、7个县和1个代管县级市。[1] 丽水全市辖境地貌特征为"九山半水半分田"，山是江浙之巅，水是六江之源，森林覆盖率高达81.7%，生态环境状况指数连续17年位居全省第一，[2] 空气质量常年位居全国前十，是浙江乃至华东地区重要的生态屏障和生物多样性基因库，素有"中国生态第一市"和"中国长寿之乡"的美誉。[3]

作为"浙西南革命根据地"、"绿水青山就是金山银山"理念的重要萌发地和先行实践地、"丽水之赞"的光荣赋予地，[4] 近年来，丽水以生态产品价值实现机制改革为契机，以新时代"挺进师"的

---

[1] 章伟成、周伟龙：《丽水　浙江绿谷的自然保护地建设》，《浙江林业》2019年第7期。
[2] 雷金松：《丽水构建生态环境智治网络》，《中国生态文明》2021年第7期。
[3] 黄庆亮：《浅谈丽水市生态文明建设背景下的矿山环境保护与治理》，《浙江国土资源》2015年第1期。
[4] 饶鸿来：《以"红绿融合"加快山区跨越式高质量发展》，《浙江经济》2021年第7期。

奋进姿态坚毅笃行"丽水之干",努力推动成为全面展示浙江高水平生态文明建设和高质量绿色发展两方面成果和经验的"重要窗口",以"红、绿、金"融合协同发展,全力创建革命老区共同富裕先行示范区。

二 丽水生态文明建设历程回顾

"绿水青山就是金山银山"是习近平同志在浙江工作期间提出的重要科学论断,是对当代社会经济发展理念和生态文化理念的时代诠释和生动刻画。[①] 2006年7月29日,时任浙江省委书记习近平同志到丽水调研时指出:"绿水青山就是金山银山,对丽水来说尤为如此。""富一方百姓是政绩,保一方平安、养一方山水也是一种政绩。"[②] 自此之后,丽水始终坚持"绿水青山就是金山银山"的施政理念,并以"八八战略"为统领,[③] 持续推进"绿水青山就是金山银山"理念的探索与实践,充分发挥生态优势,在绿色发展道路上取得了显著的成绩。

2008年,丽水率先在全国发布实施《丽水市生态文明建设纲要》;2012年,丽水市委提出"绿色崛起、科学跨越"战略总要求;2013年,浙江省委、省政府根据主体功能区定位,对丽水作出不考核GDP和工业总产值的决定,考核导向转变为注重发展质量、生态环境和民生改善。同年,丽水市委三届六次全会提出坚定不移走"绿水青山就是金山银山"的绿色生态发展之路,打造全国生态保护和生态经济发展"双示范区"。至此"绿水青山就是金山银山"被确定为全市的战略指导思想。2016年,丽水市委三届十一次全会通过了《中共丽水市委关于补短板、增后劲,推动"绿色发展、科学赶

[①] 赵建军、杨博:《"绿水青山就是金山银山"的哲学意蕴与时代价值》,《自然辩证法研究》2015年第12期。

[②] 林伟军:《站在全局发展的高度来审视整合发展丽水瓯江生态旅游景区》,《环球市场信息导报》2016年第10期。

[③] 兰建平:《"八八战略"15年》,《浙江经济》2018年第14期。

超、生态惠民"的决定》，推动丽水生态文明建设站在一个新的起点。

专栏 9-1　丽水生态产品价值实现政策历程

2017年10月，《中共中央　国务院关于完善主体功能区战略和制度的若干意见》（中发〔2017〕27号）明确提出"选择浙江、江西、贵州、青海等省份具备条件的地区，开展生态产品价值实现机制试点"。

2018年4月26日，习近平总书记在武汉主持召开的深入推动长江经济带发展座谈会上点赞丽水，高度肯定了丽水绿色生态建设成绩，指出："浙江丽水市多年来坚持走绿色发展道路，坚定不移保护绿水青山这个'金饭碗'，努力把绿水青山蕴含的生态产品价值转化为金山银山，生态环境质量、发展进程指数、农民收入增幅多年位居全省第一，实现了生态文明建设、脱贫攻坚、乡村振兴协同推进。"[1]

2019年1月12日，推动长江经济带发展领导小组办公室正式印发《关于支持浙江丽水开展生态产品价值实现机制试点的意见》，批复丽水为全国首个生态产品价值实现机制试点市。2月13日，全市"绿水青山就是金山银山"发展大会召开，全面奏响"丽水之干"最强音，加快高质量绿色发展，科学谋划和奋力书写践行"绿水青山就是金山银山"理念的时代答卷。

---

[1]　习近平：《在深入推动长江经济带发展座谈会上的讲话（2018年4月26日）》，《求是》2019年第17期。

2019年3月28日，浙江省人民政府办公厅正式印发《浙江（丽水）生态产品价值实现机制试点方案》，丽水市生态产品价值实现机制国家试点建设正式步入全面实施阶段。

2020年，丽水出台全国首个山区市《生态产品价值核算指南》地方标准，印发《关于促进GEP核算成果应用的实施意见》。

2021年5月25日，全国生态产品价值实现机制试点示范现场会在丽水召开，总结推广"丽水经验"，丽水阶段性完成了国家试点任务。成果和经验在中央深改委第十八次会议上得到全面肯定，被中办、国办《关于建立健全生态产品价值实现机制的意见》充分吸收。国家发改委在现场会上推广"丽水经验"，并明确支持丽水建设生态产品价值实现机制示范区。

2021年7月30日，丽水市委四届十次全体（扩大）会议通过《中共丽水市委关于全面推进生态产品价值实现机制示范区建设的决定》，推动生态产品价值实现机制改革从先行试点迈向先验示范。

第二节　经验做法

一　领跑全国建立价值核算评估应用机制

（一）发布全国首个山区市生态产品价值核算地方标准

2020年5月，联合中科院生态环境中心、中国（丽水）两山学院开展生态产品价值核算理论研究和实践探索，出台全国首个山区市《生态产品价值核算指南》地方标准；2020年10月，在市级标准探索下，推动并参与制定全国首部省级GEP核算标准《生态系统生产总值（GEP）核算技术规范　陆域生态系统》，让衡量区域生态系统质量有了标尺。2022年3月，国家发展和改革委员会与国家统计局联合印发《生态产品总值核算规范（试行）》，在核算标准领域的制定上提供了"丽水经验"。

（二）在全国率先制定《关于促进 GEP 核算成果应用的实施意见》

推动 GEP "六进"机制，其中：①进规划。将 GEP 和 GDP 作为"融合发展共同体"一并确立为核心发展指标纳入"十四五"规划和年度计划。②进决策。将 GEP 变化指标纳入"三重一大"决策综合评价体系作为决策的重要指引和硬约束。③进项目。研究建立项目 GEP 评价方法体系，分析建设项目对区域 GEP 的影响，为建立健全"生态占补平衡"提供支撑。④进交易。制定了《丽水市（森林）生态产品政府采购和市场交易管理办法（试行）》，基于 GEP 核算的生态产品政府采购机制，建立生态产品一级、二级交易市场。⑤进监测。建立"花园云""天眼守望"数字化服务平台，构建"天眼+地眼+人眼"的立体化、数字化生态环境监测网络，以及生态产品空间信息数据资源库和 GEP 核算自动化平台。⑥进考核。建立 GDP 和 GEP 双考核机制，研究并制定《丽水市 GEP 综合考评办法》，五大类 91 项指标纳入市委市政府综合考核。

（三）全面建立生态产品政府采购机制

省级层面，在丽水试行与生态产品质量和价值相挂钩的奖补机制；市级层面，研究制定了丽水（森林）生态产品政府采购制度。前期试点中，率先探索构建 GEP 核算体系，市县乡村同步开展 GEP 核算，为开展生态产品交易创造了条件，并探索建立了交易试点。9 个县（市、区）均出台了生态产品政府采购试点暂行办法或政府采购资金管理办法，通过选择部分乡镇进行试点，以试点乡镇的 GEP 核算结果为依据，引入市场交易机制，由政府带头向试点乡镇的生态强村公司购买 GEP。通过探索，初步实现了生态产品"可交易"，搭建了基于 GEP 核算的生态产品政府购买和市场化交易体系。

> **专栏 9-2　探索开展基于 GEP 核算的生态产品政府采购实践**
>
> （1）丽水市云和县探索购买 GEP 存量。根据云和县当年 GEP 存量，依据"经济产出价值+生态环境增值"评估出让地块价值。目前包括水源涵养、气候调节、水土保持、洪水调蓄四项，并按四个项目总量（值）的 0.1%—0.25% 采购。2020 年 5 月，出台了《云和县土地出让领域生态产品价值实现机制试点方案》。以云和县紧水滩镇仙牛岛一宗面积 493.62 平方米的商业用地为例，经过 31 轮竞价，最终以 128 万元的价格成交，其中 9.75 万元为生态增值部分。
>
> （资料来源：http://www.yunhe.gov.cn/art/2020/9/14/art_1229376216_59041331.html。）
>
> （2）丽水市景宁县探索购买 GEP 增量。景宁大均乡 2018 年度 GEP 增量为 0.94 亿元，依据 GEP 增量的 2% 标准，景宁县财政向大均乡"两山公司"支付 188 万元，用于进一步保护和改善生态。
>
> （资料来源：《景宁：点绿成金敲开"两山"之门奔共富》，《中国环境报》2022 年 10 月 11 日第 8 版。）

二　领先全国培育生态产品市场交易体系

（一）供给体系取得新进展

全面推进生态产品供给主体和市场交易主体的培育，实现全市 173 个乡镇"强村公司"全覆盖。统筹推进自然资源领域改革创新，率先开展国家公园集体林地地役权改革，颁发全国首本集体林地地役权证；领先全省推进自然资源统一确权登记，完成全省首宗水流自然资源确权登记。创新推进生态产品所有权和使用权分离，首创并颁发全国首本生态产品所有权证书、使用权证书，全面提高了市场主体参与市场交易的主动性、有效性。

专栏 9-3　"河权到户"改革激活水经济

2020年9月，浙江省在青田县启动水流权试点，试点范围包括瓯江主干道和四都港水域，以水流登记单元为基础开展调查，对青田县境内瓯江主干道129千米、25.98平方千米水流自然资源统一调查确权。在确权试点中形成了"划分登记单元—摸清权属状况—划清'四条边界'—完成确权登记—成果公示与应用"整条闭环。通过"河权到户"改革把所有的河权进行三权分立，行政村拿到使用权之后，制定了承包方案，每一段河流的每1千米的河道都进行方案的承包，然后召开村民大会，通过村民大会评选之后进行公开招标。1.0版本主要是以村为单位进行对外招标，现在逐步放开面向社会。作为青田河权改革试点乡镇，章村乡21.99千米河道承包到户，涉及8个行政村，平均每千米河道年收益在2万—3万元，村集体收入可在57万元左右，其中每年每个村经营性收入在5万元以上，每年还可为政府节约保洁经费十多万元。通过各类确权，为开展生态资源的价值转化以及市场交易奠定了基础，也为进一步激活"水经济"创造了很好条件。

（资料来源：《青田："河道绿水"成为"共富活水"》，http://www.lishui.gov.cn/art/2022/11/29/art_1229218391_57341133.html。）

（二）交易机制取得新突破

依据核算出的GEP结果，探索开展基于GEP核算的生态产品政府购买和市场化交易。全面总结缙云县大洋山光伏发电项目、青田县"诗画小舟山"项目调节服务类生态产品市场交易典型模式。积极推进"两山合作社"建设，探索构建"1+9+N"生态产品市场交易服务体系，以农村产权交易平台和新华东林业产权交易所重组落地丽水为契机，不断完善生态产品交易平台。印发《丽水市碳汇生态产品价值实现三年行动计划（2020—2022年）》，在全省研发首个森林经营碳汇普惠方法学，完成全省首个市域林业碳汇潜力调查报告——《丽水市森林经营碳汇潜力调查报告》。丽水以建设"中国碳中和示范区"为目标，统筹推进碳达峰碳中和工作，2022年4月，丽水成为全国首批、全省首个国家气候投融资试点城市。

专栏 9-4　探索开展基于 GEP 核算的生态产品市场化交易

（1）2020年5月，国家电投集团投资建设的浙江丽水缙云县大洋镇大平山光伏发电"农光互补"项目正式签约落地。国网电力公司在大平山实施大洋镇光伏发电项目，得益于大洋镇优越的生态环境，实现光伏发电板使用寿命延长近5年、年发电量增长超10%的良好"生态溢价"；据中科院生态环境研究中心测算，大洋镇GEP达到33亿元。根据《大洋镇生态产品市场化交易暂行办法》，占地800亩的大平山光伏发电项目，以其所在区域GEP的5%和生态溢价的12%计算，核算出279.28万元的购买总价。经国家电投集团认可，向该镇生态强村公司支付购买所占用的GEP。

（资料来源：《首例基于GEP核算的生态产品市场化交易在我市达成　国家电投集团向大洋镇购买生态系统价值》，http://www.ls-world.com/archives/2173。）

(2) 2021年11月23日，浙江省全域"无废城市"建设工作现场推进会以100元/吨的价格向丽水市庆元县贤良镇购买22.72吨核证碳汇减排量，以抵消推进会在电力、交通、住宿等方面产生的二氧化碳排放量，本次交易所得归贤良镇生态强村公司所有，丽水市生态环境局为本次交易出具了碳中和证书。本次交易金额不大，但示范意义巨大，根据《浙江省丽水市森林经营碳汇普惠方法学》，贤良镇森林经营碳汇普惠项目总面积为1121.13公顷，每年可给贤良镇带来上百万元的碳汇潜在收益，助力乡村振兴。丽水市积极推动绿色低碳共富，积极开展森林碳汇交易实践，截至2022年10月，已累计开展98笔碳汇交易实践，共抵消1043吨碳排放量。

（资料来源：http://finance.sina.com.cn/stock/stockzmt/2021-12-02/doc-ikyamrmy6311098.shtml。）

（三）金融创新取得新成果

丽水以深入推进全国农村金融改革试点、积极创建全国普惠金融服务乡村振兴改革试验区为契机，成立"两山基金"，印发《关于金融助推生态产品价值实现的指导意见》《2020年丽水银行业保险业深化"两山金融"助推生态产品价值实现工作要点》，在全国首创生态信用制度，建立《丽水市生态信用行为正负面清单（试行）》《丽水市绿谷分（个人信用积分）管理办法（试行）》，持续创新以与生态产品价值核算相挂钩的"生态贷""两山贷"等为代表的"三贷一卡、一行一站"金融产品和服务平台。依托对生态产品权属的授权登记、价值评估，以及生态产品政府购买和市场交易的未来收益，着力打通生态产品价值实现的金融通道，实现GEP可质押、可变现、可融资。积极构建生态信用体系，注重企业和社会各界参与。以村（社）、企业、个人为重点，建立包括生态保护、生态经营、绿色生活、生态文化、社会责任五个维度的丽水生态信用体系，开展"信易游""信易贷""信易购"等八大类20余项应用场景和信用等级动态管理。

专栏9-5　金融赋能助推生态产品价值实现

（1）2020年，丽水市个人信用积分"绿谷分"应用数字化场景正式上线。"绿谷分"由浙江省自然人公共信用积分和丽水市个人生态信用积分两者相加计算而成，运用大数据为全市常住人口和户籍人口测算"绿谷分"。信用良好的市民可凭"绿谷分"生成"生态绿码"，享受旅游景区、汽车租赁、影院、通信、银行、宾馆、就医等方面提供的优惠折扣、绿色通道、免押金优惠服务，让广大群众切身体会到生态信用，实现人人共享和人人参与。

（资料来源：https://new.qq.com/rain/a/20200831A075OB00。）

（2）基于农业肥药管控的"生态主题卡"，深度服务农业发展。生态主题卡目前主要有两种：一种是茶叶溯源卡，另一种是绿色惠农卡。其中，绿色惠农卡主要向农户发放，在全县农资店布放具有农资溯源功能的智能刷卡机具，农户持卡购买低毒农药和有机化肥可享受农业农村局给予生态补贴后的优惠价格，助推丽水市农药化肥管控。"通过绿色惠农卡，我们在这里购买的低毒农药比以前外面购买的普通农药便宜多了，不仅省下一大笔钱，有了溯源系统，茶叶也能卖个更高的价钱。"茶农叶金发说。

（资料来源：《绿色金融：生态产品价值实现的循环力量——丽水市金融支撑生态产品价值实现机制典型案例》，https://www.ndrc.gov.cn/xwdt/ztzl/jljqstcpjzsxjz/jdal/202106/t20210603_1282534.html。）

三 领路创新多条示范全国价值实现路径

（一）坚持数字赋能，精准分析生态本底

自2019年以来，丽水加快推进数字化改革与生态产品价值实现机制改革"双跨融合"，通过数字化迭代技术，创新建设"花园云"数字化服务平台和"天眼守望"卫星遥感服务平台，以及由生态数字化工程（丽水）研究院构建的高精度"数字土壤"，完善土壤大数据信息服务，形成了覆盖全市的"空—天—地"一体化的生态监测、监控和监管体系，绘制全市"生态价值本底地图"。以数字化改革进一步牵引推动生态产品价值实现机制改革从"先行试点"迈向全国"先验示范"，极大提升了丽水的生态综合治理水平。其中，创新开发的"天眼守望"助力"绿水青山就是金山银山"转化综合智治应用平台入选浙江首批最佳应用。以此为牵引，中国碳中和先行区、全国生态环境健康管理创新区、国家气候投融资试点、国家气象公园试点等一系列生态文明建设领域重大改革全面铺开、系统推进。

专栏9-6　数字化"天眼"守望丽水绿水青山

（1）构建"天眼守望"卫星遥感数字化服务平台。与中国航天五院深度合作，依托21颗功能卫星组成"虚拟星座"，对全域1.73万平方千米生态要素进行扫描，绘制全市"生态价值地图"，通过卫星遥感大数据、无人机设备、环境感知物联网、基层治理"四平台"的整合，构建"三眼一体"的生态监测体系，实现对全域生态本底及其动态变化的实时获取、实时感知、实时分析、实时管控。将卫星遥感影像数据对应空间化，运用多维度核算，实现任意区域GEP"一键算"、GEP报告"一秒出"、

GEP健康码"一码清"、GEP交易"一点通",促进了生态产品价值可核算、可抵押、可交易、可变现,有效保障和提升了生态产品可持续供给能力。"天眼守望"数字化生态服务平台获评为2021年全省首批"十大数字法治好应用"。通过数字化迭代建设"花园云"数字化服务平台和"天眼守望"卫星遥感服务平台,形成覆盖全市的"空—天—地"一体化的生态监测和监控体系。

(2)龙泉公益林"数字化"改革让林业权益更精准。龙泉针对前期公益林改革过程中梳理出的"面积不准、界址不清,矛盾多发、微腐时发,流转盘活难、抵押贷款难"等问题,通过以公益林数字化改革为切入点,创新实践了"益林富农"多跨场景应用,让林业权益更精准。通过数字赋能精确落界、精准发放专项资金、多维盘活森林资源、迭代升级金融产品等一系列举措,公益林数字化改革实现精准坐标数据准确率从原来的86%提高到99%以上;补贴发放率显著提升,有效杜绝资金发放中的资金截流、冒领等现象。此外,龙泉还在全国率先试行林地经营权流转证制度,全市林权流转率达29%,占丽水的67%。通过卫星遥感、无人机、雷达等数字化监测手段,既精准量化了绿水青山,又精确界定了产权边界,还时时刻刻"守望"着绿水青山,为绿水青山底色更亮、金山银山成色更足保驾护航!

(资料来源:《丽水"大眼守望""益林富农""幸福清单"应用上榜》,《丽水日报》2022年1月23日A01版,http://paper.lsnews.com.cn/lsrb/pc/content/202201/23/content_298940.html。)

(二)坚持生态赋能,提升产业竞争优势

创新发展生态农业,以品牌培育和生态产品标准化建设为载体,实施最严格的化肥农药管控,极大地助推生态农产品增值溢价,平

均溢价率为30%左右。大力发展生态工业，制定印发《丽水市生态工业高质量绿色发展倍增行动方案（2020—2025年）》，积极培育和精准引进一批高端低碳、高效低耗的生态产业，重点支持和推进生态利用型、生态赋能型、生态影响型产业项目开工及建成投产。在全省率先推行工业企业进退场"验地、验水"制度，创新"飞地互飞"机制，与上海、杭州、宁波等地合作探索生态产品价值异地转化。培育生态旅游康养产业，加快发展全域旅游，积极谋划"丽水山居图"，打造瓯江黄金旅游带。

专栏9-7　生态优势赋能产业化助推生态价值实现

（1）德国肖特集团作为全球最大的光学玻璃制造商、全球领先的特种玻璃生产商，在中国占有70%的高端药用玻璃市场份额。德国肖特集团项目决定落户丽水缙云时，对气候环境、空气质量、土壤情况等生态要素进行仔细检验考察。在做土壤检测时，从地表土开始一直下挖，每隔1米进行取样，最深达地下20米，并按照德国的标准进行送检分析，以此评估土地的环境质量，缙云的好山好水也成了企业发展的有利条件。"药品包装需要保证水、气的纯净，工厂内部环境要求苛刻，缙云的好环境让公司在水的净化和空气的过滤方面都减少了不少成本。"肖特新康药品包装有限公司总经理 Klaus-Wolfgang Muecke 说。

（资料来源：《山区县招商引资的成功实践——缙云招引世界顶尖企业肖特集团的主要做法与启示》，《今日浙江》2021年3月1日，索引号：331122000000/2021-20789。）

（2）2010年，四川科伦药业收购了国镜药业，得益于丽水龙泉的好山好水好空气，和同行相比国镜公司的水净化处理成本每年可以节约158万元，空气净化系统节省近60%的维护费用，蒸汽耗用成本下降了90%。国镜药业业绩在科伦药业的87家分公司中由倒数跃升至前列，成为全省健康医药产业的标杆企业。德国肖特玻管、国镜药业等项目只是生态产品敏感型产业培育的一个缩影。丽水坚持生态赋能提升产业竞争力，一大批环境敏感型企业正纷纷扎根、落户丽水。

（资料来源：《生态创新让"青山变金山"浙江丽水迈向绿富美》，中国新闻网，http://www.chinanews.com.cn/df/2015/02-10/7052656.shtml。）

（三）坚持品牌赋能，助推产品溢价增值

根据丽水的山水资源禀赋和历史文化遗存，着力打造以"丽水山耕""丽水山居""丽水山景""丽水山泉"等为核心的"山"系地域特色公用品牌。其中："丽水山耕"连续3年蝉联全国区域农业形象品牌榜首位，丽水被农业农村部农产品质量安全中心授予全国首个"全国名特优新高品质农产品全程质量控制创建试点市"。"丽水山居"品牌影响力进一步扩大，联动古村复兴、老屋拯救行动，全域化布局、多样化推进、集群化发展和品质化提升民宿产品，丰富乡村旅游业态。"丽水山景"品牌进一步打响，瓯江山水诗路全面"启航"，云和梯田拿到创5A"入场券"，18个项目入选省大花园耀眼明珠培育对象，数量全省第一。"丽水山泉"已列为省级官方指定用水，品牌知名度和影响力逐步提升，亮相省党代会等重要会议、重点场合、重大活动中，并先后为物产中大、浙能、杭钢等企业提供定制水服务。

专栏9-8 "品牌"+"标准化"助力产品溢价增值

2017年6月27日,"丽水山耕"成功注册为全国首个含有地级市名的集体商标,以实施最严格的肥药双控,通过实行标准认证、全程溯源监管,建立以"丽水山耕"为引领的全产业链一体化公共服务体系,实现生态产品由"初级"向"生态精品""低价竞争",再向"品牌战略竞争""标准化提升"转变。比如:

(1)青田的"稻鱼共生系统"被联合国粮农组织(FAO)列为亚洲首个"全球重要农业文化遗产项目",稻鱼米作为"稻鱼共生系统"的产物,采用统一规划、统一品种、统一种植标准、统一加工、统一品牌形象,实现了县域境内统一规划、统一品种、统一种植标准、统一加工、统一包装的"五统一",并进行全供应链打造,在"丽水山耕"品牌下,制定了区域品牌"青田稻鱼米",逐步形成了"一亩田、百斤鱼、千斤粮、万元钱"高效生态种养模式。

(资料来源:《传承发展"稻鱼共生系统"推动农业文化遗产助力共同富裕》,《政策瞭望》2023年第5期。)

(2)青田的杨梅,开展标准化生产,采用统一的大棚、统一的规格、统一的大小和统一的包装,其中盛产的东魁杨梅大如乒乓球,甜度普遍在12度以上,原来是30元左右一斤,现在120元也供不应求,通过品牌和标准赋能,杨梅产品价值显著提升,有效促进了农户增收和企业增效,以杨梅为代表的地方区域品牌知名度也得到进一步的扩大。

(资料来源:邬敏、叶礼标:《"乒乓杨梅"出海记》,《浙江日报》2021年7月15日第8版,DOI:10.38328/n.cnki.nzjrb.2021.002746。)

四 领头推进生态价值实现支撑体系建设

（一）强化前沿理论深入研究

深化与中科院、斯坦福大学等国内外科研机构合作，聚焦生态产品价值实现前沿领域开展理论研究。通过培育壮大中国（丽水）两山学院，助推省级智库向国家级智库迈进，聚焦生态产品价值实现领域深入开展研究，《创新驱动：生态产品价值实现的原始密码》等研究成果在《经济要参》等国内外知名期刊发表。同时，面向市内外开展生态产品价值实现机制专题培训和交流平台搭建，通过举办"绿水青山就是金山银山"发展论坛、"绿水青山就是金山银山"专题培训班等，为"绿水青山就是金山银山"发展工作者提供良好的学术平台、学术环境、学术氛围，为培养"绿水青山就是金山银山"发展研究人才高地提供强劲支撑。

（二）积极拓展内外交流合作

与美国国家科学院外籍院士欧阳志云，斯坦福大学生物学教授、美国科学院院士格蕾琴·戴莉（Gretchen Daily），美国明尼苏达大学应用经济系教授、美国科学院院士斯蒂芬·波拉斯基（Stephen Polasky）等合作设立生态产品价值实现专家（院士）工作站，智力赋能牵引生态产品价值实现国际化研究和交流。与中国航天五院深度战略合作，充分利用卫星遥感技术开展生态环境监测与评价、GEP核算与动态展示等方面的集成应用与迭代升级；推进生态经济数字化工程（丽水）研究院实体化运作，开展土壤数字化、生态经济数字化训练营等系列研究和培训，以"专精特新+生态融合+数智化"有效提升信息化、数字化支撑和服务生态产品价值实现的能力。以生态产品价值实现机制（丽水）实践展示馆为平台，接待来自上海、广州、贵州、江苏、云南、山东、内蒙古、黑龙江等省市20余个党政代表团和相关企业来丽水考察交流生态产品价值实现机制改革工作。

（三）强化督考评价管理应用

将生态产品价值实现工作纳入干部离任审计内容，制定《丽水市 GEP 综合考评办法》，首批量化的指标体系包括 5 个一级指标、18 个二级指标、91 个三级指标。将考核结果用于自然资源资产离任审计内容和评价依据，用于市委、市政府综合考核和干部考核评价体系。发挥"指挥棒"作用，为生态产品价值实现提供制度保障。自"绿水青山就是金山银山"理念实践以来，丽水充分发挥自身生态资源优势，积极探索生态产品价值实现路径，实现了 GDP 和 GEP（生态系统生产总值）双增长、双提升，有效促进了经济社会与生态环境的协调发展，"绿水青山就是金山银山"转化稳中有升。生态系统生产总值在地区生产总值中的比例越来越高，越来越多"绿水青山"的生态价值成功转化为"金山银山"的经济价值。这既是丽水坚持绿色生态发展综合成效的体现，也是丽水探索生态产品价值实现试点阶段成效的体现。

第三节　未来展望

一是加快推进 GEP 统计报表制度建设和小尺度项目级 GEP 核算体系构建。加快推进和建立健全 GEP 统计报表制度，针对不同类型和属性的指标体系构建季度、年度的分类动态更新和统计发布体系，及时跟踪和反映 GEP 动态变化，为相关决策做好辅助支撑。构建和运用关键自平衡点"GEDP"作为区域性绿色发展建设路径的核心载体和评价方法。全面开展小单元区域范围的"项目级 GEP"核算办法和标准制度体系研究。

二是全面加快完善生态产品市场化交易制度研究和构建。建议国家和省级层面综合考虑各地的 GDP 和 GEP，制定统一的管控政策，通过配额交易、生态要素占补平衡等形式，促进生态产品价值的实现；加快制定鼓励政府购买、企业购买、个人购买生态产品的制度，健全法律法规、绿色产品和服务的标准化体系、标识认证体系。同时，积极培育和鼓励社会资本参与生态产品价值实现的积极性和良好氛围。重点加强"两山合作社"和"生态强村公司"等生态产品市场化交易平台和主体的建设，加快完善相关配套制度体系和市场化运营机制。

三是加快推进各项自然生态资源产权制度改革。研究完善各生态产权登记、收储、评估、交易、流转等配套制度，建立归属清晰、权责明确、保护严格、流转顺畅、监管有效的自然资源资产产权制度和清单列表。开展生态产品产业路径研究，并研究制定生态产业目录清单，推动生态资源产业化。同时，创新相关财政金融制度，通过风险补偿金、生态担保基金、生态保险、绿色金融等方式，完善相关风险分担机制，提高金融机构创新改革积极性。

丽水作为"浙西南革命根据地""红军长征牵制策应地""丽水之赞"光荣赋予地，积极走好"红绿金"融合协调发展之路，让红色文化成为引领山区高质量发展的旗帜，让绿色资源和生态优势逐步转化为经济优势，让"跨山统筹、创新引领、问海借力"三把"金钥匙"汇聚丽水高质量发展新动能。丽水作为浙江推进"两个先行"打造共同富裕示范区必不可少的重要组成部分，持续践行生态优先理念，坚持绿色高质量发展，积极探索政府主导、企业和社会各界参与、市场化运作、可持续的生态产品价值实现路径，奋力打通"绿水青山就是金山银山"转化通道，以"百尺竿头思更进，策马扬鞭自奋蹄"的精神，坚毅笃行"丽水之干"，持续推进绿色高质量发展，促进人与自然和谐共生，让生态文明建设成果更好造福于民，全面建设"绿水青山"与共同富裕相得益彰的社会主义现代化新丽水，永做跨越式高质量发展道路上奋勇向前的新时代"挺进师"。

第十章 湖州："生态美"促进"共同富"的实践与启示

第一节 引言

　　湖州是"绿水青山就是金山银山"理念的诞生地。习近平同志在浙江工作期间先后13次到湖州考察指导、9次发表重要讲话，党的十八大以来多次对湖州作出重要指示，为湖州做好各项工作指明了方向。2005年8月15日，在安吉余村调研时首次提出"绿水青山就是金山银山"科学论断。2006年8月2日，在南太湖开发与保护考察座谈会上，强调要利用好湖、开发好湖。2015年2月11日和2016年7月29日，习近平总书记叮嘱湖州要"照着绿水青山就是金山银山这条路走下去""一定要把南太湖建设好"。2020年3月30日，习近平总书记再次考察余村，对湖州"生态美"促进"共同富"的做法给予充分肯定，并指出"余村现在取得的成绩证明，绿色发展的路子是正确的，路子选对了就要坚持走下去"，同时对湖州提出了"再接再厉、顺势而为、乘胜前进"的新期望新要求。

　　近年来，湖州历届市委市政府牢记习近平总书记重要指示，坚决贯彻落实党中央、国务院和浙江省委、省政府关于生态文明建设的各项决策部署，坚持一张蓝图绘到底、一茬接着一茬干，尤其是在浙江高质量发展建设共同富裕示范区背景下，充分发挥绿色发展和城乡协调的特色叠加优势，有力推动绿色低碳共富综合改革，持续拓宽"绿水青山"向"金山银山"转化通道，积极探索绿色低碳共富生态文明新模式。

第二节 湖州绿色低碳共富的政策历程回顾

党的二十大报告指出：我国现代化是人与自然和谐共生的现代化。绿色低碳共富的前提在于绿色，生态环境是本底，共同富裕是根本奋斗目标。改革开放以来，湖州一度在拼资源、拼环境的传统工业化路上亦步亦趋，生态环境受到重创，绿水青山遭到破坏，陷入"要鱼还是要熊掌"的发展之困。在习近平同志的指引下，十多年来，湖州坚持举生态旗、走生态路、打生态牌，大力恢复绿水青山底色，走出转化金山银山的康庄大道，全力打造共同富裕绿色样本，推动生态红利源源不断地转化为百姓福利。从探索尝试、奋力突破，到形成科学系统的人与自然和谐共生的现代化生态环境治理体系，湖州的绿色低碳共富变革也经历四个阶段。

一 生态环境破坏倒逼探索"绿水青山就是金山银山"之路

在改革开放和社会主义市场经济浪潮的推动下，湖州制造业快速壮大，太湖南岸皮革厂、造纸厂、印染厂发展迅速，生态环境污染问题也随之产生。1998年，湖州实施太湖水治理"零点行动"，使太湖生态环境在短时间内得到显著改善，也让湖州环保意识觉醒，开始思考发展道路和模式的问题。

2003年，深受发展困惑的湖州在第五次党代会首次提出"创建生态市"的目标，以壮士断腕、从头再来的决心探索具有湖州特色的生态文明建设之路。一方面，全市上下转变发展思路，明确生态市创建的顶层设计，先后编制实施了《湖州生态市建设规划》《湖州市环境保护"十一五"规划》《湖州市生态环境功能区规划》等规划方案，明确将生态文明建设作为湖州科学发展的刚性要求；在全国率先提出"绿色GDP"，2004年起干部政绩考核不再"唯GDP论英雄"。另一方面，在生态市建设总体框架下，先后实施了四轮环境综合整治，启动"千村整治，万村示范"工程，开展矿山综合治理、三轮治"太湖"工程等一系列行动举措，铁腕治理环境污染和生态破坏，效果初显。在生态环境问题倒逼下，守护绿水青山、恢复绿水青山，成为湖州的历史使命和时代选择。

二 在"绿水青山"修复中探索转化"金山银山"之道

面对如何解决经济发展与环境保护兼顾的问题，湖州选定了生态保护的路，但又如何走好发展致富之路？在时代的命题面前，湖州继续"上下求索"生态文明建设之路。2005年，时任浙江省委书记习近平同志调研安吉余村，充分肯定了余村关停矿山、发展旅游的做法，并首次提出"绿水青山就是金山银山"论断。2006年8月，习近平同志在湖州再次强调："绿水青山就是金山银山，湖州要充分认识并发挥好生态这一最大优势。"[①] 省委的肯定、群众的拥护，全市上下、各个领域、各条战线强烈的共鸣和热烈反响，大大增强了湖州坚守在"绿水青山"中谋出路的信念和信心，守"绿水青山"、谋"科学发展"，大刀阔斧前行。

2007年，湖州第六次党代会提出"生态优市"，并将其作为建设现代化生态型滨湖大城市的重要路径之一。2012年，湖州第七次党代会报告明确提出了"建设'富饶、秀美、宜居、乐活'的现代化生态型滨湖大城市"发展目标。在该阶段，湖州深入推进"千万工程""美丽乡村"建设，并将其作为乡村振兴、农民致富的重要抓手。以两轮"811"行动为依托，全市上下狠抓印染、制革等高耗

[①] 寇江泽：《湖州大力推动生态文明建设，成全国首个地市级生态文明先行示范区——悉心呵护山与水再现江南清丽地》，人民网，2015年8月6日，http://politics.people.com.cn/n/2015/0806/c1001-27417661.html。

能、重污染行业整治提升,全面推进循环经济发展,驱动产业转型升级;先后打好"三改一拆""四边三化""五水共治"等一系列转型升级"组合拳",建设国家级水生态文明城市,积极推动生态补偿、环境准入、排污权交易等制度创新。持续描绘一幅"经济强、百姓富"与"生态优、环境好"相统一的生态文明高质量发展画卷。2014年5月底,湖州成为全国首个地市级生态文明先行示范区。

三 成功实践"绿水青山就是金山银山"

经历多次大胆尝试、小心求证后,湖州坚守"绿水青山"、谋求"金山银山"的道路越走越宽。安吉"一根竹子"撬动百亿产业、"一片叶子"富裕一方百姓,德清莫干山民宿被《纽约时报》誉为"全球最值得一去的45个地方"之一,吴兴、长兴培育"南太湖新区"万亩千亿大平台,南浔发展"红美人""跑道鱼"等农村农民脱贫致富生态农业……这些生动的案例实践证明,"绿水青山""金山银山"不仅能共存更能转化,让"绿水青山就是金山银山"从理论变成了生态美、产业兴、人民富的现实。

正是在深化探索"绿水青山就是金山银山"的实践和转化中,湖州越来越坚定以"绿水青山就是金山银山"理念统领市域高质量发展的思路,坚持规划、立法、制度、标准多体系协同推进,在政治、经济、社会、文化、环境各领域构建起系统完善、治理现代的生态文明工作体系。在规划方面,坚持把"绿水青山就是金山银山"理念深度融入国民经济和社会发展规划、城镇规划、产业规划、生态环保规划等各项规划中,强化各级各类规划中生态环境保护的刚性约束。在立法方面,出台实施《湖州市文明行为促进条例》,并以此为基础系统全面地推进"1+N"生态文明地方法规体系建设。在制度方面,开展现代环境治理体系建设,在国内率先建立"绿色GDP"核算体系,率先编制自然资源资产负债表,率先开展领导干部自然资源资产离任审计;有序启动绿色金融改革、"中国制造

2025"等一系列国家试点示范创建和推进"坡地村镇""标准地""最多跑一次"等省级改革。在标准方面,研究制定全国首个《生态文明标准体系编制指南》地方标准,发布实施各类生态文明建设相关的地方标准14项。2017年,湖州被授予国家生态文明建设示范市和"绿水青山就是金山银山"理论实践创新基地。不忘"绿水青山就是金山银山"初心,牢记"绿色"使命,湖州高水平生态文明建设阔步向前。

四 新时代奋勇续写"绿水青山就是金山银山"实践新篇章

在"绿水青山就是金山银山"理念指引下,湖州市委市政府带领着全市人民护好"绿水青山"、做大"金山银山",步伐坚定而有力。2005—2022年,湖州地区生产总值从639亿元增加到3850亿元,人均GDP从2.32万元增加到10.75万元,财政总收入从74.2亿元增加到674.5亿元。先后获评全国文明城市、全国首个地市级生态文明先行示范区、首批国家生态文明建设示范市、国家生态市、全国"绿水青山就是金山银山"实践创新基地、国家绿色金融改革创新试验区、生态文明国际合作示范区等系列称号,相继举办了全国生态文明建设现场会、全省"深化千万工程建设美丽乡村"现场会,获得联合国"地球卫士奖",持续擦亮了"美丽中国看湖州"城市名片。

2020年3月,习近平总书记再到湖州调研,认为"安吉的做法值得推广",对湖州做出"乘势而为、乘胜前进"的明确指示要求。习近平总书记的指示,坚定了湖州扛起当好践行"绿水青山就是金山银山"理念样板的模范生、争当推进基层治理现代化先行地排头兵的重大使命的决心。安吉创建全国首个县级"绿水青山就是金山银山"实践创新基地,打造新时代浙江(安吉)县域践行"绿水青山就是金山银山"理念综合改革创新试验区;德清成为联合国世界地理信息大会永久会址;南太湖新区和全市11个万亩大平台以优良生态、高新姿态全力向长三角一体化进发。湖州全市上下不忘"绿色发展的路子是正确的，路子选对了就要坚持走下去"①的谆谆嘱托，坚定续写"绿水青山就是金山银山"之路新篇章！

第三节　绿色低碳共富的湖州实践和经验

十多年来，湖州秉承习近平总书记"照着绿水青山就是金山银山这条路走下去"②"一定要把南太湖建设好"③的殷切嘱托，坚持在理念上先行、在行动上先试、在制度上先立，锚定加快建设共同富裕绿色样本目标，坚决扛起绿色低碳发展探路者的责任和使命，走出了一条生态美、产业绿、百姓富、社会和的可持续发展路子，形成了诸多可推广、可复制的有效做法模式。

一　山水林田湖草体系化生态治理

湖州自古以来就是一座因水而灵的城市，境内辖300平方千米太湖水域和7373条大小河道。自1999年启动"治太"工程以来，湖州水生态环境持续提升。在"治太"实践中，湖州深刻认识到生态环境是一个复杂、多样的系统，必须由单一要素整治向山水林田湖草整体生态系统修复转变，必须由单一部门攻坚向跨部门、跨领域协同推进转变。基于此，湖州自2004年启动实施的多轮环境整治行动，着力打好治水、治气、治土、治废、治矿"组合拳"，牢牢守护住了绿水青山底色。近年来，湖州生态环境质量状况指数一直稳居浙江前列，名列全国前茅，生态环境公众满意度持续提升。

---

① 参见张晓松、杨维汉、朱基钗《时隔15年，习近平再到安吉县余村考察》，新华社，2020年3月31日，http://www.xiuhuanet.com/politics/leader/2020-03-31/c_1125791608.htm。

② 《改革开放与中国城市发展》编写组编：《改革开放与中国城市发展》（中卷），人民出版社2018年版，第497页。

③ 人民日报政治文化部编：《与党员干部谈谈心：新时代弘扬好传统好作风》，人民出版社2022年版，第67页。

1. 矿山整治修复大力实施

2005年，湖州在全国率先提出建设绿色矿山，积极推进废弃矿山治理和生态修复，并成立矿山企业综合治理办公室，加大力度落实矿山"双控"、年度限控、项目严控、区域总控和停电、停炸药"四控双停"措施，矿山企业数量持续下降。矿山企业由最多时612家削减至20余家，开采量由近2亿吨压减到2022年的2500万吨左右。在推进全域绿色矿山整治中，在全国率先发布《绿色矿山建设规范》地方标准，所有在产矿山全部建成绿色矿山。同时，把矿山修复与美丽乡村建设、乡村振兴战略结合，将矿山打造成以农事体验为主的乡村生态旅游目的地的做法在全国推广。

2. "水气土"立体化防治攻坚

在治水方面，湖州积极推进治污水、防洪水、排涝水、保供水、抓节水"五水共治"，在全国率先实行"四级河长制"，在全省率先消除县控断面劣Ⅴ类和Ⅴ类水质。以太湖流域水环境治理为重点，关停太湖沿岸5千米范围内不达标污染企业，全面实施13个行业提标改造升级，整体动迁太湖渔民上岸，真正兑现"碧水入湖"承诺。

在治气方面，在全省率先开展治霾"318"攻坚行动，重拳出击"治扬尘、治废烟、治尾气"，探索从末端治理到源头精准防控的治理模式。全面禁止农业秸秆露天焚烧，开展摩托车区域"禁行"、黄标车淘汰。全域取缔和整治小锅炉、小烟囱，大力淘汰落后产能和高能耗产业，水泥熟料生产线脱硝、除尘改造实现全覆盖。总结推广秸秆综合利用30种模式，农作物秸秆综合利用率达到97.49%。近年来，全市PM2.5浓度均值降幅居浙江第1位。

在治土方面，率先制定实施农业"两区"土壤污染防治三年行动计划，加大土壤污染情况监测力度，加快受污染耕地"源解析"、土壤污染重点监管单位自行监测，重点开展了农业"两区"、"菜篮子"基地等区域的土壤污染调查与监测。

目前，全市正加快推进全域"无废城市"建设，积极运用数字化手段，对危废处理开展精准防治，推进危废利用处置项目建设和危废产生利用处置市域平衡。

二 绿色智造拓展产业经济空间

纺织、建材等传统产业是改革开放以来湖州的支柱产业，也是破坏"绿水青山"的"污染源头"。为了改善生态环境，守护好绿水青山，湖州坚持绿色发展方向，连续多年实施"腾笼换鸟"行动，采取休克疗法推动"散低污"行业关停并转，将腾出的空间用于"大好高"项目引进和新兴产业培育。湖州纺织、建材产业规模持续下降，新型产业加快培育，持续推进新旧动能转换，不断提升产业转型升级，构筑现代化产业体系，成功走出了一条产业结构变新、发展模式变绿、经济质量变优的绿色转型之路，被评为全国14个稳增长和转型升级成效明显市之一。

1. 大力推进制造业转型升级

推广节能节水先进技术装备，下大决心改造提升传统产业。开展余热余压利用、电机系统变频调速、煤炭气化燃烧等节能技术改造，在电磁线、木业等行业全面推进有机废气治理设施升级改造。积极创建国家工业资源综合利用基地，推动粉煤灰、尾矿、脱硫石膏等工业废弃物在水泥、新墙材等行业综合利用。全市废旧金属、废塑料等七大类再生资源年回收总量达43万吨，回收总值达20亿元。全域推进循环经济、资源综合利用、传统产业改造提升先试先行，长兴探索废旧电池回收再制造，安吉实现竹子产业全利用，南浔打造"没有森林的木业大区"，推动传统产业"凤凰涅槃"。与此同时，湖州在发展中坚持对破坏生态环境行为"零容忍"，淘汰落后产能、关停矿山企业，2017—2021年，全市对162个项目实行"环保一票否决"，涉及投资金额256亿元。

2. 突出标准规范政策体系牵引

依托"中国制造2025"试点示范城市建设，在全国率先构建市、区县、园区、企业、产品"五位一体"标准评价体系，出台全国首个绿色工厂、绿色园区地方标准。加大对绿色园区、绿色工厂的支持力度，对创建国家级绿色园区和绿色工厂给予资金配套支持，在国家绿色试点的引领带动下，目前已实现规上企业绿色工厂创建全覆盖。用足用好绿色金融改革国家级试点政策效应，制定实施《湖州市工业领域绿色企业（项目）系列贷试点实施方案》，推出绿色项目提速贷、绿色工厂提升贷等金融产品，推动服务企业绿色化转型。在政策常态化申报、政策快速兑现机制运行下，节能、节水、节材等方面的重点绿色制造先进技术、先进工艺、先进装备在全市企业得以推广应用。"十三五"时期，湖州单位 GDP 能耗累计下降 17.4% 以上，工业源主要污染物排放量逐年下降，为全国工业绿色发展提供了"湖州样板"。

3. 大力推进现代化产业体系建设

紧抓"一带一路"、长三角一体化发展重大机遇，紧扣打造现代产业体系，以高质量发展为导向，大力发展数字产业、高端装备、新材料和生命健康四大战略性新兴产业，聚焦聚力提高产业链、供应链稳定性和竞争力，培育打造新型电子元器件、北斗及地理信息、新能源汽车及关键零部件、智能物流装备、高端金属结构材料、生物医药、现代美妆、绿色木业、健康椅业、时尚童装十大产业集群，现代产业体系初步构建。深入实施"谋划大产业、招引大项目"行动和市县区长项目工程，成功引进太湖龙之梦乐园、吉利汽车等一批"大好高"项目。通过优化国土空间规划、全域土地整治、矿地复垦利用等方式，推动形成 11 个万亩千亿大平台的空间格局。此外，积极探索"互联网+""智能+""5G+"等技术应用，在椅业、竹业、电梯、电机等特色行业实施智能化升级改造，建设一批数字化车间、智能工厂和无人车间、无人工厂，促进制造单元智能化升级、工艺流程数字化改造、基础数据共享应用，持续推动产业高端化智能化。

三 美丽乡村增值富民生态资本

湖州作为美丽乡村的发源地，十多年来坚持"一张蓝图绘到底"，实施"千村示范、万村整治"和美丽乡村建设两大工程，让老百姓从"靠山吃山"的传统乡村经济中解放出来，把乡村生态资源切实转化为百姓致富的利器。2021年，全市农民人均可支配收入为41303元，比浙江平均水平高17.3%。

1. 组团化推进美丽乡村建设，重塑乡村文明形态

按照行政村"优势互补、以强带弱，推进片区化、组团式发展"的思路，统筹推进新时代美丽乡村建设样板片区化、组团式未来乡村建设。通过逐个摸排各片区存在的短板，明确建设发展重点方向，启动了31个新时代美丽乡村样板片区化、组团式未来乡村建设试点，通过"物理组合"产生"化学反应"的组团式未来乡村建设获各级领导肯定，以及《农民日报》等媒体广泛宣传。在农村基础设施提升基础上，结合历史文化村落保护利用工程，加强对村落格局、风貌和村庄环境的保护，深入挖掘古村落历史文化内涵和价值，深度挖掘"湖州桑基鱼塘""淡水珍珠传统养殖与利用""竹文化"等农业文化遗产价值，在美丽乡村和未来乡村叠加生态文化品牌，持续塑美塑精乡村美丽形态，让乡村更灵动、更有韵味。

2. 高品质发展现代农业，持续做大乡村"蛋糕"

为高效开发农业，湖州积极探索农业基础化开发建设，如在南浔区采用"农合联+大户+贫困户"三方合作方式，打造"红美人柑橘""稻虾共养""跑道鱼""湖羊"四个万亩农业大平台，以创新技术和现代管理实现农业亩产增效，贫困户年净收入增收2万元/户。在传统农业发展的基础上，积极拓展延伸农业产业链，如安吉县黄杜村在"一片叶子富一方百姓"的基础上，通过市场化机制不断延伸万亩白茶基地产业链、价值链，茶博园、度假酒店、农家乐等衍生产业蓬勃发展，整村打造"茶产业综合体"。解放思想、革新经营

理念是发展高品质现代农业、持续拓宽致富之路，依托"美丽乡村"品牌，积极探索"资源开发型""物业出租型""经营村庄型""土地流转倒包型""异地物业型"等多种模式，采取自主经营、合作经营、专业化经营等方式，吸引工商资本、民间资本、金融资本参与乡村经营，在农业开发实践中还培育孵化了一批农业龙头企业、农民专业合作社、家庭农场等经营主体，开展规范化生产，完善主体管理体系。针对美丽乡村规划、设计、建设、经营各环节脱节的实际弊端，创新探索"村集体+公司+农户"等经营模式，保护、共享美丽乡村建设成果。

3. 强化政策资源保障供给，突破乡村发展瓶颈

建设美丽乡村最急缺的是资金和土地两方面的"硬投入"。在资金保障方面，市级财政对美丽乡村和精品村创建给予资金奖补，各县区出台实施美丽乡村、精品村、美丽乡村扩面提质资金等奖补办法，为美丽乡村建设提供有力支持。在土地保障方面，各地注重把盘活闲置建设用地、闲置房屋作为拓展美丽乡村建设空间、发展空间的重要途径来抓，积极推动"坡地村镇"建设用地试点和"点状供地"试点探索，有效填补了城乡开发建设空间。在立法制度保障方面，湖州出台了全国首个地方性美丽乡村建设法规《湖州市美丽乡村建设条例》，为推进全域美丽乡村建设奠定了法制基础，在美丽乡村建设实践的基础上，形成的《美丽乡村建设指南》成为国家标准，并为全域美丽乡村建设开发提供了标准化指导。

四 创新变革加速绿水青山增值转化

湖州在十多年的"绿水青山就是金山银山"实践历程中，始终围绕如何把生态环境优势转化为生态农业、生态工业、生态旅游等生态经济优势，不断丰富"绿水青山就是金山银山"理念的内涵和外延，持续拓宽"绿水青山就是金山银山"转化路径空间，不仅形成了生态治理、绿色转型、美丽乡村建设等经验模式，巧用变革创

新变量，持续激发内生发展动力，积极探寻助力绿水青山增值转化"加速器"。

1. 探索产业融合发展，大幅提增生态产出

以国家级旅游业改革创新先行区、国家全域旅游示范区和国家农村产业融合发展示范园等创建为抓手，全面推进旅游与工业、农业、体育等产业融合发展。全市域开展"微改造、精提升"八大工程，针对全市81家工业旅游基地、老年养生旅游基地、果蔬采摘基地等各类省级产业融合示范基地，推出了安吉"田园鲁家"田园综合体、德清欧诗漫珍珠小镇等一批产业融合"湖州样本"，打造了"湖笔文化""蚕桑丝府"等特色文化标识，率先实现省级全域旅游示范区全覆盖。立足共同富裕，推动乡村旅游发展再发力，在探索实践以以美丽乡村带动"生态+文化"、以洋家乐带动"洋式+中式"、以旅游景区带动"景区+农家"、以休闲农庄带动"农庄+游购"为代表的乡村旅游"四大模式"基础上，创新文旅融合"示范乡镇、文旅融合示范村、民宿村落"三级联创模式，启动实施千家乡宿共富工程，助力乡村振兴。在发展乡村生态旅游过程中，湖州率先发布全国首部乡村旅游领域地方性法规及相关规范、标准。

2. 扩大创新制度供给，优化配置生态资源

在市委市政府统筹协调下，推进实施了"生态补偿""亩均论英雄""标准地改革""农业标准地改革""三块地改革""坡地村镇""点状供地、垂直开发"等改革创新举措。为破解乡村发展资金短缺问题，湖州用足用好国家发展绿色金融政策，积极开展转型金融机制创新实践，在全省率先建立市、县、乡农合联组织体系并推进实体化运作，市、县两级组建农民合作基金会和资产经营公司，有效集中资源、优化配置资源、高效利用资源，保障"绿水青山就是金山银山"转化通道持续拓宽深化。

3. 借力数字技术成果，赋能激活绿色新动能

在浙江全省域数字化改革背景下，湖州充分发挥数字化改革对生

态产品价值实现的撬动作用,围绕绿色低碳、生态建设、绿色建筑等领域,按"小切口、大牵引"的思路要求,集成打造"工业碳效码""碳惠湖州""碳达人""水韵湖州""数智绿金"等多跨协同数字化应用场景,在生态精准治理、绿色数字蝶变方面发挥了积极作用。以全国首创的"工业碳效码"为例,实现对全市4000多家规上制造业企业的碳排放效率进行精准画像和评价,为绿色金融支持、绿色化改造、"亩均论英雄"、绿色工厂评价等工作提供了精准化数据支持。再如,在居民生活绿色低碳转型领域,集成开发湖州"碳达人"数智应用,助力助推居民生活领域绿色低碳化转型。

五 现代化基层治理共建和谐社会

作为"绿水青山就是金山银山"理念诞生地,湖州始终坚持正确处理经济社会发展和全市域社会治理能力提升的辩证关系,牢固树立以人民为中心思想,坚持执政为民、共建共享,高质量发展民生事业,聚力打造市域社会治理现代化示范城市,在社会治理方面频频发力,人民群众的获得感、幸福感、安全感、认同感不断增强。

1. 突出优化社会治理路径效能

一方面,大力推进行政服务中心质量优化工程和政务服务提升工程,大幅增强企业群众办事获得感。通过优化政务服务业务并叠加先进数字技术,全市民生事项"一证通办"率达到100%,通过让"数据跑"代替企业群众"用腿跑",基本建成"无证明城市"。另一方面,持续加大基层治理机制创新优化,全市共设置2530个网格,配备专兼职网格员6694名,城市社区和社情复杂村的专职网格员配备率达100%。在群众诉求方面,把社会矛盾纠纷调处化解中心作为社会治理的"牛鼻子"工程来抓,全市共建成县级社会矛盾纠纷调处化解中心5个,基层治理社会风险防范能力持续提升。通过深入开展矛盾纠纷排查见底专项行动,健全社会矛盾纠纷排查见底机制,确保矛盾纠纷排查"全覆盖、无盲区、零遗漏",实现"小事不出村、大事不出镇、矛盾不上交"。湖州吴兴区制定了全国首个《乡镇（街道）社会矛盾纠纷调处化解中心管理与服务规范》地方标准（DB3305/T 223—2022），进一步规范了全市乡镇（街道）社会矛盾纠纷调处化解中心的管理和服务，助力提升全域社会治理现代化水平。同时，在基层治理方面，深化"余村经验"，实现支部带村、发展强村、民主管村、依法治村、道德润村、生态美村、平安护村、清廉正村，不断探索基层治理的新路子。此外，在基层治理实践中，湖州还首创了"德清嫂""平安大姐""家园卫士""老兵驿站"等平安品牌队伍，着力打造共建共治共享的基层治理新格局。

2. 突出强化数字化智慧治理

湖州成立由市委市政府主要领导挂帅的数字湖州建设打造现代智慧城市领导小组，健全完善工作体系，理顺部门之间、地区之间协同联动工作机制，形成资源共享、协同推进的工作格局。在工作部署推进上，以数字化为依托，构建信息"链条"，实现覆盖全市60个委办局的386类信息资源、5410个数据项、共计1.5亿条数据互联共享，按"精简、融合"的原则，将各部门"食安通""河长通""流口通"等App平台整合进"掌上基层App"，切实给基层减负，提升工作效能。在技术层面，不断加大互联网、大数据等新技术的应用，持续创新开发基层社会治理新应用场景，并以数据模型分析和数据推演为基础，不断优化打造全方位、多维度、可视化的预测预警和指挥调度机制。

第四节　湖州深化"生态美"促进"共同富"的机制路径展望

一　坚持创新驱动，探索科技成果支撑绿色共富路径

科技引领发展，创新赢得未来。科技创新关乎新发展格局构建，关乎高质量发展，关乎民生福祉。多年来，湖州在绿色发展过程中，

坚持走科技创新与绿色发展融合之路，取得了积极成效，未来湖州打造绿色共富样本依然需要科技创新的基础支撑。未来一段时期，是湖州战略地位持续彰显、生态红利加速释放和高质量赶超发展奋力蝶变期，比以往任何时候都迫切需要科技创新的重大支撑。未来，湖州应紧抓国家可持续发展议程创新示范区建设，打造绿色低碳创新引领区、城乡融合发展示范区、治理现代化先行区、美丽中国样板区，积极探索"生态经济化、经济绿色化、治理智慧化"的可持续发展路径模式。积极培育支持绿色低碳企业，鼓励绿色低碳核心技术攻关，积极引导金融机构参与绿色技术创新，强化低碳技术知识产权保护与服务，用足用好绿水青山间蕴含的创新变量，将其转化成湖州实现赶超发展、促进共同富裕的最大增量。

二 突出改革牵引，探索"绿水青山就是金山银山"转化和生态价值实现路径

建立健全生态产品价值实现机制，推动"生态要素"成为"生产要素"，是践行"绿水青山就是金山银山"理念的核心路径，也是高质量发展的内在要求，更是缩小城乡差距与地区差距、实现共同富裕的绿色引擎。党的二十大报告就"建立生态产品价值实现机制，完善生态保护补偿制度"作出具体部署，指明了建设人与自然和谐共生的现代化的发展方向和战略路径。湖州在实践"绿水青山就是金山银山"转化和生态价值实现过程中做了诸多有益探索，但也因涉及的制度技术条件和利益关系较为复杂，实践中还存在价值实现渠道不顺畅、价值转化不充分等问题，生态产品价值实现机制仍有待推进完善。未来，湖州作为生态文明建设先行示范区，应积极拓展生态产品价值实现路径，探索政府主导、企业和社会各界参与、市场化运作、可持续的生态产品价值实现路径，持续健全完善生态产品价值实现机制，为纵深推进绿色发展、促进人与自然和谐共生的中国式现代化实践贡献湖州样板。

三 深化数字赋能，探索全景式绿色发展智治路径

自全面启动现代智慧城市建设以来，湖州抢抓数字化发展机遇，数字技术及其带来的改革大大提升了全市治理体系和治理能力现代化水平。尤其是在浙江全省域数字化改革浪潮中，构建起了"一网感知万物、一屏掌控全城、一机走遍湖州、一业催生蝶变"的数字生活新范式，多方位、全领域地纵深推进数字化改革，加速绿色振兴和绿色崛起。加快推进绿色发展智治，就要加快探索数字化从技术理性向制度理性跨越的进程，未来，随着数字技术的变革和制度重塑红利的释放，应着眼现代治理中的堵点难点，推动全方位变革、系统性重塑，推动政府决策科学化、社会治理精准化、公共服务高效化。强化数字赋能，聚焦全省重大改革、重大应用，以及地方特色数字治理场景应用，发挥重大应用的牵引撬动作用，赋能全域经济社会发展。彰显湖州特色，聚焦省党代会赋予湖州建设生态文明典范城市的新目标，深化绿色低碳共富综合改革，强化重大应用支撑，为全国数字化支撑绿色共富样板建设提供湖州方案。

第十一章　宁波：以韧性理念治水兴城

第一节　背景

宁波简称"甬"，是中国计划单列市、副省级城市，东南沿海重要的港口城市、长江三角洲南翼经济中心。全市陆域面积9816平方千米，常住人口954万人，城镇化率达78.4%。宁波GDP在全国排第12位，6次获评全国文明城市，12次获评中国最具幸福感城市，城乡统筹发展水平走在全国前列。

宁波枕山面海、拥江揽湖，是一座宜居宜业宜游的魅力之城。"书藏古今，港通天下"，可以概括宁波人文历史和产城共荣的发展背景。宁波拥有7000多年文明史，涌现了心学大师王阳明、思想大家黄宗羲等硕学鸿儒，拥有宁波籍"两院"院士120人，宁波商帮文化兴盛，创造了近代史上100多个"中国第一"和"中国之最"，涌现了包玉刚、王宽诚、邵逸夫等一大批工商巨子。1984年，邓小平同志发出了"把全世界的宁波帮都动员起来建设宁波"[1]的号召。孙中山评价宁波人：善于冒险、务实肯干。[2] 改革开放初期，宁波是我国第一批开放的港口城市之一。在改革政策影响下，扩大海外经

---

[1] 《纪念宁波改革开放30周年特别专题》，中国宁波网，http://www.cnnb.com.cn/xwzxzt/system/2008/09/16/005782757.shtml。

[2] 《孙中山先生在宁波的演讲词》，政协宁波市委员会，http://www.nbzx.gov.cn/art/2013/9/1/art_1229608294_19123.html。

济文化交流，充分利用海外资源，开放包容、虚心学习思想下，带活了宁波的创业环境和经济活力。2020年以来，宁波在国家发展改革委发布的年度《中国营商环境报告》中先后入选全国15个营商环境标杆城市之一，企业案例入选"示范引领最佳实践"。宁波还是首批全国法治政府建设示范市，一体化政务服务能力居全国重点城市第3位。

经济的快速发展，人民生活水平的不断提高，对城市管理提出了更高的要求。作为我国东部滨海城市，宁波常受台风、流域洪水、干旱影响，水环境问题严重，同时受气候变化、海平面上升等影响，城市的规划、建设和经济发展仍面临巨大挑战。

第二节　宁波城市治水历程回顾：政策与实践进展

宁波因水而兴。甬江、姚江、奉化江三条"丝带"交错汇集，独特的地理位置和气候条件，使得宁波历来也是洪涝台旱灾害的多发地区。宁波境内多山地丘陵，平原区域河网密布，主要的自然灾害为台风暴雨造成的洪涝灾害，如遇天文大潮，形成风雨潮三碰头，因地势低洼排水不畅，容易形成洪涝灾害。2022年的"梅花"台风使姚江、奉化江干流水位又刷新了历史最高纪录。新中国成立以来，宁波治水兴水，凝聚了一代又一代人的不懈努力。党的十八大以来，宁波水利积极践行"节水优先、空间均衡、系统治理、两手发力"的治水思路，助力宁波全面建设现代化滨海大都市。

宁波治水理城的韧性之路，源自本地人文历史的孕育和新时代社会管理创新的积聚。多年来，宁波政府不断更新观念、创新理念，以系统性思维塑造变革，以创造性张力推动变革，加快建设现代化滨海大都市。在治水兴城方面，始终将治水作为最大的民生工程，以"韧性"理念行治水实效，谱写着水清波宁甬城兴的壮丽篇章。

如今，一缕缕清泉，流进千家万户；一条条清流，再现江南水乡美景；一座座堤坝，护卫江河安澜；一条条海塘，为百姓筑起"生命线"。宁波实现国家节水型城市"四连冠"，成为全国水利现代化试点城市、全国首批水生态试点城市、全国智慧水利试点城市，连续五年问鼎浙江"五水共治"最高荣誉"大禹鼎"。回顾宁波70年治水理城的脉络，有以下几点经验。

一 破难：台洪频发，万众一心修建海塘

受海岸线绵长、平原地势外高中低、感潮性河流多等不利条件影响，宁波干旱、台风和洪涝灾害交替发生，人民深受其苦。1949年，宁波一解放，生产建设上的第一件事便是以工代赈修海塘。在1997年"8·18"台灾中，沿海潮位达到了有历史记录以来的最高点，宁波一线海塘几乎全线损毁，象山、宁海一片汪洋，多年的水利建设成果毁于一旦，3402条生命沦为亡魂，5614人受伤，241户全家遇难。[①] 宁波市痛下决心，作出了"全民动员兴水利，万众一心修海塘"的决定，水利局出台《宁波市标准海塘建设规划》。2003年，建起了420千米标准海塘。这一"海上长城"经受住多次大台风的考验，实现了"漫而不决，冲而不垮"，为宁波提供了坚实的安全保障。

二 高瞻：登高定向，全域统筹规划引领

多年来，宁波政府坚持全市一盘棋、全域一张图，坚持水利建设与城市建设、产业发展、生态保护等一体谋划推进，形成科学完备的水利规划体系。

（一）增强流域统筹协调

20世纪90年代初，浙江省水利水电勘测设计院编制完成了《甬江流域综合规划报告》《姚江流域综合规划报告》等，确定了流域水

---

① 厉晓杭：《治水兴水久久为功——看宁波70年波澜壮阔治水路》，《宁波日报》2019年5月4日。

系的防洪工程布局,确定了区县地区之间(上虞、余姚、慈溪、宁波)的协调发展以及洪涝风险的片区平衡。2005年12月,宁波市水利局发布《宁波市水资源综合规划》,坚持山水林田湖草是一个生命共同体,用系统思维统筹"原水",走出了一条水治理新路。重视水资源的科学管理,提高水的利用效率,促进水资源的可持续利用,保障宁波市经济社会可持续发展。在大的流域框架规划下,开展区、县级别的防洪排涝规划,城市防洪整治工程与流域治理相结合,多年来,陆续建设以"山区防洪控制性枢纽、甬江防洪工程、平原骨干排涝工程"等为重点的五大防洪排涝工程。

(二)引入生态治水理念

2016年,宁波成功申报第二批国家海绵城市建设试点,编制了《宁波市中心城区海绵城市专项规划(2016—2020)》。该规划充分与城市总体规划、水资源规划进行衔接,提出综合解决宁波复杂水问题的尝试方案,强调生态保护与修复的理念,优先保护自然本底,积极探索山体修复、湖泊河道生态整治、农业面源污染控制。宁波海绵城市建设坚持规划引领,积极构建"城市总体规划—中心城区海绵城市专项规划—试点区详细规划"多层级海绵城市规划体系。全域10个区县(市)实现了专项规划全域覆盖,海绵城市建设的相关要求贯穿于项目的立项审批、用地审批、规划报建、施工建设、竣工验收的全过程关键环节管理,覆盖项目全生命周期。试点建设实践中,"古为今用,洋为中用",结合试点区的地形、地貌、气候等特点,积极探索总结滨海平原河网海绵城市建设可复制、可推广的经验和案例,着力打造"宁波模式"。如慈城古城合流制建设模式、慈城新城建设模式、慈城生态区建设模式、老旧小区改造"海绵+"等建设模式。2019年12月底,宁波海绵城市顺利通过了财政部、住建部和水利部的绩效评价,并获中央资金1.2亿元的额外奖励。

(三)规划落实以水定城

宁波是全国唯一获批在市域范围、全资源要素开展全域国土空间综合整治的试点城市。2022年编制的《宁波市国土空间总体规划（2021—2035年）》[1]充分尊重水环境、水生态、水安全，以划定相关控制线的方式进一步指导国土空间布局优化。把农田水利建设与耕地整治修复结合起来，合理布局生产生活生态功能，加快推进耕地化零为整、集中成片，打好高效利用土地资源和水资源的"组合拳"，全面提升耕地质量、用水效率和农业生产能力。

三 攻坚：实干笃行，重大工程有序落地

"十三五"时期，宁波全市大谋水利、大兴水利，水利改革发展取得扎实成效，至2020年底，水利投资完成512.6亿元，投资量约占全省的20%。宁波有效落实水库扩容、堤防提标、流域分洪、江海强排等系统性措施，有力有序建设一批强基础、增功能、利长远的重大水利工程。截至"十三五"末，三江干流及主要支流堤防基本实现防洪封闭目标，中心城区防洪能力达到100年一遇，并达到20年一遇24小时雨量24小时排出不受淹的排涝标准；余姚、奉化中心城区防洪标准均可达到50年一遇，有防洪任务的县城达到50年一遇；重要集镇达到20年一遇，农村重要区域排涝能力达到10年一遇以上，平原排涝能力明显提升；水库山塘除险进一步加固。宁波基本建成由水库、堤防、河道、排涝闸站、海堤等构成的防洪（潮）、排涝工程体系，流域"上蓄、中疏、下排、外挡""洪涝分治"的防洪减灾格局基本形成。[2]

2013年，台风"菲特"重创余姚。为解决姚江流域防洪排涝问题，浙江省委省政府提出"加大东泄、扩大北排、增加强排、城区包围"的治理思路，采取低围、中疏、南蓄、东泄、西排、北排的系统治理手段，加快推进姚江流域防洪排涝综合治理工程，提出实

---

[1] 《宁波市国土空间总体规划（2021—2035年）》，宁波市自然资源和规划局官网，http://zgj.ningbo.gov.cn/art/2022/11/10/art_1229036868_58961263.html。

[2] 宁波市水利局：《宁波市水安全保障"十四五"规划》，宁波市人民政府网，http://www.ningbo.gov.cn/art/2021/7/7/art_1229096009_3750423.html。

施余姚城区堤防加固、姚江上游西排、四明湖水库下游河道整治等"6+1"工程。进一步增加排水通道，向北、向西、向东新开3条洪涝水排泄的"高速水路"，增加奉化江流域上蓄能力，减轻对姚江大闸东排下泄的顶托，以达到流域和城市洪涝兼治的目的。

专栏 11-1 "锅底"余姚洪涝治理的破局之道

余姚市地处甬江支流姚江中游。姚江分三条支流横穿城区，往东经姚江干流入甬江。从地形看，余姚城区处于姚江流域的"锅底"位置。上游南、北、西三个方向来水汇集城区，东向排水由于受甬江潮水顶托和奉化江洪水抢道影响，排水往往受阻，易形成重涝。尤其是随着城市化快速推进、城区范围不断扩大，城市防洪排涝问题进一步凸显。

2013年，台风"菲特"造成余姚市21个乡镇、街道全部受灾，145个行政村、社区被洪水围困，受灾人口83万余人，平均受淹水深1.6米，最深2.0米以上，受淹时间长达13天。其中主城区受淹时间7天，直接经济损失达227.7亿元。时隔8年，2021年台风"烟花"严重影响浙江，具有路径复杂移速慢、影响时间超长、过程总雨量破纪录等特点，且在浙江省内两次登陆，持续降雨时间长达7天。甬江口镇海站潮位同样超历史纪录，风、雨、洪、潮又一次"四碰头"。姚江余姚站水位超历史极值，最高达到3.53米，超过警戒水位1.63米，全市直接经济损失23.2亿元，但城区没有进水受淹。[①]

[①] 朱法君、王灵敏：《从"菲特""烟花"两场台风对比总结城市洪涝治理的"余姚模式"》，《中国水利》2021年第21期。

> 在防御难度上，两场洪水基本相当，但结果完全不同。造成余姚"菲特"洪灾的主要原因除降雨量大、雨型恶劣、下游排水遭遇天文高潮等不利因素外，流域防洪排涝条件变化、城市规模扩大也是重要因素，流域和城市整体防洪排涝能力跟不上形势变化，不足以应对特大洪水。台风"菲特"后，余姚立足姚江流域实施系统治理，尽可能减少流域洪水入余姚城区的风险。防御台风"烟花"，虽然仅部分工程发挥效益，但已取得明显效果，有效避免洪水二次入城，为城市洪涝防御发挥关键作用。

四 提质：系统治理，河湖治出清流美景

2013年7月，宁波被列为全国首批45个"水生态文明城市"建设试点之一。宁波以"五水共治"为突破口，倒逼经济转型升级，拟定了以落实最严格水资源管理制度为核心，以"水和安民"为底线，采用"河库联调润港城，五水共治惠民生"的建设新思路。

（一）抓"五水共治"

将统筹推进"治污水、防洪水、排涝水、保供水、抓节水"作为水生态文明建设的突破口，多部门、多板块协同推进，合力实施"五水共治"，形成治水效益最大化。随着"五水共治"工作深入推进，宁波水清岸绿的美景再现，生态好，水质优，百姓因水得福，走上共富新路，一幅"河、湖、海"绿色发展的美好生态画卷正在徐徐展开。

（二）建立健全机制

把深化落实河长制作为治水的重要抓手，通过"总河长牵头、部门协同"的治水机制，建立以"河长制"为核心的河湖库管护体制，确保河湖库长管好治水"责任田"。通过"美丽河湖""生态河道""水环境整治示范镇和村"建设，宁波已实现省级、市级、县

级、乡镇级、村级五级河道"河长制"全覆盖。2017年宁波顺利通过全国水生态文明城市建设试点验收。

五 改革：两手发力，工程和管理两手抓

宁波以三江河道为主动脉，骨干排涝工程、活水工程为静脉，城乡河道为毛细血管，构建起四通八达的水系。在治水上坚持流域治理与区域治理统筹、工程性措施与管理措施并重，真正从源头上根治流域的水患。

（一）重视工程与非工程措施综合应用

以底线思维做好应急处置，是确保人民群众生命安全的根本保证。任何工程都有设计能力极限，在特大洪涝发生时，应充分利用工程前期防御作用，为应急决策与处置争取宝贵时间。余姚在台风"菲特"后，除了大力推进城市排涝、水资源供给保障、水环境治理工程，以及引进形式多样的防洪墙等临时措施，宁波还不断有序推进海绵城市及韧性社区的建设，宁波也极为重视非工程措施应用，加强预警预报预测，改进调度运行管理，全面提升防灾减灾能力。例如，城市洪水风险图服务范围达到2711平方千米，山洪短历时风险预报预警系统全面上线，在防汛中发挥重大作用。2021年，面对台风"烟花"的"五个超历史"（台风影响时长超历史、过程雨量超历史、沿海潮位超历史、江河水位超历史、水利防台全面考验超历史）重大考验，宁波通过科学调度，采取水情预警、险情预报、水库预泄、流域调度"三预一调"措施，做到了指挥若定，应对有序，实现人员零伤亡。

（二）深化依法治水、增强治水管理能力

2016年以来，宁波相继修订《宁波市河道管理条例》《宁波市城市供水和再生水利用条例》《宁波市海塘管理办法》《宁波市甬江奉化江余姚江河道管理条例》《宁波市防洪条例》，制定《宁波市水利工程维修养护管理办法》等十多个规范性文件。开展水利机构改

革，在全省范围率先迈出了水务一体化改革步伐，原来由城管部门承担的城市供水、排水、节水和内河管理等涉水职能全部划入市水利局，在市级层面理顺了水资源管理从"水源头"到"水龙头"的一条龙管理，实现了原水、净水、污水、中水全行业统筹。按照国务院"放管服"改革和省委省政府"最多跑一次"改革部署要求，所有涉及企业和群众办理的水利事项全部实现"最多跑一次"，100%网上办理。推进水利工程标准化管理，全市八大类1111项水利工程完成了标准化管理创建验收，宁波标准化创建工作领跑全省。依法推进涉水"三改一拆"、"无违建河道"创建、河湖"清四乱"、水库周边环境整治等一系列专项执法行动，拆除、整治一大批涉河、涉水违法建筑，维护正常水事秩序。推进水利管理物业化改革，2018年象山在全省率先试点水利工程物业化管理，将水利工程的运维养护、巡查保洁等日常管理内容，交给第三方企业实行专业化管理。由物业管理公司在新桥和茅洋两个乡镇试点，建立水利管护站，按照"站长负责制"原则，对各管护站进行统筹管理、业务指导，及时处理安全隐患，全县18个镇乡（街道）已实现水利工程物业化管理全覆盖。

六 创新：科技赋能，让治水走向"智水"

宁波于2018年在全省率先启动智慧水利建设项目，并于2020年3月入选全国智慧水利先行先试城市。目前，全国智慧水利先行先试工作已全面完成，基本建成山洪灾害预警、城镇供水动态预测预警、智能巡河、信用市场动态评价、水利工程安全风险管控五大应用场景。以山洪灾害预警应用场景为例，将"监测预警"提升到"预报预警"，覆盖全市957个山区村，可利用气象雷达、遥感、动态预警分析等先进技术，提前1—3个小时预判山洪灾害风险，有效提升了山洪预警的时效性。

从"治水"到"智水"，宁波不断深化水利数字化转型。2021

年，江北区利用"北斗＋AI遥感"技术建立立体化遥感监测体系，被省水利厅评为年度水利争先创优优秀案例，慈溪"数字水利"项目入选省水利改革创新十佳实践案例、"节水在线"获评省第一批数字经济优秀应用。在行业管理改革方面，宁波排水公司通过构建"厂—站—网"一体化调度平台，有机整合排水系统全过程，打破各环节的信息孤岛和管理壁垒，实现高效协同、令行禁止。宁海在全省率先试点水库型水源取水权交易模式，解决片区内水资源紧张、用水难问题。慈溪主动适应市情、水情与经济社会发展要求，不断深化小型水利工程管理体制改革，被水利部评为第二批全国深化小型水库管理体制改革样板县。

第三节　应对时代新挑战，夯实韧性城市机制保障

随着宁波的城镇化规模日益扩大、功能不断聚集、人口分布越来越集中，城市在繁荣发展的同时，所面临的问题和风险也在增加。随着气候变化议题在经济发展中地位的凸显，加强防范气候风险对城市韧性的冲击，具有越来越重要的意义。水资源时空分布不均、水灾频发是制约宁波城市发展的重要因素，宁波作为中国改革开放时期率先开放发展的城市，在治水和应对气候不确定风险上积极思考，主动适应新常态，认识到管理水资源和提升气候韧性不是单纯的工程问题。城市韧性是一个综合安全防范体系，涉及人文、社会、经济、土地资源可持续开发、利用与保护等关系。为此，宁波政府立足长远，综合管理，统筹实施。结合气候变化带来的新的风险，积极引入新的技术应用，从单一工程走向系统综合管理，从业务管理转向智慧管理，逐渐在流域框架下考虑水资源综合管理，努力从人才、管理、技术、法律、市场环境等方面提升城市的综合韧性。

一 筑好人才创新大平台

转变发展方式的最大动力是创新，最重要的依托是人才。宁波坚定不移地走创新驱动发展之路，加强创新驱动作为第一发展动力源、人才作为第一资源的作用。宁波在市场化人才开发方面一直居于全国领先地位。改革开放以来，宁波经济社会持续快速健康发展。向上，宁波积极争取中央、浙江省对宁波发展的大力支持。向外，积极动员吸引海内外"宁波帮"和帮宁波人士参与宁波的建设。2020年8月发布的《宁波市人才发展"十四五"规划》①提到引入"未来社区"理念，构筑重大区域性人才集聚高地，明确了全市11个人才重点平台"十四五"时期的建设任务。近几年来，宁波深入推进"甬商回归"和"甬智回归"。同时，规划建设宁波大东部科创新区，大力推进企业研究院和科创公共服务平台建设，积极完善产学研合作创新平台，优化创业创新环境，以加快科技成果转化为主线，以促进科技型中小企业成长为目标，培育创新主体，落实"凤凰行动"宁波计划。健全科技金融体系，建立"创业苗圃—孵化器—加速器"孵化服务链条，引导高校、科研院所和龙头企业服务创业一线。

二 巨灾保险撑起风险保障伞

2013年10月，强台风"菲特"给宁波造成了非常大的损失，全市1000万人口中将近四分之一人口受灾，直接经济损失达330亿元②，这一方面给政府带来了非常大的救灾救助压力，另一方面社会各界迫切要求提高城市灾害应对能力和增强城市韧性。2014年11月，宁波建立了公共巨灾保险制度，成为国内首批巨灾保险试点地

---

① 宁波市人民政府：《宁波人才发展"十四五"规划发布》，宁波市人民政府网，http://www.ningbo.gov.cn/art/2021/8/3/art_1229196405_59036071.html。
② 吴敏：《宁波：巨灾保险为市民撑起一把"安全伞"》，《中国政府采购报》2020年10月13日。

区。采用"政府主导，市场运作"的方式，形成"1+3"多灾因的巨灾保险保障，保障范围主要包括台风、暴雨、洪水、暴雪、雷击等自然灾害，以及重大突发公共安全事故、突发公共卫生事件和见义勇为事件。2018年4月《巨灾保险暴雨判定规范》（DB3302/T1094—2018）正式实施，为判定宁波范围内巨灾保险理赔的暴雨标准提供了技术准则，有助于快速认定巨灾，高效救灾，维护社会稳定。2021年初，宁波探索实施了全国首个突发公共卫生事件保险。

宁波巨灾保险始终走在减轻灾害风险、保障基本民生的道路上，发挥普惠、救助功能，被誉为公共巨灾保险的"宁波样本"。作为中国第二个将巨灾保险纳入社会保障体系的试点城市，宁波2015—2019年巨灾保险机制为超过20万户家庭提供了约1.28亿元的赔付。中国人民财产保险股份有限公司宁波市分公司的巨灾保险通过地理信息系统（GIS）整合数据，实现了实时监控、紧急报警和快速反应，以评估紧急情况并提供及时的资金和技术支持。该巨灾险种通过全面覆盖如农业和工业等大多数行业，使其免受极端气候事件造成的巨大损失；同时也保护了大多数曾在洪涝灾害时非常脆弱的群众。目前，宁波巨灾保险已经形成"1+N"运营模式，以自然灾害为主体，叠加突发公共安全生产、突发公共卫生事件应对等内容。未来宁波防灾减灾治理还将融入现代科技，运用大数据、物联网、模型等信息化技术提升保险快速服务，增强城市管理"韧性"。

三 气候资源立法助力城市建设

宁波作为具有地方立法权的计划单列市，通过地方立法推进社会治理创新，成功创建全国法治政府建设示范市。20多年来，围绕社会公共服务体系构建和社会管理创新的实际需要，宁波社会治理地方立法从无到有、逐步发展。2021年宁波出台《法治宁波建设规划（2021—2025年）》，让法治成为宁波城市核心竞争力的重要标志和市域治理现代化的闪亮名片。

2021年7月颁布的《宁波市气候资源开发利用和保护条例》（以下简称《条例》），是国内同类城市中首部颁布实施的气候资源地方性法规。《条例》从法规的高度对各级政府、有关部门和社会各界在气候资源监测、区划与规划、合理地开发利用气候资源、加强气候资源保护以及法律责任等方面做出了明确的规定，规范了全社会气候资源开发利用活动，强化了气候资源保护意识。《条例》第二十六条提及气象、城乡规划、住房和城乡建设、城市管理、水利等机构和部门在编制相关规划时，应当因地制宜采取屋顶绿化、透水铺装、增加雨水收集利用设施等措施，有效控制雨水径流，实现雨水自然积存、自然渗透、自然净化的城市发展方式。有效保障了宁波海绵城市建设落地工程项目体量上做到有法可依。

第四节　面向未来韧性城市的经验、挑战与展望

宁波是全国体制改革和创新的先行区。改革开放40多年来，以"敢为天下先"的精神，先行先试，以市场化为导向，率先在深化改革、扩大开放、体制机制创新、产业升级、结构调整等众多领域、众多方面进行了一系列的探索，创造了数百项全国之最，成为我国对外开放、走向世界的重要窗口，在改革创新和对外开放的许多方面走在全国前列。在打造韧性城市这一新领域，宁波的治水模式、巨灾保险模式，也成为在全国率先探索和推广的典范样本。

一　主要经验

宁波韧性治水之路凝聚了人文历史禀赋与自然社会发展的智慧。优越的地理环境、南北文化的融合、中外文化的对接孕育了开放包容、繁荣雅致的城市气质，塑造了"江南水乡、文化名城"富足宜居的城市形象。经济腾飞后的宁波，较为突出的问题是需要解决好支撑城市发展的水环境、保障城市水安全。在多次发生的台风洪水

自然灾害，以及水资源短缺、水环境恶化、水灾害频发的现实面前，宁波政府勇担大任，积极协调相关部门和组织参与，主动应对气候变化带来的新风险新挑战，深化平安宁波建设，积累了许多启示未来的宝贵经验。

（一）规划引领，科学治水

宁波是一个思想开放、有记忆、会反思、好学习的城市。尽管"发展就是硬道理"，但宁波作为改革探索的前锋深刻认识到，只有实现与资源环境保护的平衡，发展才可持续。宁波人有放眼未来、想方设法办实事的共同特点。每一阶段根据国家和浙江省政府治水要求，宁波各级政府与主管部门，总是首先综合运用法制、规划、管理、科技等治水手段，充分结合本地社会经济和自然条件，在系统评估和科学论证的基础上研究治水总体战略，以此为基础结合城市总体规划，制定防洪排涝、治污防污、水源地保护等涉水的专项规划，切实提高规划的引领指导作用。切实厉行全流域统筹规划引领，系统治理，避免了重工程、轻管理的短期行为。

（二）治水理政，民生优先

宁波数十载治水历程充分体现了宁波人灵活务实创新的韧性理念，政策实践效果也赋予了宁波更好的经济活力，造福于广大的民众，提升了管理者的威信，形成了治水与发展的良性循环。治水，是当今每一个城市共同面临的长期且艰巨的挑战，也是城市综合管理思想和实力的展现。拥有外贸、制造、民企三张"金名片"的宁波，政府在韧性治水、打造宜居环境的同时，重视人才引进，努力营造健康、有序的市场环境和国际交流环境。深入践行"绿水青山就是金山银山"理念，通过城市精细化管理，系统优化国土空间布局，着力提升都市形象品质。在气候变化风险下，更是将治水作为最大的民生工程，以"韧性"理念行治水实效，推进海绵城市、韧性城市、地下城市、智慧城市建设，打好污染防治攻坚战，推进生态修复和生物多样性保护的多方面实干笃行。

（三）与水共生，探索创新

在困难面前宁波人勇于接受挑战，善于反思和创新。每年台风可能导致洪涝灾害，但通过预警预报和水库河湖调度，可以缓解风险，利用好台风带来大量水资源的气候资源。城市防洪工程建设不仅需要大量资金，同样也需要城市的滨水空间，牺牲城市景观。余姚市主城区姚江堤防采用了结合人行步道的气盾坝、玻璃挡墙、临时可拆卸防洪墙等创新手段，既实用又省钱，也不影响城市空间和景观效果。这些创新技术，在最近的 2022 年 9 月 12 日台风"梅花"期间，发挥了切实的效果。

二 面临的挑战

韧性是一个动态演进的过程。在解决问题的同时，需要有不断发现新问题、提升认知和改进的能力。

由于历史原因和早期城市建设对水资源承载力认识的不足，如何解决城市建设与经济发展带来的城市水问题，是当今挑战城市管理者的普遍难题。通过流域框架系统治理，宁波水资源、水安全和水环境保护取得了比较好的效果，为城市提供了安全舒适的基础人居环境。但随着海平面上升，台风等气候变化灾害频次和强度加剧，宁波城市的快速发展已难以规避各种不确定致灾因素。宁波认识到，流域水资源管理、台风灾害、防洪排涝等问题已成为制约城市发展的主要自然因素；这些挑战的解决，不只是简单的工程问题，而是需要不断思考研究、更新思路，通过规划衔接、城市管理和综合决策手段，提升城市韧性管理和规划的长期动态过程。

从灾害风险治理来看，一大挑战是如何加强流域总体的防洪排涝工程体系建设。自 2013 年台风"菲特"后，宁波立即启动了《甬江流域规划》《余姚市防洪排涝规划》，完善余姚防洪排涝工程总体布局，并于 2016 年 8 月进行了修编和调整。这些流域层面排水格局的调整和优化，对原先多年形成的自然水系，以及以此为基础的城市规划与建设来说，均是巨大的挑战，需要一个调适的过程。首先，防洪排涝工程投资巨大，工程规模大，实施难度高，建设工期长，在一定程度上改变了自然的水系生态格局在气候适应中的不确定性。其次，大规模的城市开发建设，使得平原内部洪涝水滞蓄空间持续缩减，排涝系统的局部保护与流域内部区域之间、上下游关系、城市与河网的相互影响，变得非常复杂。历年的台风对流域造成不同程度的洪涝灾害，承载城市经济、社会、政治、文化核心职能的中心城区受涝问题仍较为凸显。尤其是流域中游余姚城区，姚江穿城而过，余姚主城区处在姚江流域的"锅底"，2021年的台风"烟花"和2022年的台风"梅花"，屡次打破台风"菲特"期间的姚江干流最高水位，说明防洪排涝的形势呈现恶化趋势。目前，宁波防洪排涝整体格局，仍有大量流域层级和配套工程需要建设，投资高，项目战线长；规划工程的实施过程中，大量堤坝、泵闸、圩区建设，部分重复了早年苏浙沪、杭嘉湖地区的圩区建设老路。最后，从更大范围的流域管理来看，宁波调整水系结构、调蓄行洪格局，将导致流域空间分布矛盾、利益冲突，可能加大流域水环境恶化风险；下游流域防洪工程由于本地排水归槽等影响，导致上中游流域余姚城区排水不畅。如何通过水资源调度发挥水利工程最佳效益，仍是需要上下游城市之间加强协同管理的难题。

三 未来展望

在可持续发展理念下，宁波重视韧性城市建设，将其作为未来提升城市竞争力、实现社会经济腾飞的重要基础环境。"十四五"规划蓝图描绘了更加清晰的发展框架和行动方向：宁波将深化功能布局，在高质量发展中加快建设现代化滨海大都市，提升大都市能级，更好服务长三角一体化发展，更好发挥在全省的引领辐射带动作用；建设民生幸福、全域美丽品质城市，成为共同富裕示范区，探索中国式现代化路径。

面向未来，宁波已处于新时代高质量发展的关键时期，困难与机遇并存。应对气候变化风险挑战，抓住高质量发展机遇，首先，须顺应"以水定城"科学发展的理性原则，缓解环境与资源对发展的制约，优化事关重大的流域防洪排涝体系与城市规划管理的衔接。其次，善用城市综合管理的系统思维，平衡短期目标与长远利益，深入完善局部问题与宏观问题的协调，以及流域上下游工程投资与利益分配共享之间的平衡。最后，在水系大格局变化以及相关重大配套工程建设动态过程中，借助信息化技术，细化研究城市布局、涉水风险和发展定位间的相互影响，聚力区域之间、部门之间的管理协商，从流域角度加强动态规划，加强精细化管理。

第十二章　绍兴：全域未来社区塑造美丽人居

第一节　引言

绍兴地处浙江省中北部、杭州湾南岸，区位优越，经济发达，人文荟萃。作为江南水乡典范，绍兴历来重视人居环境改善提升，将其视为提升居民生活品质、打造对外竞争力和影响力的重要载体。在推动落实高质量发展建设共同富裕示范区进程中，绍兴以全域未来社区建设为突破口，以人居实际需求为导向，逐步形成了以制度创新和数字化改革为主要支撑，以未来社区古城版、未来社区放大版、未来乡村社区"三位一体"为主要载体，以居住条件、生态环境质量、基础设施建设、公共服务建设四个方面为主要内容的美丽人居体系，合力促进民生福祉的改善和提升。

第二节　绍兴创建未来社区的政策历程回顾

长期以来，绍兴致力于以江南历史文化为底蕴，用好相关历史遗存，塑造高品质的生活空间。2008年，绍兴因在高度城市化进程中保持了古城历史文化遗迹，获得联合国人居奖。

近年来，绍兴深入打造设施完善、功能齐全、环境绿色、文化深厚的品质之城，有效改善人居环境和增进民生福祉。人居环境上，"十三五"时期，全市共计实施道路提升、给水排水、海绵城市、园林绿化、燃气建设、轨道交通等城市建设项目579项，累计完成老旧小区改造471个，创建"五星达标村"1404个、"3A示范村"151个、省美丽乡村示范乡镇45个、示范县3个，为建设全域未来社区拓展了新的领域和空间。民生福祉上，全市收入水平居全省第三位，城乡收入倍差远低于全国、全省平均水平；全市基本公共服务均等化实现度为99.2%，居全省第一位；人均预期寿命达到82.87岁，达到发达国家水平，公共服务总体均衡优质。

2018年底，时任浙江省省长指出，要以"高品质生活"为主轴，将未来社区打造成为新时代浙江"金名片"。2019年印发实施《浙江省未来社区建设试点工作方案》，明确突出三化（人本化、生态化、数字化）价值，以九场景（邻里、教育、健康、创业、建筑、交通、低碳、服务和治理）构建为重点，将未来社区打造成为新型城市功能单元。同年，绍兴印发《关于加快推进绍兴市未来社区建设的实施意见》，提出要构建"成熟一批、启动一批、储备一批、谋划一批"的未来社区试点格局，为绍兴人居高质量发展提供未来社区样板。截至目前，绍兴共有57个单元入选全省未来社区试点创建名单，其中柯桥大渡社区、诸暨东盛社区、越城外滩未来社区、柯桥下市头未来社区、柯桥新未庄未来社区、上虞南丰未来社区共6个社区已获省级未来社区命名，上虞岭南乡东橙村、新昌澄潭街道梅渚村等共25个村获省级未来乡村命名，越城"越子城"传统风貌样板区、上虞曹娥江一江两岸特色产业风貌样板区、柯桥"舜源古忆"县域风貌样板区等共7个地区已获省级城乡风貌样板区命名，实现了古城区、城区、乡村等类型全覆盖。

表 12-1　　　　　　　绍兴入选全省未来社区创建名单①

入选批次	未来社区名单
第一批（1个），2019年9月	上虞区1个：鸿雁社区
第二批（4个），2020年9月	越城区1个：薛渎社区。柯桥区1个：福全金三角社区。嵊州市1个：白莲堂社区。滨海新区1个：沧海社区
第三批（5个），2021年5月	越城区1个：外滩社区。柯桥区1个：大渡社区。上虞区1个：南丰社区。诸暨市1个：袁家社区。新昌县1个：新民社区
第四批（8个），2021年12月	越城区2个：快阁苑社区、青藤社区。柯桥区1个：下市头社区。诸暨市1个：东盛社区。上虞区2个：孝德社区、前江社区。嵊州市1个：江南社区。新昌县1个：鼓山社区
第五批（19个），2022年5月	越城区1个：洋泾湖社区。柯桥区4个：新未庄社区、独山社区、仁让堰社区、双周社区。上虞区4个：文化北社区、文化南社区、金鱼湾社区、半山卧龙社区。诸暨市2个：友谊社区、和济社区。嵊州市4个：丹桂社区、芷湘社区、捣臼爿社区、下中西社区。新昌县4个：西岭社区、湖莲潭社区、茶亭社区、滨江社区
第六批（20个），2022年11月	越城区6个：戟山社区、虹桥社区、敬敷社区、书圣故里—白马社区、府山—越都社区、滨河—水沟营社区。柯桥区6个：红梅社区、溇梅社区、后梅社区、南闲社区、鲁镇社区、张溇社区。上虞区3个：高铁新城社区、德济苑社区、盖北社区。诸暨市3个：祥安社区、江东社区、江新社区。新昌县2个：梅湖社区、南岩社区

2021年，《中共中央　国务院关于支持浙江高质量发展建设共同富裕示范区的意见》印发，强调环境宜居宜业同样也是共同富裕的基本要求。同年印发的《浙江高质量发展建设共同富裕示范区实施方案（2021—2025年）》，明确提出要努力建设成为全域美丽大花园的省域范例，显著增强公众生态环境获得感。2022年，浙江省第十五次党代会提出，要"在高质量发展中奋力推进中国特色社会主义共同富裕先行和省域现代化先行"。可见，共同富裕已成为浙江"十四五"发展的首要战略导向。2021年，《绍兴市共同富裕试点三年行动计划（2021—2023年）》印发，明确提出要以"全域未来社区"为突破口，推进生活富裕富足、精神自信自强、环境宜居宜业、

---

① 根据公开资料整理。

社会和谐和睦、公共服务普及普惠，将共同富裕图景落实到生产生活基本单元，让人民群众真实可感，共同富裕已成为绍兴市建设未来社区的重要出发点和落脚点。

第三节 从古城复兴到未来社区：主要做法及成效

一 聚焦复兴千年古城，打造未来社区古城版

以增强居民获得感、游客体验感为出发点和落脚点，以古城保护利用、有机更新和数字化改革为基本路径，加快形成"古城大脑+未来社区"总体架构，全力打造整体智治样板区、文商旅融合精品区、保护利用示范区。

（一）保护修复古城格局、风貌、肌理，实现"显山露水"

一是落实好《绍兴古城保护利用条例》，坚持古城保护利用和城市有机更新"一盘棋"理念，以功能补充、空间复合为重点，加强口袋公园、景观节点、体育设施等建设，补齐设施短板，提升功能配套，同步疏解教育、医疗、科技、金融等非古城功能，推动古城有机更新与弹性生长。

二是持续推进绍兴古城格局、风貌、肌理的保护修复，积极探索"城市针灸"低干预手段和"见缝插绿"等举措，继续实施超高建筑整治及城市界面、重要街巷等管控，统筹开展历史街区提档升级、老旧小区改造、传统民居改善、古城基础设施微改造、污水截污纳管等民生工程，完善古城交通系统，有序恢复城市水系，加快构建古城文化展示和全域旅游"一轴二环"骨架，促进古城"显山露水"。

三是制定实施《绍兴市名人故居激活三年行动计划》，在全省范围内首创对全市207处名人故居落实保护利用措施，主要是修缮名人故居、升格成为文物保护点、维护周边生态环境、推动向外开放、

健全档案资料等。按照计划,将新增开放名人故居20处以上,全市各类名人故居的完好率达到100%,让100余处名人故居"活"起来,走入人们的生活。

(二)分类建设各具独特古城风貌的未来社区试点

一是分类明确未来社区项目定位。比如,阳明社区定位"知行合一·心学圣地"、书圣故里社区定位"古风遗韵·水墨江南"、鲁迅故里社区定位"研学之旅、文学之城"、青藤社区定位"艺术家旅居的天堂"、越都社区定位"契约化党建的发源地"、越子城社区定位"真山真水真子城"、沈园社区定位"诗境盎然的江南园林"、八字桥社区定位"江南水乡宜居典范"、投醪河社区定位"古城记忆·艺术风情"、滨河社区定位"创业者嘉园"等,各社区以自身定位为聚焦点,推进有聚焦特色的社区建设。

二是着力推进未来社区古城版建设。根据不同定位,各社区聚焦将古城厚重人文资源向生活化、数字化、运营化、开放化转变,因地制宜分类打造个性化场景。比如,在书圣故里社区,通过社区建设和改造提升,题扇桥、咸宁桥、蕺坊桥、探花桥等古桥一座接一座,蔡元培故居、戒珠寺、蕺山书院、探花台门、解元台门等古建筑错落有致,完整地保留了江南韵味和气息。

(三)高标准建设富含古城文化底蕴的公共活动单元

一是依托古城保护利用信息管理系统,建设以基础地理、实景三维、房屋建筑、文保单位、公共设施、建设项目等为主要内容的古城保护"数字化大脑"。在此基础上,建设"数智古城"数字化应用,打造"地上+地下、有形+隐形、物态+数态"的应用场景叠加系统,建设"幸福古城""活力古城""红领古城""数治古城""人文古城""平安古城"等功能模块,更好满足人群需求和社区特色场景营造需求。

二是通过"数字化+共享"链接各类线下资源,探索以"统一社区运营商"一体化模式,开展"政府、市场、居民"三方协同的社区运营模式，打造古城特色IP，深度挖掘自我造血潜力。

（四）高品质构建低碳开放空间公共服务体系

一是实现开放空间的分布式布局，建设形成越子城、塔山、蕺山、环城河等一级空间和城市广场，多个市民公园等二级空间，以及大量街头绿地、小游园、建筑附属开放空间为主的三级开放空间，促进开放空间的小型化、均等化。

二是建设"5分钟、10分钟、15分钟"服务圈，围绕提质民生服务，建设功能复合的邻里中心，有机叠加教育、健康、商业、文体、办公等功能，合理配建适老化公寓、幼托中心，构筑全天候服务链、全人群服务圈。

三是建设布置30分钟功能点，进一步完善城市客厅、城市广场、医疗机构、养老机构、购物广场等配套设施，更好满足群众需求。

（五）持续推进形成"共建共治共享"的治理格局

一是始终秉持"共建共治共享"理念，牢牢把握"全覆盖、标准化、智能化"要求，通过开展"扩面、履约、选优、破难、对标、建盟、赋能、拔尖"八大行动，推进机关部门、两新组织、学校、医院、银行等与社区、农村结对共建。以"契约式"共治为核心，将"契约化"融入城市基层治理，从原先的"要我整治"转变成"我要整治"，为城市管理探索一种更开放、更平等的共治共管模式。

二是开展跨镇街、跨社区结对共建，探索组建全域党建联盟共同体，进一步拓展契约共建的主体和实施范围、实现方式，持续提升深度与广度，推动古城基层治理与民生服务全域提升。

比如，在越城区府山直街，府山综合行政执法队、府山社区联合沿街商铺签订《古城市容秩序及环境卫生"契约化共治"协议书》，用契约形式约定双方权利和义务，共治范围包含府山直街、府山横街、偏门直街沿街商户及住户各自建筑外立面至相应城市道路，有约60户沿街商户及住户签约，通过订立契约、直接沟通，改变以往单方面、单维度的管理方式，有效守护城市良好风貌和形象。

二　聚焦引领城市更新，打造未来社区放大版

以低碳、普惠作为未来社区的根本属性，将风貌样板区打造与未来社区建设紧密结合，促进盆景变风景、花园变家园，实现山为骨、水为脉、绿为基、文为魂、独具水乡韵味和绍兴特色的现代版"富春山居图"。

（一）"微改造、精提升"，联动提升城市风貌

一是把未来社区理念要求贯穿到城乡风貌整治提升建设全过程，注重强化整体设计，以大山、大江、大河、大通道为轴线，使全域自然空间、历史人文、建筑风貌联动提升，集成展现。

二是倡导"微改造、精提升"，区分城市新区、传统风貌区、特色产业区创建城市样板区，因地施策、分类建设，防止大拆大建。城市新区类主要展现城市活力和风韵魅力，体现综合功能，具有地标效应，范围一般不小于50公顷；传统风貌区类包括风貌格局较好的旧城改造片区、历史文化保护区域等，体现绍兴传统文化特色和地域建筑符号，范围一般不小于20公顷；特色产业区类包括科创、金融、文化、旅游等特色产业区，以低层、多层建筑为主，范围一般不小于30公顷。

比如，作为全省首批17个城乡风貌样板区之一的越城"越子城"传统风貌区，主要包含桥直街、前观巷、后观巷三个历史街区，通过以低干预的空间重构文化空间序列、改善居民生活环境、提升空间数字化管理能力、打造以徐渭书画艺术和绍兴师爷文化为主的青藤文化IP，实现融越国遗迹、古越文化、城市格局于一体。

（二）建设省级未来社区

一是继续深入推进越城薛渎社区、外滩社区，柯桥大渡社区、金三角社区，上虞鸿雁社区、南丰社区，诸暨袁家社区，嵊州白莲堂社区，新昌新民社区，滨海新区沧海社区等37个省级未来社区试点建设项目，主要聚焦"三化九场景"，围绕"场景塑造+社群营造"

全面突破，实现标志性成果。

二是推进未来社区增点扩面，重点在两区交界、城乡接合等区域布局一批未来社区，打造可复制推广的典型案例。

比如，外滩社区突出智慧治理，获得全国社区治理和服务创新实验区试点，主要做法有：一是按照"社区党组织—网格党支部—楼幢党小组—党员中心户"四级网格组织体系，将社区划分为6大网格、128个微网格，5名社区工作人员下沉服务担任网格长，实现"党建引领+网格化治理"精细化治理模式。二是发挥"网格党建"作用，积极借力物业、党员、志愿者、业委会人员，同时组建"商户联盟"。三是以市场化模式运营运作未来社区客厅，提供阅读、健身、休闲、培训等功能。

（三）实施老旧小区改造

一是重点聚焦2000年前建成的老旧小区，全面推行拆违治乱、房屋整修、管线整治、绿化提档、污水零直排、配套设施提升、排涝能力提升、电梯加装助推、背街小巷整治、治理机制建设十大工程，持续提升人居环境和生活品质，将老旧小区改造提升纳入未来社区创建范畴，实现"一次改到位"。

二是进一步摸排存量社区内闲置用房等可利用的潜力空间，科学规划"邻里中心"布点，推动公共服务设施集中复合设置、智慧服务应用同步跟进落地，为居民提供"一站式"生活圈服务的生活中心。根据计划，预期将在2023年时，累计改造提升200个以上老旧小区，建成20个左右邻里中心。比如在北海街道的快阁苑未来社区邻里中心，围绕打造10分钟便民生活服务圈，主要建设形成"U-Life"生活模式，即温馨（Love）、时尚（In）、自由（Free）和享受（Enjoy）的生活模式，以"社区营造"为切入点，将儿童教育、医疗养生、邻里活动和服务配套四类生活场景融入邻里中心，实现自然环保、人文体验、艺术欣赏完美结合和互动。

（四）创新运营治理模式

一是全面推行未来社区土地带方案出让，大胆探索投建营一体化，加快推广"带方案+竞运营""全过程咨询+工程总承包",积极引入总承包商、全过程咨询师、综合服务运营商等新兴主体,引导房地产开发商向城市运营商、生活服务商转型,发展壮大未来社区产业联盟。

二是创新存量小区整体智治模式,开发推广和迭代升级"智慧物业"应用,搭建物业招投标、物业事务投票、基础信息管理等功能,开设加装电梯审批、维修资金管理、物业事务投票等模块,贯通和导入居民服务多跨场景,助力政府精准治理和居民智慧生活。

三 聚焦引领乡村振兴,打造未来乡村社区

以乡村振兴为最终目标,建设富有生活品质、沉淀江南韵味的未来乡村社区,推动社会资源向农村倾斜、城市设施向农村延伸、城市服务向农村覆盖、城市文明向农村辐射,加快实现城乡一体绿色发展。

(一)场景化提升村容村貌

一是贯彻落实《绍兴市村庄规划建设条例》,优化村庄总体布局、场景设计,全域化提升村容村貌,场景化打造主要节点,既注重功能需要,又凸显视觉审美,避免"千村一面"。

二是全面提升农村环境基础设施,深入推进农村垃圾、污水、厕所"三大革命",源头提升垃圾分类准确率,推进污水处理设施提标改造,确保农村户厕无害化普及率达到100%。通过提升村容村貌,柯桥区漓渚镇棠棣村、上虞区岭南乡东澄村两个村已成功创建为国家级美丽宜居示范村,另有83个村已通过省级美丽宜居示范创建村验收。

比如,上虞区岭南乡青山村丁兴自然村近年来投入近800万元,进行村容村貌整村改造,对地面、墙面、瓦片、屋面等进行系统改造,旧茶厂成了民宿,晒谷场变为停车场,新建5个生态厕所,有效美化了生活环境空间。

(二)加快补齐农村公共服务短板

一是加快补齐农村公共服务短板,推动优质教育资源向乡村倾斜,建成20分钟乡村医疗圈,完善农村养老助餐服务网络,持续增

强农民获得感幸福感。

二是结合乡村新社区建设，打造数字乡村综合集成门户，大力推广"浙农码""智慧礼堂""兴村治社创业榜""跟着节气游乡村"等场景应用，加快数字就业、数字文化、数字救助、数字养老、数字旅游、数字交通等服务直达乡村，更好促进城乡融合发展。

比如，马鞍街道充分利用环境整治盘整出来的闲置空间，创新实施"八个一"工程。各村（居、社区）一个灯光篮球场、一个笼式足球场、一条长500米以上的健身跑道以及每个自然村一个健身角、一个村级城市书屋、一个高标准的文化礼堂、一个高标准医疗服务中心、一个高标准老年活动中心、一个高标准家宴中心设施全覆盖，着力解决关系群众切身利益的休闲健身、精神文化、医疗养老等"难点"问题。

（三）建设省级未来乡村社区

一是继续深入推进越城区鉴湖街道坡塘村、柯桥区漓渚镇棠棣村、柯桥区湖塘街道香林村、上虞区岭南乡东澄村、诸暨市枫桥镇杜黄新村、嵊州市崇仁镇温泉湖村、新昌县澄潭街道梅渚村7个省级未来乡村，主要聚焦未来产业、风貌、文化、邻里、健康、低碳、交通、智慧、治理等场景，着力构建引领数字生活体验、呈现未来元素、彰显江南韵味的乡村新社区。

二是推进乡村新社区建设增点扩面，重点在两区交界、城乡接合等地加快打造一批彰显乡土味、乡亲味、乡愁味的示范性乡村新社区，更好推动区域联动发展和城乡融合发展。比如，柯桥区湖塘街道香林村毗邻国家4A级大香林—兜率天景区，致力于深挖桂禅文化、打造景村融合的旅游村庄；诸暨市枫桥镇杜黄新村拥有雄厚的文化底蕴，依托千顷良田、十里荷花等资源，建设以杜黄新村为核心的田园综合体，实现旅游品牌化发展；新昌县澄潭街道梅渚村拥有明清传统建筑、"梅渚十番"文化遗产、竹编民间工艺等，是一座"开放的露天博物馆"，致力于打造江南民俗文化体验地。

（四）塑造文明乡村

一是加强社会主义精神文明建设和农村思想道德建设，积极打造新时代文明实践中心，推进农村移风易俗，推动形成文明乡风、良好家风、淳朴民风。

二是坚持和发展新时代"枫桥经验"，推进"四治融合"实体化运作，搭建群众议事平台，实现村里事情"大事一起干"、邻里矛盾"好坏大家判"、村民困难"事事有人管"，走好乡村善治之路。

三是突出绍兴味、乡土味、人情味，将文化融入乡村方方面面，鼓励文化创意企业入驻，专业化、个性化培育打造乡土文化IP，使文化成为绍兴乡村最鲜亮底色、最鲜明特色。

比如，越城区唱好"三部曲"推进乡村振兴：一是深耕文化内涵，彰显乡村特色，挖掘"祝福""社戏"等文化场景融入乡村景观；二是提升环境颜值，擦亮乡村底色，解决一批人居环境"老大难"问题；三是厚植产业沃土，赋能乡村建设，实施"花筑未来村""漫村"等整村开发项目。

再比如，作为全国文明村，上虞区丰惠镇祝家庄是英台故里，有其独特的历史文化资源，围绕"美丽乡村建设"要求和"全域景区化"目标定位，重点做好打通水系经脉、优化道路系统、营造主题片区、创建特色景点四个方面，先后完成了"3A"重点村、精品村建设项目，投资53.4亿元的"春风蝶语·英台故里"乡村版度假型未来社区项目正在建设中，逐步营造梁祝旅游风情小镇。

第四节 经验总结

一 由政府单方面决策向居民需求推动决策改变

人居环境是和老百姓日常生活密切相关的主题，老百姓对于人均环境的品质有最直接的感受和最深切的体会。然而，长期以来人居环境的建设、升级，主要是政府单方面研究决定并实施，老百姓的话语权较为有限。这可能与沟通的条件和手段不足密切相关，但也与观念相关。通过绍兴的经验来看，谋划社区人居环境升级的项目、场景，首先应当分析当地居民的实际需求，以需求来决定供给，才能保障建设的项目、场景满足实际的需要，发挥实际的作用。

二 由行政管理向管用分离、政府与市场相结合模式转变

人居环境涉及的内容繁多，主要包括居住条件、生态环境质量、基础设施建设、公共服务建设四个方面。从绍兴的经验来看，大部分项目的难点在于建设，但更在于运维。在以往政府包干为主的模式下，大部分项目运维处于公益性、无竞争状态，既无法调动运维方的积极性，同时也会因为免费提供而造成居民缺乏爱护和长期使用的心态。据此，可参照绍兴的经验，对部分运维成本较高的项目和服务，收取一定的费用，用于支持市场化运营。

三 由单点建设向体系化升级转变

长期以来，对于社区人居环境的提升，主要是以部门条线为主推动，主要集中在物理设施，比如推动路网改造、厕所升级、电信设施覆盖等。绍兴在推动人居环境升级上，主要将未来社区作为载体，体系化地提出要以人本化、生态化、数字化为价值导向，重点构造九大场景，打造具有归属感、舒适感、未来感和绿色低碳可持续的新型城市功能单元。通过这种系统性的推进建设，居民更有可能体验到可感知、可享受的幸福感。

四 由硬件升级向服务提供、文化赋能转变

人居环境虽然多偏向基础设施等硬件，但本质上是居民对于居住舒适度的综合体验。在绍兴全域未来社区建设中可看到明显的三级建设体系。第一级是将交通、建筑、环境等基础设施的建设作为基本点。第二级是构筑生活圈，比如5分钟、10分钟、15分钟服务圈和30分钟功能点等，为居民提供覆盖日常基本需要的服务需求，包括教育、健康、创业、购物等。第三级则是以传统文化底蕴为基础，

深挖文化特色，打造文化 IP，并作为提升知名度、打造影响力的主要路径，比如祝家庄倾力打造的梁祝 IP 等。通过综合硬件升级、服务提供、文化赋能等，不仅打造了可持续的高质量人居环境，更挖掘出居民共富的关键路径。

五 由实体化建设向数智治理和机制创新转变

数字化改革不仅适用于大范围、大场景，在更小的单元，比如社区，其实可以得到更明确，也更精准的运用，这也是绍兴推进建设未来社区的重要经验。这种数智治理模式，是对社区各项硬件、软件资源的集中式、智能化管理，既可以提升资源的使用效率和运维水平，同时也可运用于社区的基层治理，作为基层与居民直接沟通、有效反馈的重要载体，保障各项工作的开展更为顺畅。更进一步地，从以前的政府要做，变为居民要做、配合政府做的新治理格局。

六 由科层制管理向居民共治转变

从全国情况看，社区层级普遍存在工作人员力量不足的问题。作为基层智治单元，绍兴部分社区的做法显示，在党建统领的前提下，将社区的相关事务按区块、条线分别划片分区，各片区都可吸纳本地居民加入作为辅助管理人员，可有效促进形成社区事情"大事一起干"、邻里矛盾"好坏大家判"、居民困难"事事有人管"的社区善治局面，可作为一种既有效率，又可满足居民需求的有效探索。

第五节 未来展望

一 进一步以居民实际需求为导向，深挖人居场景

未来社区的"三化九场景"是一个较为完善和综合的体系，具体到各个不同的社区，仍然有着明显不同的具体落地应用。在以数字化改革为指引的话语体系下，人居环境的提升仍然需要进一步的

精雕细琢。一是严格遵循三张清单的做法，通过分析需求清单，实地准确掌握本地化的居民人居环境需求；以需求清单指导场景清单，以场景的建设来推动实现需求的满足；最后以场景的建设、使用来取得改革的突破。二是进一步摸准摸透居民的实际需求，从居住条件、生态环境质量、基础设施建设、公共服务建设四个方面，分别深化细化，将场景建设的重心前移至需求分析。

二 进一步降低建设和运维成本，增进可持续化水平

在现阶段的未来社区建设中，仍存在建设和运维成本偏高的问题，可能会对可持续发展造成影响，需提前加以考虑和应对。一是考虑社区组团发展，在市场化运营为主导的模式下，社区组团发展可取得规模化的优势，降低单位成本。二是考虑社区功能模块化建设和更新，在整体建设框架保持不变的前提下，把相关功能尽可能模块化，一方面可以减少单次更新升级的成本，另一方面也可将这些功能模块在其他社区进行复用，进一步降低成本。三是考虑在更大范围探索居民共治，居民参与共同讨论、共同决策的范围越大，对于成本的理解性和可接受性也将得到强化。

三 进一步完善三级建设体系，打造未来社区建设典范

"三化九场景"虽然内容较为全面，但缺乏区分轻重主次的优先级，这可能造成未来社区建设一哄而上，带来相关项目建设资源的浪费，难以形成有效的借鉴经验。为此，有必要以三级建设体系为核心，构建新型的未来社区建设框架体系。一是分别厘清基础设施建设、公共服务和功能提供、文化底蕴挖掘的内涵，梳理形成典型案例，为地方提供参考。二是梳理实现三级建设体系必需的相关支撑和保障体系，以指导地方相关具体工作的开展，明确需要争取的重点政策。三是加强未来社区之间的沟通交流，以案例学习、现场调研等方式加强相互借鉴，做到取长补短。

第十三章　杭州：数字经济赋能绿色发展

2021年，浙江数字化综合发展水平居全国31个省（区、市）第一位。① 作为浙江数字经济的领军城市，杭州明确提出打造"全国数字经济第一城"，坚持数字创新驱动，以数字化改革为牵引，以科技创新为核心动力，以打造智能物联产业生态圈为重点，持续创新人工智能、跨境电商、智慧城市等应用场景，为高水平推进共同富裕幸福杭州建设、奋力打造世界一流的社会主义现代化国际大都市提供强大引擎。依托数字经济优势，杭州自2010年成为全国首批低碳试点城市以来，积极践行绿色低碳发展，围绕产业结构和能源结构优化调整，深入开展工业、交通等重点领域节能减排和能效提升工作，碳排放强度明显下降，以数字经济为特征的低碳转型已走在全国前列。

第一节　杭州概况

杭州地处长江三角洲南翼、杭州湾西端、浙江东北部，是华夏文

---

① 国家网信办组织有关单位，结合国务院办公厅电子政务办公室、国家统计局、工业和信息化部、科技部、教育部、农业农村部、人力资源社会保障部、国家卫生健康委、交通运输部、中共中央党校（国家行政学院）、中国互联网络信息中心（CNNIC）等部门和机构的统计数据和评价指数，开展了2021年发展水平评估工作并发布了《数字中国发展报告（2021年）》，重点评估了省（区、市）在数字基础设施、数字技术创新、数字经济、数字政府、数字社会、网络安全和数字化发展环境等方面的数字中国发展水平。

明发祥地，中国著名的七大古都之一，已有2200多年历史，素有"人间天堂"之美誉，被13世纪意大利旅行家马可·波罗赞叹为"世界上最美丽华贵之天城"。今天，杭州已成为浙江省会和经济、文化、科教中心，2021年经济总量位居全国省会城市第三、副省级城市第四、全国大中城市第八，人均生产总值相当于世界排名第四十位左右的国家或地区，达到高收入国家水平，连续15年获得"中国最具幸福感城市"桂冠，并获得最具国际影响力十大城市、中国十大创新城市、中国十大智慧城市、新时代数字治理标杆城市、国家级服务型制造示范城市等系列殊荣。杭州属亚热带季风性气候，生态资源得天独厚，山水相依、湖城合璧、风景如画，森林覆盖率达66.9%，居全国省会城市第一位，是国务院确定的重点风景旅游城市和历史文化名城。杭州拥有中国南部沿海地区最大的水库——新安江水库和世界上最长的人工运河——京杭大运河杭州段，以及西湖、富春江—新安江两个国家级风景名胜区，千岛湖、大奇山、午潮山、富春江四个国家森林公园和天目山、清凉峰两个国家自然保护区。

杭州在全国率先布局数字经济，根据赛迪顾问发布的全国"2022数字经济城市发展百强榜"①，杭州位列第四，且已经连续多年稳居数字经济一线城市。依托数字化优势和手段，持续加强数字赋能绿色发展，从政府侧数字化管理和市场侧数字经济培育两方面着手，积极推进能源数字化、减污降碳协同增效管理和数字低碳应用场景建设，助力企业数字化转型，培育出一批以数字化为主业、具有杭州辨识度的数字化龙头企业。2022年前三季度，杭州数字经济核心产业对经济发展支撑作用进一步提升。② 近年来，杭州以习近平

---

① 据中国工信产业网，工信部中国电子信息产业发展研究院直属机构赛迪顾问发布"2022数字经济城市发展百强榜"，浙江有8个城市入围，依次为杭州、宁波、温州、绍兴、嘉兴、金华、台州、湖州。https://www.cnii.com.cn/gxxww/rmydb/202212/t20221205_432657.html。

② 据杭州市统计局、杭州市社会经济调查队，2022年前三季度，杭州全市数字经济核心产业制造业增加值872亿元，增长9.3%，占规模以上工业的比重由上年同期的26.3%提高到27.6%。http://tjj.hangzhou.gov.cn/art/2022/11/2/art_1229279240_4099425.html。

总书记关于发展数字经济系列重要讲话精神为遵循，坚决贯彻落实党中央、国务院和省委、省政府发展数字经济的决策部署，全面实施数字产业化、产业数字化、城市数字化"三化融合"，打造"全国数字经济第一城"，为全省、全国数字经济发展探路试点。在中国共产党杭州市第十三次代表大会上，杭州更是提出"奋进新时代、建设新天堂"的历史使命，并将发挥数字化改革的牵引作用和数字经济先行作为重要路径，旨在通过数字赋能能源、工业、建筑、交通、农业、居民生活等重点领域，做强绿色环保战略性新兴产业集群，大力推动能源结构调整，推动形成绿色文明的健康风尚。

第二节 杭州数字经济政策与实践历程

回顾浙江实践，从改革开放至 2017 年底提出数字经济"一号工程"，浙江数字经济的发展大致经历了起步期（1979—2003 年）、突破期（2004—2012 年）、示范期（2013—2017 年）以及深化发展期（2018 年以来）四个阶段。2002 年，浙江省第十一次党代会作出了建设"数字浙江"，全面推进现代化建设的重大决策。2003 年 9 月，浙江省政府出台《数字浙江建设规划纲要》，在该纲要中明确提出要以信息化带动工业化，以工业化促进信息化，实施走新型工业化道路的发展战略，使信息化、工业化、城市化、市场化和国际化的进程有机结合，这为浙江数字经济发展提供了系统性指导。

在此背景下，杭州抢抓机遇，提出"信息港"建设，旨在成为浙江数字经济先发城市。2002 年，杭州高新区与滨江区在管理体制上合而为一，区域范围扩展到钱塘江沿岸 70 多平方千米区域。2003—2005 年，时任浙江省委书记习近平同志四次到杭州高新区调研，并强调要把信息产业作为浙江结构调整和增长方式转变的一个重要突破口。为此，杭州高新区认准"高"和"新"的产业发展方向，逐步构建以信息经济为核心的现代产业体系，形成了一条从关键控制芯片研发到通信设备制造、工业软件、物联网系统集成，再到终端电子商务、网络运营服务直至大数据、云计算等各种应用服务的网络信息全产业链体系，成为浙江数字经济实践的重要缩影。2008年5月29日，中国电子商务协会正式批复了杭州市政府有关申请，决定授予杭州"中国电子商务之都"称号。

2013年前后，杭州面对中国"三期叠加"的宏观经济环境，面临着土地紧缺、劳动力成本上升、环保监管趋严等问题挑战，曾高速增长的传统制造业、商贸业进入发展瓶颈期，陷入增速下行、效益下滑、动能下降的困局。从统计数据看，2013年全市实现地区生产总值8343.52亿元，比上年增长8.0%，增速在全国副省级及以上城市（再加苏州、无锡）里仅排在第19位；第二产业增加值增速7.4%，落后于整体经济增速；民营经济生产总值占全市比重为59.5%，比上年回落0.2个百分点，杭州经济亟须寻找下一个强力增长点。

2014年7月，杭州市委、市政府通过深入调研和审慎谋划，在市委十一届七次全会上作了题为"以发展信息经济和智慧经济为突破口，建设美丽中国先行区，推进高起点上新发展"的报告。报告明确提出，支持以新一代信息技术为重要支撑、以智慧产业化和产业智慧化为重要内容、以扩大智慧应用和信息消费为重要导向、以信息化与工业化深度融合为主要表现形式的信息经济和智慧经济快速发展，尤其是集智慧产业和智慧应用为一体的新经济形态，已成为信息经济、智慧经济发展的主导方向和核心内容，给人类社会的生产方式和生活方式带来了深刻变革。发展信息经济和智慧经济，已成为杭州加快经济转型升级、实现生态美的必然选择，促进生态环境改善、实现生态美的根本途径，提升群众生活品质、实现生活美的客观要求，建设智慧城市、完善城市治理体系的重要手段。本次全会还审议通过了《关于加快发展信息经济的若干意见》，为杭州数字经济发展擘画了清晰的"路线图"，提出到2020年要力争建成国际电子商务中心、全国云计算和大数据产业中心、物联网产业中心、互联网金融创新中心、智慧物流中心、数字内容产业中心"六个中心",将数字经济作为新的"一号工程",指明了杭州经济发展方向。

在"一号工程"的引领带动下,杭州数字经济在第一年就激发出前所未有的新动能。2014 年,杭州数字经济实现增加值 1660 亿元,增长 20% 左右,占全市 GDP 的 18% 以上。其中电子商务产业增加值 560.25 亿元,增长 30.1%,增速居各产业之首;信息软件、物联网等重点领域快速增长,增加值分别达 912.05 亿元、242.22 亿元,增长 18.2% 和 15.9%。得益于数字经济的强有力驱动,2014 年,杭州 GDP 总量突破 9000 亿元,增长 8.2%,增速自 2010 年连续四年回落后首次回升。2015 年,杭州数字经济发展持续加速,增加值达到 2313.85 亿元,增长 25.0%,占全市 GDP 的 23.0%,比上年提高 4.9 个百分点,其中数字内容、电子商务、互联网金融和云计算大数据等增加值增幅分别达到 35.5%、34.5%、33.5% 和 29.6%,呈现全面爆发的发展态势。同年,杭州 GDP 增长高达 10.2%,增速时隔三年重返两位数,分别高于全国、全省 3.3 个和 2.2 个百分点,高于上年 2.0 个百分点,位居全省第一、19 个副省级以上城市第二。更重要的是,杭州由此大步迈过 GDP 万亿元大关,成为全国第十个跻身 GDP "万亿俱乐部"的城市。值得一提的是,2015 年 3 月国务院批复同意设立中国(杭州)跨境电子商务综合试验区,这也是国内第一个跨境电商综合试验区。同年 8 月,国务院批复同意杭州和萧山临江 2 个国家级高新区建设国家自主创新示范区。国家自主创新示范区的政策红利,助推杭州在数字经济和创新创业领域跑出"加速度"。

"十三五"时期,杭州市委、市政府顺应数字科技革命和产业变革的大势,不断迭代升级"一号工程"。2016 年 7 月,市委十一届十一次全会召开,提出要加快把杭州建成具有全球影响力的"互联网+"创新创业中心。同年,习近平主席在 G20 杭州峰会上说,"在杭州点击鼠标，联通的是整个世界"[①]。杭州是中国电子商务起步最早、发展最快的城市之一，也正是电子商务的发展让杭州数字经济跨入了新阶段。2018年10月，杭州打造全国数字经济第一城动员大会举行，提出要全面推进"三化融合"行动，将杭州建成具有国际一流水平的全国数字经济理念和技术策源地、企业和人才集聚地、数字产业化发展引领地、产业数字化变革示范地、社会数字治理系统解决方案输出地。2019年7月，市委十二届七次全会召开，提出要坚持数字经济和制造业"两手抓、两手都要硬"，形成数字经济和制造业高质量发展"双引擎"。2020年7月，市委十二届九次全会召开，提出要全力推进数字赋能新基建、新消费、新制造、新电商、新健康、新治理等"六新"建设，力争培育出下一个"黄金二十年"的新增长点。

伴随着信息经济进入数字化、智能化发展阶段，杭州以云计算、大数据、人工智能、区块链为代表的新一代信息技术不断成熟，数字安防、电子商务、云计算等产业集群优势不断凸显，阿里巴巴、海康威视、新华三、网易、大华等一批龙头骨干企业快速成长，电子信息、软件、互联网等全国行业百强企业数位居全国前列，斩获了一大批"国字号"招牌——从国家新一代人工智能创新发展试验区、人工智能创新应用先导区，到国家民用无人驾驶航空试验区、国家级服务型制造示范城市，再到区块链创新应用综合性试点、全国首批"千兆城市"等，始终为全省、全国数字经济创新发展探路先行。当前，在省委、省政府打造数字经济"一号工程"升级版决策部署下，杭州正以"铸就实体经济的铁柱钢梁、打造产业兴盛的新天堂"为目标，加快构建以数字经济为核心的现代化经济体系，勇当数字经济的开路先锋，助力浙江共同富裕先行和省域现代化先行。

[①] 杭州师范大学杭州城市国际化研究院编著：《杭州城市国际化发展报告（2019）》，人民出版社2020年版，第71页。

第三节 杭州数字经济赋能绿色发展的主要做法和成效

作为新一轮科技革命和产业变革的重大机遇和战略选择，数字经济有助于推动发展方式转变、加快新旧动能转换、助力产业结构优化升级、抢占全球竞争优势、实现绿色低碳转型发展。近年来，杭州深入实施数字经济"一号工程"，数字经济发展取得显著成效，呈现"新一代信息技术蓬勃发展、产业结构优化升级、新经济取得重大突破"态势，并成为杭州高质量发展主引擎、转型升级主动力、创新创业主阵地，以及城市治理现代化和提升民生福祉的重要支撑。据统计，2021年，杭州数字经济产值超过1.8万亿元，占浙江全省总产值的50%以上；数字经济核心产业增加值为4905亿元，占全省的58.8%，增长11.5%；数字经济核心产业增加值占GDP的比重为27.1%，较上年提高0.5个百分点；数字经济产业链企业数量超过7万家，占全省总量的48%；数字经济领域授权发明专利在全省占比超72%，产业融资金额占全省的78%。同时，杭州深化"数智杭州"建设，上线15个市级重大多跨场景，"民呼我为""亚运智汇"入选浙江数字化改革重大应用清单，连续两年在重点城市网上政务服务能力评估中排名第2位，在全国首创健康码和"亲情在线"，着力构建"城市大脑+运行指挥+N"的精密智控指挥体系，持续擦亮"城市大脑"的城市金字品牌。杭州已成为浙江数字经济产业高地，并协同宁波、温州、金华、嘉兴等地，积极抢抓元宇宙、区块链等数字经济产业发展制高点，浙江全省已形成数字经济与高端制造协同高效发展的良好局面。

数字经济的杭州实践主要有以下三方面特征：一是以政府数字化转型为先导。杭州将政府数字化转型作为推动数字经济发展的着力点和突破口，在为个体、企业提供便捷与个性化服务的同时，也为数字经济领域的"大众创业、万众创新"营造了良好的发展环境。二是以传统产业数字化为支撑。杭州传统制造业和服务业占比高、惯性大，通过推动互联网、大数据、人工智能和传统实体经济深度融合，实现了产业新旧动能转换和供给侧结构性改革。三是以激发微观主体活力为目标。从杭州实践来看，数字经济发展历程是新型创业人才、创新企业不断涌现的过程，也是市民数字生活新服务不断丰富完善的过程。数字经济在推动现有生产和生活模式转型升级的同时，通过数字技术手段赋能以节能减排为核心的绿色发展，持续提升经济社会运行效率。从杭州数字经济赋能绿色发展来看，主要有以下做法和成效。

一　强化数字经济政策，支撑绿色发展

一是持续完善顶层设计，增强引领作用。作为杭州深入实施数字经济"一号工程"的标志性文件，2021年12月31日发布的《杭州市数字经济发展"十四五"规划》为全市数字经济发展提供了路线图。其中，明确将推动制造业高端化、智能化和绿色化新发展作为深化产业变革的重要任务，并突出要在加强数字经济基础设施建设过程中，引导相对高耗能的数据中心向集约化、智能化、绿色化方向布局发展，为数字经济发展过程中可能造成高能耗高排放的具体路径提供了绿色解决方案。

二是突出重要数字领域，夯实产业基础。杭州围绕智能物联、跨境电商等数字经济重要产业领域，出台具有针对性的产业政策。2022年，印发《杭州市产业链链长制实施方案（2022—2025年）》，以"加快打造2万亿数字经济产业生态圈和智慧制造万亿产业生态圈，努力构建具有国际竞争力的现代产业体系"为总体要求，围绕建设智能物联、生物医药、高端装备、新材料和绿色低碳五大产业生态圈，着力打造视觉智能、集成电路、药品、智能装备等重点产业链，通过实施产业链链长制促进数字经济重要领域和绿色低

碳产业协同发展。例如，杭州2022年出台的《杭州市智能物联产业政策实施细则》，从培育壮大链主企业、保障链主企业用地空间、支持关键核心技术攻关、支持智能终端首台（套）、加大产业基金支持、加大综合金融服务支持、支持重大数字新基建项目七个方面提出了具体的政策举措，以智能物联产业政策助力"万物互联"绿色行动。又如，出台《关于促进杭州市新电商高质量发展的若干意见》，主要围绕壮大新电商产业生态、构建新型产业链体系和打造全方位要素保障体系等出台17条具体政策，让"买全球、卖全球"更加绿色高效。此外，杭州首次发布《数字农业培育发展三年行动计划》，将集成大数据、区块链、5G、人工智能等农业数字化前沿技术，重点打造一批科技含量高、品质效益好、辐射带动强的数字农业示范项目，推动数字农业发展处于全省领先水平，在率先推进共同富裕上取得更多标志性成果。杭州数字农业建设重点集中在"一脑三场"，分别是农业产业大脑和数字农场、数字渔场、数字牧场。预计到2024年底，杭州将建成10个以上的农业产业大脑，同时以种植业、畜牧业、渔业为重点产业，新建综合示范型未来农场10家以上，建成特色提升型未来农场30家以上，培育一批数字农业龙头企业。

三是明确区域主体责任，确保落地见效。杭州各区县结合各自数字经济发展实际和特色，明确了绿色发展的重点任务。例如，萧山区在《杭州市萧山区数字经济发展规划纲要》中提出，要将湘湖（未来智造小镇）打造成为绿色科技轻制造发展前沿，提出了重点发展数字经济技术密集的研发轻制造、重点发展智能制造机器人、关键零部件及解决方案集群等科技赋能绿色低碳发展的重点任务；西湖区印发《关于促进数字经济发展推动产业转型升级的扶持意见（试行）》，鼓励企业转型升级，深入推进"工厂物联网"和"工业互联网"试点示范，鼓励发展工业循环经济、节能降耗的绿色环保型企业；下城区在《关于促进数字经济产业发展的实施意见》中，鼓励加大数字经济研发投入,支持数字经济楼宇、园区建设,对具备集约化、规模化等特征的绿色企业、楼宇和园区进行奖励。

二 深化数字治理改革,加速绿色发展

一是构建"产业大脑+未来工厂"的数字经济系统。紧扣数字化重塑和"一二三产"竞争力提升,加快建设以"产业大脑+未来工厂"为核心的数字经济系统,推动数字技术与实体经济深度融合的产业数字化,积极探索数字化改革引领低碳转型。杭州有序推进生物医药、数字安防、化纤、快递等分行业产业大脑建设,衍生出一批面向产业链生态、新智造应用、共性技术等应用场景,赋能产业高质量发展。目前,杭州主导参与省揭榜挂帅和示范试点场景共19个,涌现出"一键找园""时尚E家"等一批具有杭州辨识度的特色应用。具体来看,在化工、建材、纺织印染等流程型工业,推动关键工艺装备智能感知和控制系统、制造流程多目标优化、经营决策优化等关键技术突破,实现生产过程物质流、能量流等信息采集监控、智能分析和精细管理。根据全省统一部署,及时推进"碳效码"应用,对工业碳排放实施动态监测,实施重点行业企业碳效评价和碳效分级标识,探索企业节能减碳技术改造、绿电交易、绿色金融和绿色体系建设等场景应用。强化数字用能监管,将年能耗5000吨标煤以上企业全部纳入重点用能单位在线监测系统,实施动态监测,强化常态化监管。

二是构建"多跨协同+直达快享"的政策普惠系统。依托"亲清在线"平台,杭州各级财政协同主管部门全面梳理现行有效的惠企政策,深入破解惠企政策获取渠道少、知晓度不高等难题,分属地、分批次将除涉密等特殊情况外的所有惠企政策动态更新上线,形成惠企政策"大菜单",推动政策切实落地,由"政府端菜"向"企业点菜"转型。截至目前,已累计上线杭州各项惠企政策2078项;依托城市大脑,打通税务、社保、市场监管等部门数据壁垒,充分运

用云计算、大数据、人工智能等数字技术，完成惠企政策从申请到兑现的全流程整体再造，实现信用承诺、数据审核、瞬间秒兑，以"零材料、零人工、零时限、零纸质、零跑次"的"五个零"跑出惠企政策落地兑现的杭州"加速度"，确保助企惠企政策发挥最大最快最优的效果。同时，坚持"早退""快享"，加快现有可退增量及存量留抵税额退税速度，2022年上半年，杭州累计完成留抵退税401.8亿元，居全省首位，惠及市场主体6万余户，以"真金白银"为企业纾困解难；依托"政府采购支付数字预警监控平台"，支持供应商线上发起付款申请和提交发票，采购单位需及时审核确认并完成资金支付，供应商可在线查询支付信息，实现由"管合同"向"管数据"、由"企业催"向"系统催"、由"重完结"向"重时效"的转变，破解供应商"催款难"顽疾，加快政府采购政策落实落地，快享优享。通过综合应用各类数字政策普惠系统，杭州有效推动各类政策更加快捷精准惠企惠民，让数据多跑路、让群众少跑腿，有效减少群众和企业不必要的交通通行能耗、各类纸质材料相关的碳排放。

三是构建"智慧便捷+绿色安全"的民生保障系统。杭州城市大脑已成为深度链接和支撑数字经济、数字社会、数字政府协同联动发展的城市数字化治理综合基础设施，建成了11大系统、48个应用场景，开启了城市数字化治理新篇章。《中国城市数字治理报告（2020）》显示，杭州数字治理指数位居全国第一，获评"新时代数字治理标杆城市"称号。通过协同政府、社会、企业等多源数据，应用多种智慧算法技术，让城市感知更为敏锐，精细化、智慧化治理能力直达城市末梢，为群众提供更多贴心服务。在治理交通拥堵方面，杭州龙井村景区利用"便捷泊车"和"数字公交"综合赋能，有效破解了龙井村景区长期的拥堵难题；在改善就医停车难方面，杭州上城区着力打造"会思考的街区"，穿透多部门、多主体数据，通过建模、炼模、优模，做到"交通服务从挂号开始"的全链条、

"傻瓜"式的智慧化服务。以地处闹市、毗邻西湖的杭州市第一人民医院为例，周边车辆平均等候时间已从 90 分钟缩短到最短 3 分钟。此外，城市大脑"先看病后付费""先离场后付费"等符合民生高频需求的应用已在全市多个场景落地。目前，杭州正在建设城市大脑 2.0 智慧交通场景，将建设"智慧规划、智慧交管、智慧公交、智慧地铁、智慧物流、智慧停车、智慧慢行"七个子场景，打造畅通、安全、便捷、高效、绿色的城市交通。通过一系列民生保障数字化应用，有效提高社会效率、降低等待过程产生的能耗和碳排放。

三 厚植数字经济动能，激活绿色发展

一是数字经济为农业绿色发展提供新路径。杭州依托数字化技术手段，推动各类农场、渔场、牧场实现无人化、少人化和水肥控制精细化，最大限度地节约农业人力和资源消耗，实现农业绿色高质量发展。例如，数字农场配备更多自动化育苗设备、无人机等植保作业装备、流水线加工作业设备、采收分拣作业装备和巡检运输机器人、收烘加工等智能农机装备；数字牧场建设标准化、工厂化养殖设施，配备先进的自动喂料、自动供水、自动环控、自动巡检、自动清污、自动集蛋（蛋鸡）、自动挤奶储运（奶牛）等智能设备，全程或关键环节实现机械化、自动化、标准化饲养和管理。

专栏 13-1 数字化技术赋能农业种销一体化发展

杭州进化镇华家垫村引进的一家现代农业企业——浙江阳田农业科技股份有限公司，通过随水施肥智能控制装置将高效肥料配方、用量、滴灌时间进行全过程控制，形成一排排整齐划一、

让人眼前一亮的草莓高架无土栽培设施。同时，还带动进化镇农户积极应用互联网，推动了进化镇青梅、杨梅、草莓、番茄等特色农业线上线下"新零售"业态的形成。数字化水肥控制技术有效推动了农业种植和销售的一体化绿色发展。

（资料来源：《进化：数字经济赋能绿色振兴》，萧山政府网，http://www.xiaoshan.gov.cn/art/2018/12/11/art_1302907_27039275.html。）

专栏13-2　数字化技术实现水肥智能感知

杭州临安太湖源镇雷笋产业种植大户林汉良面临竹林退化问题时，成功找到了退化竹林的数字化改造良方，通过对退化竹林实施测土配方改造，退化的竹林恢复肥力和生机，每亩雷笋增产1000斤。他把数字化技术导入"陆空"两个维度——把一辆厢式货车和无人机分别改造成了移动土壤医院和测土配肥直通机，上面安装了土壤检测设备、物联网感知设备、移动气象站等，加装了大数据、云计算等功能。谁家需要"土改"，就开车上门服务。对面积比较大的竹林，则出动无人机作遥感侦察，一片竹林哪里缺水、哪里缺肥、缺什么肥，都可以边飞边施治。

（资料来源：《临安绿色产业推动绿色共富》，杭州日报网，https://mdaily.hangzhou.com.cn/hzrb/2021/10/11/page_list_20211011.html#page1。）

二是数字经济为制造业绿色升级提供新动能。杭州通过夯实5G、数据中心、工业互联网等数字新基建，加快推进人工智能、区块链、虚拟现实、元宇宙等新技术、新产业发展，催生出一大批新业态、新模式、新场景，持续激发杭州制造企业绿色升级动能。杭州大力实施"新制造业计划"，经过多年实践，助力企业走出了一条从机器换人、工厂物联网、企业上云到"未来工厂"的智能制造之路。通过数字赋能打造一批更聪明、更智慧的未来工厂，是重要的实现路径之一。2021年，杭州全面启动"未来工厂"建设，大力培育聚能工厂、链主工厂等五类未来工厂，推进企业组织形态变革重构。此外，杭州还始终把发展新一代人工智能作为建设"数字经济第一城"和"数字治理第一城"的重要内容，相继获批国家新一代人工智能创新发展试验区和国家人工智能创新应用先导区，在人工智能科技产业城市（不包含直辖市）竞争力评价指数中排名全国第二。杭州人工智能产业基本覆盖了基础层、技术层和应用层三个层面，形成了从核心技术研发、智能终端制造到行业智能化应用的完整产业链，集聚了全省36%的人工智能核心企业，为产业发展、公共治理、民生服务等领域构建绿色低碳应用场景提供强大智能技术支持。

专栏13-3　数字技术助推共享新制造

"犀牛智造"工厂是阿里巴巴打造的全球首个新制造平台，于2020年9月在杭州临平正式投产。如果将订单批量大、生产周期长的传统服装厂比作笨重的大象，那么专接小订单、即卖即生产的"犀牛智造"工厂则是快跑的犀牛。运用云计算、物联网、人工智能技术，"犀牛智造"工厂的运转效率，达到行业平均水平的4倍，可实现100件起订，7天交货。在这座高度数字化的工厂里，每块面料都有自己的"身份ID"，进厂、裁剪、缝制、出厂每个环节可跟踪；产前排位、生产排期、吊挂路线，都由AI机器来作决策；以往须清点物料和检查排期才能确定的工期，在"犀牛智造"工厂一键即可得到秒级回复。该工厂主要接小单、急单，90%的客户都是中小商家，尤其是淘宝天猫上的新品牌，旨在让中小企业从繁重生产中解脱出来，让创业者专注自身优势和业务创新，使其具备与大企业竞争的关键能力。通过小订单集约化、定制化、智能化生产，通过提升能源使用效率和时间效率，有效减少了不必要的能耗和碳排放，并有利于废弃物集中循环利用。

（资料来源：《犀牛智造 CEO：不敢轻言赋能制造业，关起门做三年是为了稳》，澎湃新闻，https://www.thepaper.cn/newsDetail_forward_9204870；《犀牛智造：探索未来制造之路》，阿里研究院，http://www.aliresearch.com/ch/information/informationdetails?articleCode=310306 192717123584&organName=null&type=%E6%A1%88%E4%BE%8B&special=%E5%88%9B%E4%B8%9A%E5%B0%B1%E4%B8%9A&parameter=null。）

专栏 13-4 数字技术助推共享新制造

在杭州临平区西奥电梯"未来工厂"，50 余条数字生产线同时开动，生产线从上料到下线实现 24 小时全自动运行，最快 2 分钟一台电梯的主要零配件就能全部完成。同时，首创应用"数字孪生"黑科技，感知生产过程中的瑕疵故障，实现产品从原材料、加工、装配、装箱到发运品控"一码追溯"全数字化溯源，不仅能 1 分钟快速选型报价、秒级订单响应，还能实现各类型尺寸电梯的个性化定制。这个累计投入数十亿元打造的未来工厂，结合 5G、AI 等前沿技术，信息化率近 100%，实现全面在线质量监测，生产效率提升50%以上，单台（套）电梯生产水电气综合能耗下降33%，达成制造效率、产品品质层级、绿色环保多重提升，实现大规模个性化定制、产业链网络化协同和制造业服务化三大模式。

（资料来源：《探访西奥电梯未来工厂，制造一台电梯只需2分钟》，杭州经信公众号，https：//mp.weixin.qq.com/s?__biz=MzA5MzgyNzcxMg==&mid=2650010872&idx=3&sn=65f6770b44fa32a8c5fde6a78e02172f&chksm=8850b317bf273a013b5079e14246cab4be5dac5e2dea818ed32ee2bcaefdf9af13710de2ccb1&scene=27。）

三是数字经济为城市生活服务绿色转型提供新方案。近年来，杭州数字经济服务企业主体呈现快速增长和区域集聚趋势。目前，杭州已集聚各类数字工程服务商超800家，覆盖智能硬件、网络设施、云服务和大数据等领域。以杭州滨江高新区为例，已集聚了华为、海康威视等一批数字经济领军企业，以全市0.5%的土地面积创造了10.4%的地区生产总值。随着数字经济的规模化，互联网流量价值可转化为经济价值和生态价值，为绿色消费提供技术储备和产品应用激励。借助数字技术开发绿色消费产品、打造绿色消费平台，通过共享出行、无人驾驶、移动支付等数字化技术应用优化资源配置效率，并量化消费行为及其对环境产生的影响，不断增强大众绿色消费的参与度和获得感，驱动越来越多的人加入低碳消费、低碳生活行列，从而形成全民参与绿色消费的行动自觉。

专栏13-5 蚂蚁森林绿色能量

蚂蚁森林是由蚂蚁集团发起的一项"支持生态建设、倡导低碳减排"的公益项目。该项目从2016年在支付宝上线至今，持续向公益机构捐资参与生态建设,通过"看得见的绿色"激励公众在日常生活中以绿色出行、减纸减塑、在线办事、循环利用、节能降耗等低碳行为积累"绿色能量"。同时,可以将"蚂蚁森林"里的虚拟树种在真实的沙漠中,在此基础上打造的绿色农产品,可以带动当地生态旅游业发展,提高农牧民的经济收入。截至 2022 年 8 月,蚂蚁森林已累计见证了 6.5 亿人的低碳生活,产生的"绿色能量"超过 2600 万吨。"蚂蚁森林"的生动实践表明,数字技术让低碳生活更有激励、让低碳公益变得简单,实现了将"绿水青山"向"金山银山"的成功转化。不断攀升的绿色消费需求引致生产绿色转型,有利于加速释放巨大的经济红利和生态红利,实现经济发展与环境保护的双赢。

(资料来源:蚂蚁集团官网绿色低碳板块,https://www.antgroup.com/esg/lowcarbon。)

专栏 13-6 "虎哥回收"再生资源回收

"虎哥回收"创建于 2015 年,主营业务是回收垃圾,并利用回收垃圾等废弃资源循环再造高技术产品,实现"变废为宝"。历经 7 年的发展,已经成为浙江省再生资源回收利用领域的龙头企业。近年来,"虎哥回收"积极响应国家循环经济体系和"无废城市"建设的目标,以标准化的模式逐步在浙江省内铺开。目前,虎哥回收已经建立了一条完整的收集、运输、分拣、利用的再生资源循环利用体系。在虎哥回收分拣中心,所有可回收物通过精细化分类,最终分离出废玻璃、废纺织品、废

> 塑料、废纸、废金属、废家电等，作为再生原料进入下游企业实现资源化利用，分拣出的有害垃圾则送往有资质的末端处置企业进行无害化处理。在具体操作时，虎哥回收依托数据信息技术，搭建再生资源的"互联网+生活垃圾+回收"立体服务平台，实现精准到户的生活垃圾分类信息统计。对用户而言，需要安装一个虎哥回收的手机 App 或者关注公众微信号，当用户发出上门回收的请求时，软件通过读取用户的手机 GPS 数据来获取用户当前所在的位置，然后这个信息和 GPS 的信息将会被传送到虎哥回收的系统平台，随后虎哥回收员就可以看到这个用户请求信息，并且根据用户当前的位置，分单给最近的回收车，并且通过地图规划出最近的上门路线，大约 30 分钟，虎哥回收车就上门了。数字化手段不仅有效破解了城市居民垃圾收运难的问题，而且实现了垃圾的清洁处理与循环利用。
>
> （资料来源：虎哥环境官网新闻资讯板块，http://www.hugehuge.cn/home。）

第四节　杭州数字经济推动绿色共富的路径与建议

一是深化以绿色共富为导向的数字经济新改革。杭州需持续做强数字化改革的基础底座，通过更为公平普惠、更加绿色低碳的数字化服务和优惠政策带动市场做大数字产业、助推企业应用数字技术，推动生产方式变革和产业升级。一方面，要持续建立和完善以 5G 通信网络、互联网、大数据、人工智能等为代表的数字技术基础设施，加强对经济类基础设施、社会类基础设施和生态类基础设施的数字化改造，增强数字基础设施改造过程中能耗效率、碳效率等绿色效率的监测评估，提升数字基础设施绿色化水平。另一方面，要善于运用互联网、云计算和大数据等智能化方式，进行绿色环保监督、环境绿色信息公开、基础绿色数据共享，构建绿色大数据决策的移动政务体系，形成互联互通的现代化数字治理格局。通过以上两条路径，杭州需进一步加强数字赋能共同富裕体制机制改革动能，将各类数字化服务统一纳入公共服务优质范围，持续增强多主体对数字化服务的共享共用渠道和能力，探索数字化技术、数字化手段在区域碳排放权交易、生态转移支付等市场化分配机制中的应用。

二是重构以绿色共富为底色的数字经济新产业。数字经济产业渗透广、网络性强、规模经济显著，应避免重复建设、抓住重点，减少数字经济产业发展过程中的环境影响。作为全国首批供应链创新与应用试点城市，杭州已确立了培育1—2个交易额万亿级、3—5个交易额千亿级的产业供应链体系目标，① 在此基础上，杭州需立足浙江"大湾区大花园大通道大都市区"建设，加快打造高效、绿色、低碳的新型现代数字供应链体系，构建市、区县、园区、工厂、产品"五位一体"的绿色制造标准体系，培养并创建以数字经济为特征的国家绿色工厂、国家绿色工业园区、国家绿色供应链管理企业、国家绿色设计产品等，主动构建传统产业与数字产业相融合、区域产业特色鲜明的数字经济产业集群。具体来看，应紧盯产业基础高级化和产业链现代化过程中的绿色低碳发展契机，创造更多的数字绿色就业岗位和创业机会，引导人力资源、物质资本、自然资源等要素向互联网、大数据、人工智能等重点领域集聚，需巩固壮大数字安防、信息软件、电子商务、通信设备、文化创意等产业集群，加快培育智能制造数字新产业集群，大力发展生命健康、区块链等未来产业。同时，合理有序调整数字技术产业集群的空间布局，构

---

① 《数字化改革带动协同效率提升全国供应链创新与应用示范看杭州》，杭州政府网，http://www.hangzhou.gov.cn/art/2022/2/22/art_1229243382_59050448.html。

建功能完善、辐射广泛、韧性安全的数字化块状经济格局，不断推动浙江数字经济向产业集群化、区域协调化方向发展，助力实现高质量创业就业、减少区域差距等共同富裕目标任务。

三是做强以绿色共富为方向的数字经济新主体。企业是技术和产品创新及其应用主体。一方面，积极培育数字技术龙头企业，鼓励其在丰富绿色消费产品种类、加强数字技术产品在消费群体中的舒适体验能力上下功夫，以更多优质的智能化数字产品满足并引领绿色消费需求。另一方面，加快推进小微企业数字化改造，引导云计算、5G、人工智能、物联网等技术手段在小微企业发展中的应用，推进"上云用数赋智"服务，着力推动中小企业开展深度云应用。鼓励小微企业开展智能生产线、数字化车间建设，培育支撑制造业高质量发展的"未来工厂"，推动工厂物联网和机器换人试点项目、智能化改造技术示范项目，引导各类主体的主营业务向绿色共富倾斜发展。通过"龙头企业创新+中小企业赋能"的方式，在应用数字化节能减排技术过程中，吸纳更多的中低收入人群就业，为共同富裕"提低"的重点任务提供支撑。

四是培育以绿色共富为特征的数字经济新生态。以产业数字化为主体，以数字产业化和城市数字化为两翼，全面培育以绿色共富为特征的数字经济新生态。明确数字经济重点发展方向，结合与制造业发展基础高度相关的条件，营造推动数字经济赋能绿色共富的良好氛围。借助数字技术打破传统企业面临的厂房、设备、交通等时空限制，加强上下游企业的合作与前后端产业的融合，实施数字经济的产业融合工程、产业链基础设施建设工程、产业样板示范工程和技术创新工程。具体来看，杭州应创新完善现代服务业发展政策体系，推动现代服务业进行数字化、标准化提升，推动服务业同先进制造业、农业深度融合，创建一批新型试点区域和企业，部署一流科研创新平台，支持产业共性技术研发，加强数字技术产业应用转化，努力构建信息共享、网络互联、平台互通的数字创新生态，减少生产端的资源消耗和消费端的污染排放，不断推动杭州数字经济向技术高端化、产品绿色化方向发展。此外，要借助数字经济独特优势，改善营商环境、营造发展氛围，促进数字经济与共同富裕重点任务的深度融合发展。

第十四章　绿色金融：驱动制造业转型升级的浙江实践

第一节　引言

党和国家历来高度重视制造业转型升级，在国家五年规划及制造业专项规划中均对此进行了顶层设计和系统部署。"十二五"规划指出，要优化制造业结构、促进制造业由大变强。"十三五"规划指出，要促进制造业朝高端、智能、绿色、服务的方向发展。"十三五"期间《中国制造2025》提出，力争通过"三步走"实现制造强国的战略目标，给出了中国制造强国建设高端化、智能化、绿色化、服务化的总体导向。"十四五"规划指出，要推动传统产业高端化、智能化、绿色化，发展服务型制造。特别是随着"双碳"约束性目标的提出，占我国碳排放总量半壁江山的制造业面临着艰巨且迫切的转型任务，作为市场重要参与方的制造企业不仅面临着ESG信息披露和内部治理安排等合规性要求，还面临着行业、市场、产品、社区的脱碳压力以及碳税等贸易壁垒，转型升级压力巨大。

资金缺乏是当前制约制造企业实现转型的重要因素。在绿色经济发展初期，企业绿色投资回报期长，融资成本较高，以及环境外部不经济等情况，使得企业在进行转型过程中缺乏资金的保证，企业宁愿采取旧的粗放式的生产方式，继续维持现状，也不愿意通过绿色技术的革新，推进企业实现绿色发展模式的转型，向集约型、可持续发展方式转变。长此以往，社会总需求量将下降，企业利润随产品价格的跌落普遍降低，致使企业内部缺乏足够资金，尤其是中小微企业，在自身面临资金缺乏的情况下，又面临着外源融资难的问题，企业在节能环保、绿色创新、降污减排上投入的资金更少，影响企业的绿色可持续发展。

在传统金融系统框架下，金融机构在为企业投资项目提供资金支持时，主要通过对项目的经济风险—收益状况进行权衡来判断和决策，忽视了投资项目产生的能源环境效应，导致绿色创新需要面对相较于其他技术创新活动更为严苛的资金约束。同时，环境规制标准的提升会对企业生产资金形成挤占，增加技术创新活动资金链断裂的风险，也增加了企业技术创新方向选择的复杂性，加剧了技术创新的失败风险，对技术创新活动的开展产生不利影响。这些因素叠加在一起，降低了金融部门为企业技术创新活动提供资金支持的行为意愿。

绿色金融是为应对日益严峻的资源环境压力应运而生的专门性金融制度安排。它强调金融部门在资金配置决策过程中需充分考虑与环境条件相关的潜在收益、成本和风险，促进经济社会长期可持续发展。绿色金融发展有助于为企业绿色创新项目提供强有力的融资支持。绿色金融发展框架下，通过考量项目潜在环境效应，绿色创新项目会得到较传统金融框架下更优的项目评价，从而使在传统金融框架下难以获得资金支持的绿色创新项目也能够获取所需融资，不仅能够为企业应对融资成本高、投资回报期长等难题提供有力支撑，也可以促进企业追加技术创新投入，加大绿色技术的研发力度，促进生产工艺绿色转型，提高企业整体生产率，为企业转型提供技术保障。此外，绿色金融政策通过资金配置、风险管控等方式从内部支持企业获得融资、分散风险，并结合绿色消费、竞争激励从外部帮助企业打开市场、树立优势。

2017年6月，国务院常务会议决定在浙江等五省区建设各有侧重、各具特色的绿色金融改革创新试验区，其中，浙江试验区侧重于围绕绿色发展支持转型升级，这为探索制造企业转型升级新动力源及动力机制提供了良好契机。本章通过对衢州巨化集团（以下简称"巨化"）和湖州威谷光电科技有限公司（以下简称"威谷"）进行深入的双案例对比分析，全面探索绿色金融对制造业企业转型升级的影响机制及相关优化路径，以期为相关地区推动制造企业转型升级提供经验借鉴和决策参考。

第二节 绿色金融驱动制造企业转型升级的机制探析

一 研究方法选择

本研究是在国内绿色金融改革创新试验区政策背景下，针对绿色金融驱动制造企业低碳转型路径机制开展的探索性研究，研究方法采用的是基于扎根理论编码技术进行的双案例研究。原因如下：由于缺乏试点地区企业层面微观大样本数据，且同期存在大量干扰因素，传统的因果推断分析方法难以实施。案例研究的优势之一，就在于能够系统展现因果机制和过程，有效展示研究过程的整体性、动态性和辩证性。通过对相关案例的深入剖析，有助于发现变量之间独特的因果关系。此外，多案例研究适用于构建更有普适性的理论，特别适用于新的研究领域或者已有理论难以充分解释的研究领域，具备新颖、可检验和实证效度的优势。通过论据之间的相互补充，有助于提升理论的饱和度和信度，使研究结论更具普适性、稳健性和精练性。扎根理论作为新兴的质性研究方法，优势在于通过归纳建构得出能够揭示研究现象本质过程的理论，其中，程序扎根理论鼓励定性分析和文献补充相结合以发展理论框架，能更好地保证结论的可靠性。

二 案例企业选择

遵循代表性与典型性原则，本研究选择了衢州巨化和湖州威谷作为案例企业。代表性方面，国家在不同省份设立的绿色金融改革创新试验区承担的改革创新任务各有侧重，浙江省国家绿色金融改革创新试验区肩负着探索绿色金融支持产业结构转型升级的重任，其中，湖州市将侧重金融支持绿色产业创新升级，衢州市将侧重金融支持传统产业绿色改造转型，所选案例企业分别隶属于传统产业和绿色产业，具有良好的代表性。典型性方面，两家企业都取得了当地"中绿"评级认证，获得了绿色金融政策支持，并且在低碳转型方面都取得了显著的成效，具有良好的典型性。

三 数据情况介绍

本研究数据以一手企业访谈数据为主，辅之以二手数据和实地考察，有助于提高研究的信效度水平，确保案例研究结论的可靠性，数据收集情况具体如表14-1所示。研究团队自2020年3月开始对两家案例企业相关公开数据和资料进行收集。随后，在自2020年7月开始为期10个月的研究中，团队成员共进行了20余人次的实地访谈和电话访谈，每次访谈人数控制在2—5人，访谈时间控制在60—120分钟，平均时长在90分钟左右。同时，为了避免研究信效度偏差的现象发生，本研究还通过企业财务公开文件、新闻报道、领导讲话、内部刊物及宣传手册等二手数据对一手访谈数据进行补充和验证。

表14-1　　　　　　　　企业调研访谈信息概况

数据类型	访谈对象部门	访谈内容概要	访谈次数	访谈时间（小时）	文稿（万字）
一手数据	高管层	企业主营业务变迁、绿色金融参与感知程度、低碳转型发展历程及困难、低碳转型长期规划	2	2.8	1.33

续表

数据类型	访谈对象部门	访谈内容概要	访谈次数	访谈时间（小时）	文稿（万字）
一手数据	创新与发展部	企业创新发展情况以及转型升级进程、企业循环经济发展模式	3	5.3	3.70
	财务部	企业融资结构、绿色金融使用情况、企业生产投入及效益情况	3	5.8	2.88
	技术研发中心	绿色项目融资要求、技术标准，企业绿色研发投入、专利申请及技术转化情况	2	3.2	1.70
二手数据	企业财务公开文件、新闻报道、领导讲话、内部刊物及宣传手册等资料				

四　数据编码分析

本章运用扎根理论编码技术，借助质性数据分析软件 NVivo 12，依据 Strauss 等提出的程序扎根理论数据处理程序，依照"开放性编码—主轴式编码—选择性编码"流程对数据进行了分析。其中，开放性编码对典型数据资料进行了初步概念化，并将概念副范畴化；通过主轴式编码，深入挖掘核心概念与副范畴的真实关系内涵，识别其逻辑关系，整合并提炼出主范畴；最后利用选择性编码收敛主范畴，提炼得到了"绿色金融—多维创新—低碳转型"的路径机制，完成了理论框架构建。

（一）开放性编码

本研究对案例企业调研访谈的原始语句资料进行挖掘提炼，从中归纳出初始概念，实现初步概念化，又从初始概念中梳理筛选出核心概念，若出现某部分资料归纳出多个核心概念的情况，则进一步对这些概念进行整理归纳，进而获得概念副范畴，最终形成 107 个初始概念、22 个核心概念和 11 个核心副范畴。开放性编码核心数据结构如表 14-2 所示。

表 14-2　　开放性编码核心数据结构

典型资料记录	核心概念	核心副范畴
在进行生产时，企业所用原材料并未完全符合绿色低碳标准。a1_1（WG） 以生物质能作为原料的替代路线更为环保，成本也较低，逐渐会更有竞争力。a1_2（JH）	原料不符合绿色标准 a1	碳排放水平高 A1
当时提出的"腾笼换鸟"，把有限的资源腾出来，把高能耗（部门）的资源腾出来，换成其他新的东西。a2_1	能源消耗过高 a2（JH）	
化工里面有很多危险废物，包括医疗废弃物也是通过我们这里处理的，以前医疗废弃物包括输液管、纱布都是乱扔的，对环境污染特别是细菌、病菌的传播都是比较严重的。a3_1	废物排放严重 a3（JH）	污染排放严重 A2
最开始是治理污染排放的碎土、粉尘，之后治理废水，现在治理 VOC。a4_1	废气排放超标 a4（JH）	
我们最早"腾笼换鸟"的时候也是把好的技术代替落后的技术。a5_1（JH） SMT 表面生产技术可以替代传统 DIY 生产技术，当时很多同行业的企业都选择原路，原因是创新成本太高了。a5_2（WG）	创新成本太高 a5	发展路径依赖 A3
因为浙江在全国来说，经济、文化、理念还是比较领先的，所以那时候提出来要把一些落后的装置和落后的产能淘汰掉。a6_1（JH） 企业大部分仍旧采用传统的 LED 生产线，面临人力成本过高的问题。a6_2（WG）	设备更新缓慢 a6	
申请绿色金融的流程和正常融资一样，不会非常复杂。到账时间和正常融资都是一样的。比如这次并购，衢州农行给我们做了 3.9 亿元的并购贷，这个月也领了第一笔的 5000 万元，从银行角度来讲都是非常支持的，在衢州地区也是首笔绿色并购贷，政策宣传上包括人行在大会上都是予以肯定的，其他银行也会看到这个风向标，非常愿意为我们提供这些服务。b3_1（JH）	申请手续便捷 b1	绿色金融政策 B1
绿色资金申请到之后大部分是置换自有资金去进行绿色项目投资。b2_1（JH） 向银行申请的 100 万元绿色信贷，按规定将用于绿色产品研发投资上。b2_2（WG）	资金用途明确 b2	

续表

典型资料记录	核心概念	核心副范畴
被评为"中绿"企业之后，不但享受了利率的优惠，市委金融办还对"中绿"企业给予了贴息补助。b1_1（WG） 绿色信贷和企业普通银行贷款相比，在利率上还是有一定的优势的，我们被评为"中绿"企业以后，信贷都可以纳入人行和银保监评定的这个绿色信贷的范畴，银行是有积极性的，之前银行认可巨化，认为我们巨化的偿还能力没有问题。现在纳入"中绿"企业以后，它们更有积极性，因为做了巨化的业务以后能得到人行和银保监的认可，授信额度及利率优惠只要能够争取下来的，省行都会争取。b1_2（JH）	信贷利率优惠 b3	绿色金融政策 B1
在绿色金融政策支持下，采用国内最先进的第三代晋华炉水煤浆气化技术，开展合成氨原料连接线及节能减排技术改造项目。c1_1（JH） 研发 ODS 替代品技术，获生态环境部大气司肯定。c1_2（JH） 利用绿色金融的优惠政策，建立了场内绿色工厂，进行节能环保产品的技术开发。c1_3（WG）	新生产工艺 c1	绿色技术创新 C1
绿色资金用于投资绿色项目，获得先进生产技术的自主知识产权。c2_1（JH） 为适应环保要求，成立"半导体智能与节能省级研发中心"，获得技术专利50余项。c2_2（WG）	新技术专利 c2	
以绿色产品标准认证体系为指引，顺应绿色产品可持续发展趋势，坚持绿色产品、绿色园区、绿色标准等发展方向，研发推出 LED 节能新产品，如 LED 智慧指挥显示屏以及首创"全天候12星座产品"。c3_1	新产品研发 c3（WG）	绿色产品创新 C2
巨化为适应节能降耗的生产要求，生产 50kt/a TFB、50kt/a HFP、32kt/a 高性能 PTFE、7kt/a 氟橡胶等高端含氟聚合物产品及其配套的盐酸浓缩、盐酸脱氟等产品，促进产品更新换代。c4_1	新产品改进 c4（JH）	
氟化工是我们循环经济产业链的核心，氟、氯、碳等元素的高效利用是提升我们氟化工技术水平和市场竞争力的关键。我们公司是通过收购企业整合业务来打开新的市场的。c5_1（JH） 在现有业务基础上，进军半导体及大规模集成电路封装材料领域，发展新材料业务。c5_2（JH） 借助"500亿元绿色新兴产业基金"政策，设立绿色产业类发展基金，合理进行市场细分，开发环保型新市场。c5_2（WG）	新市场开拓 c5	绿色市场创新 C3

续表

典型资料记录	核心概念	核心副范畴
成立环保事业部，打造集高端研发、清洁生产、生态服务和再生利用于一体的绿色高效产业基地，为企业发展循环经济、节能减排提供实践经验。c6_1（JH） 设立环保事业部，对接湖州首个绿色金融中心，广泛聚集绿色金融创新资源，全面实施环境管理体系，提高全部门工作效率。c6_2（WG）	成立环保事业部 c6	绿色组织创新 C4
威谷通过设立绿色信贷部门专门负责绿色信贷和保险业务，为企业赢得更多补助。c7_1（WG）	成立绿色信贷部门 c7	
现在装置改良，能耗降低，使用有烟煤。整体来讲，未来发展趋势是无烟煤。d1_1（JH） 威谷按照国家绿色金融试点建设战略，结合公司实际，快速将原有"单纯的LED显示产品生产模式"向"LED显示助力智慧城市建设"方面转型，将大部分传统显示产品的产能减下来。d1_2（WG）	降低能源消耗 d1	节能减排 D1
近年来，我们自我加压，将自身的环保治理标准提高到严于国家和行业标准水平，污水处理厂的排放标准上为省内首家提高至一级B水平的企业。d2_1（JH）	减少污水排放 d2	
就拿我们企业来说，绿色金融政策正好契合了我们"绿色运营""绿色智造"的理念。在建筑这一领域，我们以节能、健康、高效、智慧作为目标，通过土地集约化利用、废弃物搜集分类再利用系统等措施减少企业对资源与环境的负荷和影响。d3_1（JH）	资源集约利用 d3	污染治理 D2
巨化的绿色循环产业，为企业所在的衢州高新区构建了一个适合化工及新材料企业发展的生态系统，不但给园区企业提供热、汽、水等公共服务，提供生产所需的化工原料，还承担了大部分的污水和固废处理。d4_1（JH）	污染防控治理 d4	

续表

典型资料记录	核心概念	核心副范畴
几年来，巨化把生产过程中的副产物资源化利用，作为产业发展的一个重要组成部分，大力推进副产物的资源综合利用。通过因地制宜的"四新"技术应用，资源化链生利用和"以废治废"等循环经济方式，各种"三废"物质已基本得到资源化利用。d5_1（JH）	废物循环利用 d5	降废增效 D3
加强绿色技术改革，采用高精度优质灌封技术、二次硅胶涂覆技术、全自动组装等技术，降低废品率，提高企业资源利用率。d5_2（WG）	降低废品率 d6	

注："典型资料记录"是相关概念所对应的具有代表性的原始资料语句。其中，典型资料记录编号"d5_1"表示：概念"d5"所对应的第 1 条典型资料记录。后续典型资料记录编号沿用此逻辑；以上编码为反映两地主要差异性编码以企业名称进行标注，其中 JH 代表衢州巨化，WG 表示湖州威谷。

（二）主轴式编码

在此阶段，通过对核心概念与副范畴之间的真实内涵关系进行复核确认，针对 11 个核心副范畴间的深层关系进行了理论推演和系统聚类分析，进一步归纳提炼出 4 个核心主范畴。核心主范畴之间呈现出显著的因果递进关系，真实展现了案例制造企业从原始发展现状驱动到绿色金融试点改革，再到企业内部多维度创新，最终实现低碳转型的生动图景。主轴式编码核心数据结构如表 14-3 所示。

表 14-3　　　　　　　主轴式编码核心数据结构

核心主范畴	核心副范畴	关系内涵
发展现状驱动 AA	碳排放水平高 A1	两家公司以往生产所需的部分原料不符合绿色低碳标准，能源消耗大，"双碳"背景下迫切需要低碳转型
	污染排放严重 A2	巨化作为衢州重工业的代表企业，其在以往很长一段时间均难以解决废物和废气排放的难题，对环境造成了严重的破坏
	发展路径依赖 A3	两家企业之前均存在对粗放型发展的路径依赖，不愿用新技术替代传统生产技术和投入资金替换落后的生产设备

续表

核心主范畴	核心副范畴	关系内涵
绿色金融政策 BB	绿色金融政策 B1	绿色金融政策下,绿色信贷资金必须用于绿色项目改造和绿色技术创新,大大简化了信贷资金申请手续,信贷利率也更加优惠
多维创新赋能 CC	绿色技术创新 C1	绿色金融支持下,两家企业研发新的生产工艺和技术专利,推动自身低碳转型
	绿色产品创新 C2	巨化通过对原有产品的改进,从而降低生产能耗;威谷通过研发新产品,主动顺应绿色低碳发展趋势
	绿色市场创新 C3	绿色金融结合自身生产特点,通过收购企业整合业务或借助绿色基金政策开发了具有竞争力的新市场
	绿色组织创新 C4	通过在公司内部设立专门对接绿色金融的部门,有助于企业更好地了解绿色金融政策,获得绿色转型资金资助
企业低碳转型 DD	节能减排 D1	降低能耗与减少排放是企业低碳转型的内在要求
	污染治理 D2	制造企业的低碳转型要做到生产全过程的污染治理,最终实现环境友好
	降废增效 D3	在低碳转型过程中,不同企业有着不同的生产经济循环方式,从而实现资源的综合利用,提高利用率

(三) 选择性编码

在开放性编码、主轴式编码的基础上,通过对107个概念、11个核心副范畴及4个核心主范畴进行深入分析,最终串联出"现状驱动—绿色金融—多维创新—低碳转型"这样一条完整的"故事线",绿色金融驱动制造企业低碳转型的路径机理可以概括为:制造企业在寻求低碳转型之前,不同程度上都存在着诸如碳排放水平高、污染排放严重以及粗放型发展路径依赖等问题,除此之外也有像劳动力等传统要素禀赋的比较优势逐渐减弱、劳动生产率低、产品附加值低和自主创新能力不足等问题。在"碳达峰"和"碳中和"约束性目标引领下，国家在浙江设立了绿色金融改革创新试验区，通过制定绿色金融标准体系、优化绿色金融申请流程、明确绿色信贷资金用途及提供绿色信贷优惠补贴等组合措施，加速驱动了巨化和威谷内部绿色技术创新、绿色产品创新、绿色市场创新和绿色组织创新，助力企业实现了节能减排、污染治理防控和资源循环利用，有效促进了企业低碳转型升级。

第三节 绿色金融驱动制造企业转型升级的优化路径

通过对两地制造企业、绿色金融机构及相关绿色金融主管部门进行调研发现，目前在"绿色金融—多维创新—低碳转型"传导路径中最大的困境主要存在于起始端，概括起来包括三个方面：一是绿色金融供给侧方面。绿色信贷是目前绿色金融产品的主要形式，缺乏专门面向中小企业设计的绿色信贷产品，更多将信贷资金投向信息披露完整、信用评级高、抵押物和现金流充足的大型优质企业。因此，绿色金融整体普惠程度不高，影响制造企业低碳转型升级进程。二是绿色金融需求侧方面。对正外部性奖励不够，对负外部性的惩罚不足。三是绿色金融供需对接方面。由于银行和企业之间信息不对称、交易成本较高，银行出于谨慎考虑，不愿或者减少对制造企业放贷。中小制造企业由于信息披露不完整、缺乏合格的抵质押物且信用等级较低，通常难以获得金融机构授信。

针对上述问题，本章重点从绿色金融供给侧改革、需求侧管理及供需匹配三个方面出发，提出以下路径优化建议。

一 绿色金融供给侧：创新中小企业金融产品，提高绿色金融普惠程度

（一）引导中小企业通过绿色设备融资租赁实现转型升级

我国中小微企业占全部市场主体的90%以上，贡献了80%的就业，60%以上的GDP，50%以上的税收。然而，由于绿色固定资产设备一次性所需投资额较高，严重影响到中小微企业绿色低碳转型的进程。绿色设备融资租赁以租赁为表象，以融资为实质。通过开展绿色设备融资租赁，由融资租赁公司出资购买中小制造企业所需绿色生产设备，以收取租金为条件，将绿色设备长期出租给制造企业使用。融资租赁主要包含直接租赁和售后回租两种模式。两类租赁业务均围绕租赁物开展，具有"融物+融资"双重特点，可以根据客户主体不同的需求采取不同的模式。比如，以购买相关绿色设备为目标的客户可优先选择直接租赁模式，而拥有自有设备和资产的融资客户则建议选择售后回租模式。绿色设备融资租赁能解决设备一次性投资额过高的问题，可盘活企业固定资产，缓解企业现金流压力；融资期限长，可与项目投资回收期相匹配，租期租金可根据承租人的财务状况灵活安排；有助于加快中小微制造企业低碳转型升级进程。

（二）激活企业各类环境权益资产开展绿色抵押贷款

企业环境权益资产主要包括碳排放权、排污权、水权和用能权等类型。其中，2021年全国碳排放权交易市场启动上线交易，但碳排放权交易金额总体规模仍旧较小。同时，作为新型绿色金融产品，国内碳排放权（抵）质押融资虽然取得了一定成效，但碳排放权（抵）质押融资尚未在全国各省市、全行业推广，融资总额也较为有限。排污权目前仍处于试点探索阶段，虽然全国的大多数省份都开展了排污权的相关工作，但融资工具发展不成熟，实际效果有限。自2017年起，浙江、福建、河南、四川四省开始启动用能权有偿使用和交易试点，但用能权交易市场发展亦不成熟，几乎没有融资工具推出。2016年，中国水权交易所正式开业运营，目前市场发挥配置水资源的作用仍然处于起步阶段，市场整体进展较慢，尚未推出基于水权的金融产品和融资工具。

通过建立健全环境权益资产交易法规和制度，完善初始分配和定价制度，制定交易政策和灵活的价格调控机制，加强监测、报告与核查体系建设，逐步构建起企业环境权益资产的确权、定价、交易、流转、回购等机制，充分激活企业环境权益资产价值，并做好各种环境权益资产交易市场间的衔接，避免过多增加制造企业负担。在此基础上，探索基于企业各类环境权益资产的绿色抵质押贷款，可以有效增加中小微制造企业抵质押物，提升金融机构绿色信贷产品的普惠程度，助力中小微制造企业低碳转型。

（三）围绕供应链核心企业开发绿色供应链金融产品

中小企业难以获得绿色融资的另外一个重要原因是静态信用等级不够。绿色供应链金融以更好地实现全产业链绿色制造为目标，充分利用绿色供应链联盟核心企业的绿色优势，从静态评判中小企业资质转化为对企业应收账款、存货等的动态追踪，有效增加了产业链上下游配套中小制造企业信用，使得中小制造企业能够以较低的融资成本获取低碳转型资金，拓宽了中小企业融资方式，大幅降低了融资门槛。

当前我国绿色供应链金融尚处于实践探索阶段，主要有银行主导、平台主导及核心企业主导三种模式。银行主导模式下，为了规范中小制造企业的绿色低碳发展，绿色金融机构对绿色信贷资金提出了明确的要求。平台主导模式目前以碳信息披露项目、蚂蚁金服为典型。理想状态下，核心企业主导模式中的核心企业可以根据自身影响力对上下游企业进行绿色认证、评估、审核，主动帮助上下游企业进行绿色改造，增产增效，共同推进供应链整体环境绩效，达到自身与上下游企业双赢的目的。然而，鉴于供应链核心企业难以对上下游中小企业绿色生产行为进行有效管理，缺乏主动跟踪上下游中小企业绿色生产过程的动力和能力，使得核心企业主导模式的监督效率不高，银行主导模式和平台主导模式可能具有更强的规模效应。为此，应加快绿色供应链金融业务标准的制定，尽快完成对供应链上下游企业的资质审核认定，打破不同行政部门之间的信息壁垒，构建多部门间信息共享平台，提高上下游企业绿色融资效率，实现对绿色信贷资金后续用途、中小企业绿色生产行为的全过程追踪和监控，促使绿色供应链向上下游延展。

（四）探索运用数字技术助中小企业发行绿色集合债

集合债券亦称"联合债券"，是由两个或两个以上的公司联合发行的债券。绿色集合债亦即应用于绿色项目的集合债券，一般期限较长，大多为10—30年，其目的是筹措兴建新厂等大型绿色项目的资金。由于发行绿色集合债的公司筹集的资金直接用于公司经营，没有中间环节，收益率相对较高，同时，投资于绿色集合债的安全性虽然比不上国家债券，但由于它是众多公司一起发行，且在发行债券时一般都有严格的审查和财产抵押，所以事实上的安全性较大。但中小企业发行绿色集合债券存在发行门槛较高、审批程序复杂、较难获得担保等问题，因此考虑到担保费用、发行费用等其他成本因素，中小企业绿色集合债的综合融资成本则明显偏高。未来应积极探索数字技术在绿色集合债发行管理各环节的应用，降低绿色集合债发行成本，比如建立拟发债企业资料库，包括企业的数量、融资需求、融资期限结构和期望的融资利率等，降低发债风险，减少利息支出，提高募集资金利用率。

二 绿色金融需求侧：坚持倒逼与激励双管齐下，加速企业低碳升级进程

（一）提高污染物排放及控制技术标准

过去出于经济增长目标的考虑，各地区环境规制强度长期处于较低水平。从企业创新风险来看，与一般性创新相比，绿色创新所要求的资金投入更大、成功的概率相对更小。在环境规制强度较低时，制造企业对末端污染物进行处置的成本相对有限，相对于投入多、见效慢、不确定性高的绿色创新，末端治理方式更符合企业利益。因而，只要末端治理成本低于粗放式发展的收益，遵循理性人假设

的经理人就不会主动寻求绿色转型，而是采用易模仿、低成本的末端治理技术而非绿色技术规避环境规制。而提高污染物排放及控制技术标准不仅显著提高了企业的环境规制成本，使其大于甚至远超粗放式发展的收益，且当环境规制强度提升至一定水平并具有持续性时，企业选择单纯的末端治理方式就需要承担持续、高昂的规制遵循成本，此时，短期投入巨大但长期效益明显的绿色创新方式会更符合企业利益。面对高昂的环境污染成本，污染企业唯有主动依托绿色创新才能有效缓释环境风险，降低环境污染成本。

（二）加大企业财政补贴贷款贴息力度

政府应加大对制造企业绿色转型升级的财政补贴及贷款贴息力度，以纾解企业融资困境，激励企业通过绿色创新实现转型升级。财政补贴方面，应鼓励制造企业通过绿色融资租赁方式加快改造提升，对制造企业通过绿色融资租赁实现生产设备技术改造且当年融资租赁生产设备金额达到一定水平的予以补贴；对在银行间市场发行贴标绿色债券的本地制造企业进行补助；支持推行环境污染强制责任保险制度，对试点期间参保企业予以保费补助；支持实施船舶油污损害责任保险制度；支持探索绿色企业贷款保证保险试点，对高新技术企业实施科技保险补贴；推进绿色专利保险，对企业购买绿色专利保险的，给予保费一定比例的补助。绿色贷款贴息方面，企业（项目）绿色评价识别标准建立后，根据绿色企业（项目）的绿色等级，按一定标准对符合条件的绿色企业（项目）实行差别化贴息奖励政策。同时，推进专利权质押贷款，对获得专利权质押贷款的企业，给予相应比例的贴息。

（三）健全环境权益资产减排交易机制

环境规制成本及增加财政补贴可以直接作用于制造企业本身，具有见效快的特点，但二者均是由政府主导的被动作用，通常难以起到持续改善企业环境负外部性的作用。通过建立碳排放权市场、排污权市场，进行产权交易，可以得到均衡价格。充分利用市场机制来改善环境负外部性，具有可持续、相对主动的特点，也与未来绿色金融将从政府主导的情况逐渐过渡到以市场机制调节的趋势相符合。通过价格机制可将这种外部性转化为企业的财务收益或者财务成本，体现到损益表或者资产负债表当中去。具体实施过程中，可以按照"总量限制和交易"规则，统一制定配额，为本地区设置排放上限，确定纳入排放交易体系中的产业和企业，向其分配一定数量的排放许可权。如果企业的实际排放量小于配额，可以将剩余配额出售；反之，则需要在交易市场上购买。将碳排放配额的市场化价格与信贷产品创新相结合，促使碳减排的理念更直接地传导至实体，使更多企业关注自身的碳排放，激发碳减排潜力。

（四）加强投资主体 ESG 投资理念培育

ESG 投资理念指的是投资者在分析企业的盈利能力及财务状况等相关指标的基础上，也从环境（Environment）、社会（Social）及公司治理（Governance）这些非财务角度考察公司价值与社会价值。环境（E）的角度，主要考核企业生产经营活动中的绿色投入、对自然资源及能源的循环可持续利用以及对有害废物的处理方式，以及是否有效执行政府环境监管要求等。加强投资主体的 ESG 理念培育，促使其在投资实践中融入 ESG 理念，在传统财务分析的基础上，通过环境、社会、公司治理三个维度考察企业中长期发展潜力，找到既创造经济效益又创造社会价值、具有可持续成长能力的投资标的。其中，ESG 对企业环境责任的评估有利于引导企业贯彻绿色发展和创新发展理念，激励企业研发、采用节能环保技术，参与建设资源节约型、环境友好型社会，从而更好地处理企业发展、经济增长与环境可持续发展之间的关系。

三 供给需求相匹配：全面完善信息披露机制，降低供需双方交易成本

（一）健全多源企业信息共享平台，降低搜寻成本

通过建立绿色金融综合服务信息平台，有助于政府与金融机构和

企业对接，发布产业、财政扶持政策信息，并受理企业补助申请，帮助企业与银行绿色信贷对接、企业与绿色资本对接、企业与项目绿色认定。此外，可以逐步将绿色保险、绿色债券等金融产品纳入该系统之中，增加绿色保险、绿色债券、征信查询、抵押登记、账户风险检测、企业环境黑名单、绿标查询等多种功能模块，充分挖掘数据资源，提供更加多样便捷的金融服务，满足市场主体不同层面的服务体验和需求，从而降低供需双方搜寻成本。

(二) 改善企业ESG赋分评价模型，降低议价成本

通过不断优化ESG赋分评价模型指标以及指标的权重，尽可能丰富ESG评分数据来源，与政府各部门源数据直连，归集包含税收、水、电等在内的企业综合数据，通过客观、详细的政府大数据集成立体式、全方位的企业信用报告，并将第三方企业数据列为参考数据源，解决数据来源单一的问题，从而设计更科学、更强有力的量化指标，提升评价模型的普适性，更好地为绿色金融产品定价，降低供需双方议价成本。

(三) 动态更新共享平台企业信息，降低监督成本

目前，已有绿色金融综合服务信息平台信息更新频率较低，难以满足绿色金融供需双方的信息需求，特别难以满足绿色金融供给方对企业资金用途、流向的实时追踪，加大了资金供给方的监督成本，不利于绿色金融产品长期可持续发展，未来应借助数字技术手段实时更新供需双方数据信息，降低供给方的监督成本。

(四) 完善绿色信贷风险补偿机制，降低违约成本

通过将财政出资作为绿色产业担保引导资金，银行、融资担保机构、其他金融机构资金和社会资金作为绿色产业担保引入资金，按比例设立绿色产业担保基金，共担基金风险，不仅可以为制造企业增信，提高企业获得银行贷款的概率，还可以缓解企业融资难、融资贵的问题，提高银行给中小企业贷款的积极性，降低违约给金融机构造成的损失。此外，还应逐步探索市场化、商业化信贷风险补

偿模式，保险公司和银行进行合作，企业通过购买保险公司的贷款保险来增信，从而获得金融机构绿色信贷资金。

第四节 研究结论

本研究通过对浙江省绿色金融改革创新试验区试点城市湖州和衢州两地代表性制造企业的追踪调查，利用扎根理论编码技术研究发现，绿色金融通过倒逼企业进行技术创新、产品创新、市场创新及组织创新等多维度创新，最终驱动制造企业实现低碳转型升级的路径机制。同时，针对该传导路径链上存在的问题，本章从绿色金融供给侧改革、需求侧管理及供需匹配等方面出发，以交易成本理论、外部性理论、市场失灵理论为指导，通过降低供需双方信息不对称、降低交易成本、明确产权、奖励正外部性、惩罚负外部性等手段来全方位解决绿色金融促进企业转型升级过程中存在的问题，并结合两地绿色金融发展现状以及环境权益资产开展现状等现实情况，提出了有针对性的路径优化建议。

参考文献

一 著作

习近平：《之江新语》，浙江人民出版社2007年版。

曹永峰、张立钦等：《生态文明先行示范区建设"湖州模式"研究》，中国社会科学出版社2021年版。

[美] 赫尔曼·E.戴利、乔舒亚·法利：《生态经济学：原理和应用》（第二版），金志农、陈美球、蔡海生译，中国人民大学出版社2018年版。

潘家华主编：《中国梦与浙江实践：生态卷》，社会科学文献出版社2015年版。

王夏晖等：《新时代美丽浙江建设总体战略研究》，中国环境出版社2021年版。

中共浙江省委党校编著：《共同富裕看浙江》，浙江人民出版社2021年版。

周志山、孙定建、向德彩：《中国特色社会主义理论在浙江的实践·生态建设篇》，中国社会科学出版社2018年版。

二 期刊、报纸

陈海涛：《以五大发展理念为指导不断推动浙江对口支援工作迈上新台阶》，《浙江经济》2016年第4期。

邓曲恒、张午敏：《产业体系现代化赋能浙江共同富裕建设》，《观察与思考》2022年第6期。

高培勇：《深刻把握促进共同富裕的基本精神和实践要求》，《人民日报》2022年8月23日。

郭占恒：《"两山"理念的科学内涵与生动实践——纪念习近平"两山"理念提出实施15周年》，《观察与思考》2020年第7期。

郭占恒：《习近平的"八八战略"思想与实践——纪念"八八战略"提出15周年》，《浙江学刊》2018年第4期。

何玲玲、岳德亮、张乐：《浙江布局绿色经济释放生态红利》，《经济参考报》2015年7月8日。

李扬：《浙江加快推进"千兆城市"建设》，《人民邮电报》2022年8月17日。

彭敏学、隋玉亭、朱铭：《支撑"两山理念转化"实践的国土空间规划路径——以浙江省丽水市为例》，《中国土地》2021年第5期。

蒲洪旭：《所爱跨山海 山海皆可平——浙江广元东西部扶贫协作综述》，《广元日报》2021年4月22日。

沈满洪：《生态文明视角下的共同富裕观》，《治理研究》2021年第5期。

沈吟：《公共机构"零碳"管理与评价，浙江立标准》，《浙江日报》2022年8月11日。

王世琪：《我省启动新一轮东西部协作》，《浙江日报》2021年6月1日。

夏丹、王柯宇：《数字经济五年后"双倍增"》，《浙江日报》2022年8月4日。

应少栩：《浙江省"山海协作"推动共同富裕的逻辑脉络与经验启示》，《理论观察》2022年第3期。

张梦月、沈听雨：《寻找场馆建设背后的"亚运密码"》，《浙江日报》2021年4月29日。

郑亚丽、张帆、朱承:《浙能成交浙江碳交易首单》,《浙江日报》2021年7月17日。

郑艳:《"丽水模式"的生态经济学思考》,《南京林业大学学报》(人文社会科学版)2022年第3期。

钟其:《"两山论":生态现代化建设的中国思想——兼论一种"地方性知识"的普同性发展》,《观察与思考》2015年第12期。

三 网络文献

黄合、奉组轩:《奉化区萧王庙街道滕头村党委书记傅平均:让"常青树"永葆活力》,中国宁波网,http://news.cnnb.com.cn/system/2021/06/30/030264147.shtml。

后　　记

本书是中国社会科学院、浙江省社会科学院合作课题"浙江省高质量发展建设共同富裕示范区研究"的子课题"浙江省绿色发展与共同富裕研究"成果之一。

本书是集体智慧的结晶。作者包括中国社会科学院生态文明研究所课题组、浙江地方高校和研究机构编写专家、贡献作者共计20余位。课题组组长张永生（中国社会科学院生态文明研究所所长、研究员）、庄贵阳（中国社会科学院生态文明研究所副所长、研究员）负责全书总体框架设计、地方调研和全书统稿。

各章撰写分工如下：

第一章，中国社会科学院生态文明研究所课题组（课题组成员：张永生、庄贵阳、郑艳、朱守先、丛晓男、张卓群、董亚宁）；

第二章，丛晓男（中国社会科学院生态文明研究所副研究员）；

第三章，郑艳（中国社会科学院生态文明研究所研究员）、崔淑芬［丽水学院中国（丽水）两山学院研究员］；

第四章，朱守先（中国社会科学院生态文明研究所副研究员）；

第五章，傅歆（浙江省社会科学院研究员，《观察与思考》编辑部副总编辑）；

第六章，张卓群（中国社会科学院生态文明研究所副研究员）；

第七章，王昀［丽水学院中国（丽水）两山学院特聘研究员］、熊燕［丽水学院中国（丽水）两山学院副研究员］；

第八章，董亚宁（中国社会科学院生态文明研究所助理研究员）；

第九章，刘克勤［丽水学院中国（丽水）两山学院执行院长、研究员］、代琳［丽水学院中国（丽水）两山学院副研究员］；

第十章，郭江江（中共浙江省委党校副教授）、王时东（湖州市发展规划研究院副院长）；

第十一章，章卫军［宜水环境科技（上海）公司总经理］、敖静［宜水环境科技（上海）公司高级工程师］；

第十二章，肖相泽（浙江省经济信息中心副研究员）；

第十三章，吴旭［浙大城市学院城市发展与战略研究院、幸福城市研究院（共同富裕研究院）副研究员］；

第十四章，马兴超（浙江师范大学讲师）、陈宇峰（浙江师范大学教授）。

此外，郑艳研究员负责课题协调、书稿校对和统稿工作；中国社会科学院大学经济学院本科生李明遥承担了部分书稿校对工作；中国社会科学院生态文明研究所博士后王思博等参与了课题调研，也是部分成果的贡献作者。尤其感谢丽水学院中国（丽水）两山学院协助在丽水组织调研和线下作者会。

"浙江省绿色发展与共同富裕研究"课题借助中国社会科学院及浙江省的院地合作平台，在两位所领导牵头下，组织了两次专家咨询研讨会，向浙江大学、《浙江日报》等单位的专家征求大纲编写意见，反复打磨思路和框架、修改完善；先后四次组织线上线下全体作者会，讨论目录、初稿、修改及定稿。课题组历时一年半，按质按量按时完成了中国社会科学院科研局布置的各项任务。并且在专著之外，也产出了一系列课题成果，一些调研成果还在陆续沉淀与整理之中。中国社会科学院生态文明所课题组及地方编写专家积极配合、共同参与，虽然时间短、任务重、经费少，所有作者结成一个共同体，使得研究过程成为一个学习思考和分享交流的宝贵过程。在此感谢每一位作者的真诚付出和支持！

特别感谢浙江省委政策研究室，杭州、丽水、宁波、湖州市委政策研究室对课题调研的大力支持！课题组于 2022 年 9 月 22—30 日赴浙江开展"浙江绿色发展与共同富裕"社会调研，参与调研的有 15 位专家和作者，走访部门涉及生态环境、自然资源、住房和城乡建设、发展改革、交通运输、水利、应急管理、工信、气象、民政、教育等诸多管理领域。调研重点主题包括：①浙江省和典型城市实施绿色发展、生态经济转型、生态文明建设的先进典型和经验；②共同富裕理念及政策机制最新进展；③城乡人居环境治理；④东西部协作推进绿色共富的案例；⑤绿色民营经济和社会企业发展；⑥绿色社区、学校和社会建设等公民社会生态文明教育示范案例；等等。此外，课题组还结合中国社会科学院生态文明研究所研究领域及中国社会科学院优势学科"气候变化经济学"，开展了生态文明建设与应对气候变化相关试点情况（如海绵城市、气候适应型城市、生态文明示范县市等）调研，深入了解浙江城市地区应对气候变化的最新进展，并征询部门建议。杭州、丽水、宁波、余姚、湖州五个调研城市共计收到问卷 51 份，相关成果将为生态环境部气候变化司推进省市层面的政策试点提供决策支持。

  本课题对调研的重视，也契合了党的二十大之后国务院"大兴国情调研之风"的倡导。问题是时代的声音。课题组在深入浙江调研过程中，走过了习近平同志当年在浙江主持工作时走过的路，看到了习近平同志当年在余村讲话播下的思想火种已深入人心。所到之处，与市县乡村的基层干部深入交流、走进社区居民和村民身边聊家常，切身感受到浙江省的绿色共富理念正在蔚然成风、落在实处。短短十日调研，收获颇丰、感动很多、启发很大，难以一一赘述。在党的二十大精神的引领下，我们期待浙江作为全国"共同富裕示范区""中国式现代化"先行者，继续发挥示范引领的典范作用，也期待有更多的研究者、实践者走入"绿色共富"领域，将更多的成果写在祖国的大地上。

中国社会科学院生态文明研究所课题组
2024 年 5 月